MW01452490

SAVOIR ÊTRE

DU MÊME AUTEUR

Dessine-moi un enfant. L'enfant, sa construction, ses parents, Le Livre de poche, 2015.
Est-ce ainsi que les hommes vivent ? Faire face à la crise et résister, Fayard, 2014 ; rééd. Le Livre de poche, 2015.
Dis-moi pourquoi. Parler à hauteur d'enfant, Fayard, 2012 ; rééd. Le Livre de poche, 2013.
Grandir. Les étapes de la construction de l'enfant. Le rôle des parents, Fayard, 2009 ; rééd. Le Livre de poche, 2013.
L'Autorité expliquée aux parents (entretiens avec Hélène Matthieu), NiL, 2008 ; rééd. Le Livre de poche, 2011.
Pourquoi l'amour ne suffit pas. Aider l'enfant à se construire, NiL, 2006 ; rééd. Pocket, 2007.
Parler, c'est vivre, NiL, 1997 ; rééd. Le Livre de poche, 2011.

Claude Halmos

SAVOIR ÊTRE

Une psychanalyste à l'écoute des êtres
et de la société

Fayard

L' éditeur et l'auteur tiennent à remercier
Laurence Ravier.

Remerciements

Que soient ici remerciés tous ceux sans lesquels cette aventure de radio n'aurait pas été possible :

les directeurs qui se sont succédé à France Info : Michel Polacco, qui m'y a accueillie, Patrick Roger, Philippe Chaffanjon, trop tôt disparu, Pierre-Marie Christin et aujourd'hui Laurent Guimier,

les journalistes qui ont été, au fil des années, mes partenaires réguliers : Gilles Halais, Bruno Denaes et aujourd'hui Célyne Baÿt-Darcourt,

ainsi que tous ceux qui m'ont, à un moment ou à un autre, accompagnée et ceux qui assurent aujourd'hui la rédaction en chef de l'édition de la mi-journée, dans laquelle j'interviens : Laurence Jousserandot, Nathanaël Charbonnier.

Que tous trouvent ici l'expression de ma gratitude et de mon amitié.

© Librairie Arthème Fayard, 2016.
ISBN : 978-2-213-70075-5

Couverture : création graphique © un chat au plafond
Photo © Serge Picard
Dépôt légal : avril 2016

Préface

La psychanalyse au risque des médias

« Savoir être »... La chronique portait déjà ce nom lorsque, en septembre 2002, France Info me proposa de la reprendre. Une chronique interactive, destinée à répondre à des questions posées par les auditeurs et qui pouvaient concerner tous les domaines de leur vie : problèmes individuels, relations de couple, rapports aux enfants, difficultés rencontrées dans le monde du travail, questions de société, etc.

Un véritable dialogue s'est ainsi, au fil des années, noué entre eux et moi, fondé sur une confiance dont je leur sais gré.

Pourtant, la proposition de France Info n'avait pas été sans susciter en moi des interrogations. Des interrogations que je pourrais résumer en une question : « Un (en l'occurrence, une) psychanalyste dans les médias, pour quoi faire ? »

Cette question pour moi n'était pas nouvelle. Je me l'étais posée pour la première fois en 1992, quand Canal+ m'avait demandé d'assurer une chronique hebdomadaire dans l'émission *La Grande Famille*[1], qu'animait Jean-Luc Delarue. Et elle s'était imposée alors avec d'autant plus d'insistance que le seul « psy »[2] présent à cette époque à la télévision officiait dans une émission de télé-réalité, genre que – et c'est peu dire – je n'appréciais guère.

Malgré l'expérience positive de *La Grande Famille* (qui dura jusqu'à ce que Canal+ mette fin, en 1997, à l'émission), la même question se reposa à moi quand un an plus tard, en 1998, Jean-Louis Servan-Schreiber me proposa de répondre

---

1. Les chroniques de cette émission ont paru sous le titre *Parler, c'est vivre*, NiL, 1997 ; rééd. Le Livre de poche, 2011.
2. Le psychanalyste Serge Leclaire participait à l'émission *Psy Show*, créée en 1983 par la productrice Pascale Breugnot.

au courrier des lecteurs du magazine *Psychologies*[1] (ce que je fais aujourd'hui encore).

À l'heure où paraît ce livre, malgré les années passées dans les médias, cette question ne m'a pas quittée. Elle m'habite toujours, et il me semble parfaitement justifié qu'il en soit ainsi. Tenter de faire rimer « psychanalyse » avec « médias » est en effet un exercice des plus périlleux. Non pas pour la personne du « psy » qui s'y emploie, car il ne risque là que ce que risquent tous ceux dont la survie professionnelle dépend de l'accueil du public. Le « psy » dans les médias ne risque, pour lui-même, que l'échec. Perspective qui, si elle n'a rien d'agréable, n'est néanmoins que le prix (éventuel) à payer pour le choix qu'il a fait de donner une dimension publique à son travail.

Le danger, donc, n'est pas tant pour lui que pour la psychanalyse, qu'il embarque avec lui dans cette aventure et dont l'image sera, qu'il le veuille ou non, atteinte – positivement ou négativement – par ses prestations. Et ce danger est d'autant plus à prendre en compte qu'il existe même si le « psy » refuse les émissions de pur divertissement (dans lesquelles il n'a, je pense, que faire) et s'en tient aux secteurs de l'univers médiatique dans lesquels il peut participer d'une information du public. Car ceux-ci sont structurés autour d'un certain nombre d'exigences qui peuvent rendre difficile que la psychanalyse y trouve une place.

Ces exigences, en effet, sont les suivantes :
- L'exigence de la rapidité, voire de l'immédiateté

L'information doit être donnée au public le plus rapidement possible. S'il est souvent sollicité à propos de problèmes « de fond », par définition intemporels, le « psy » est donc, plus souvent encore, appelé à se prononcer « à chaud » sur des sujets qui concernent l'actualité. Tenu de répondre sur-le-champ, il peut donc manquer du temps et du recul nécessaires à toute réflexion sérieuse.
- L'exigence de la clarté et de la précision

Les informations données par les médias doivent être, en outre, le plus précises possible : « info » et « flou » ne font pas bon ménage. Or, en matière de psychisme, donner une

---

[1]. J'y ai même créé un courrier des enfants, dont une partie a été publiée sous le titre *Dis-moi pourquoi. Parler à hauteur d'enfant*, Fayard, 2012 ; rééd. Le Livre de poche, 2013.

réponse aussi définitive que parfaitement claire à une question du type : « Alors, dites-nous, docteur, c'est blanc ou c'est noir ? » relève quasiment de l'impossible, car dans ce domaine ce ne sont pas le blanc ou le noir qui dominent, mais bien plutôt le gris. Et, qui plus est, un gris aux nuances multiples.

À se vouloir trop limpide dans ses explications, le psychanalyste peut donc, quoi qu'il en veuille, en venir à sacrifier rien de moins que la complexité des problèmes qu'il traite : « Voilà, madame, pourquoi votre fille est muette... »

- L'exigence de la concision

L'information, si elle se doit d'être précise, doit aussi, pour être clairement et rapidement comprise du public, être délivrée de la façon la plus concise possible. Les interventions des « spécialistes », on le sait, sont souvent résumées, dans la presse écrite, en deux ou trois lignes. Trente secondes constituent à la télévision un temps honorable, une minute, un privilège, et deux... un véritable luxe. Et ces mêmes deux minutes sont considérées en radio comme un temps déjà long. Comment résumer, en si peu de temps, les mille et une facettes d'un problème ? Comment donner, dans ces conditions, une information sérieuse ?

Et à ces exigences il faut en ajouter d'autres, qui ont moins à voir avec le journalisme qu'avec l'économie. Car il faut aujourd'hui, dans l'univers médiatique comme ailleurs, réussir à fidéliser l'usager (le lecteur, l'auditeur, le téléspectateur...). Et pour cela, pense-t-on, éviter de l'ennuyer, de l'attrister ou, pire, de le déprimer. Ces exigences sont, là encore, aussi légitimes que compréhensibles (surtout à une époque où nombre de médias sont – en particulier dans la presse écrite – menacés). Mais elles mènent souvent les rédactions à vivre dans la crainte obsédante de faire fuir le public en l'obligeant à un trop grand effort de réflexion ou en le dérangeant outre mesure dans ses convictions, ses certitudes, son éventuel confort... Cette crainte a conduit, au fil des années, à classer les sujets qui pourraient être traités en fonction de la façon dont ils pourraient (croit-on) peser sur le public. Et à distinguer les sujets dits « lourds » de ceux que l'on juge « légers », pour ne privilégier, parfois jusqu'à l'absurde, que ces derniers. Classification qui, on le comprendra, n'est guère à même de faciliter la présence de la psychanalyse dans les médias.

Si la psychanalyse peut servir éventuellement à (prétendre) expliquer tout – et surtout n'importe quoi –, son champ, le lieu où elle a toute légitimité à dire, est avant tout celui de la souffrance ; celui de ce qui « cloche » toujours peu ou prou chez l'être humain, dans tous les domaines de sa vie : ses amitiés, ses amours, ses rapports à ses enfants, sa vie professionnelle, etc. Et même s'il est parfaitement possible d'évoquer cette souffrance sans le moindre pathos, et surtout de faire œuvre utile en aidant le lecteur (l'auditeur, le téléspectateur) à s'en délivrer, il n'en reste pas moins qu'elle n'est pas le produit le plus « glamour » qui soit. Bien des marchands l'ont d'ailleurs compris, qui préfèrent vendre des conseils, du bien-être, du bonheur...

Mais le fait d'avoir pour objet ce qui ne « tourne pas rond » chez l'être humain n'est pas, pour important qu'il soit, le seul handicap dont souffre la psychanalyse dans son rapport aux médias. Car elle s'y trouve surtout embarrassée par ce qui fait sa caractéristique essentielle.

Si l'information est le royaume du « général » (des problèmes généraux et surtout généralisables), la psychanalyse est celui du particulier, du singulier. Un singulier que l'on peut décliner à l'infini.

Il n'existe pas, par exemple, pour la psychanalyse, de « clef des songes ». Chaque rêve est un message codé, mais le code avec lequel l'inconscient l'a codé est particulier non seulement à chaque rêveur, mais à chaque rêve de chaque rêveur. Aucun savoir général (« Rêver d'une armoire signifie que... ») ne permet donc d'interpréter un rêve. Et nul ne peut interpréter, de l'extérieur, le rêve d'un autre. Je peux, comme mon voisin, rêver d'une pendule, d'un chameau ou d'un ours, mais les secrets que recèleront ces éléments, apparemment identiques, de nos deux rêves, les vérités auxquelles ils serviront de masques, ne seront jamais les mêmes. Chaque rêveur est unique et chacun de ses songes l'est tout autant. Chaque rêve est une énigme à tout jamais singulière...

De la même façon, il n'existe pas non plus de cure analytique type : la psychanalyse s'invente et se réinvente avec chaque patient. L'inconscient de chacun nouant avec celui de son psychanalyste un lien particulier, chaque cure est, comme chaque patient, unique, et constitue pour le psychanalyste qui la mène une expérience unique.

L'analyse personnelle[1] du psychanalyste, sa formation théorique et son expérience professionnelle – ce que l'écoute de ses patients lui apprend – lui permettent certes de connaître ce que l'on pourrait nommer les mécanismes généraux du fonctionnement psychique, et de pouvoir ainsi repérer un certain nombre des causes qui, de façon récurrente, peuvent être à l'origine de telle ou telle souffrance. Et l'on peut à ce titre parler d'un savoir du psychanalyste. Mais il s'agit d'un savoir particulier, car il ne peut en aucun cas lui permettre de donner à qui vient le consulter l'Explication susceptible, telle une clef lui ouvrant la porte de sa prison, de le guérir de sa douleur.

Contrairement au médecin du corps, qui, après l'avoir écouté et examiné, sait en général – le fonctionnement d'un corps étant pour l'essentiel identique à celui d'un autre – de quoi souffre le malade, et se trouve donc à même de lui indiquer, de façon claire, ce qu'il doit faire pour guérir, le psychanalyste, lui, ne le peut pas.

Il peut bien sûr, ayant commencé à écouter l'homme, la femme ou l'enfant qui s'adresse à lui, avoir une idée de la nature et de l'origine de leur souffrance. Mais il ne s'agit là que d'hypothèses et, qui plus est, d'hypothèses qu'il ne peut, à ce stade, percevoir, penser (et donc énoncer) qu'en termes très approximatifs et très généraux. Elles sont donc très loin de pouvoir être, à cette étape, opérantes. Le psychanalyste qui, par exemple, déclarerait à son patient à l'issue d'une ou deux séances : « Vous avez toujours peur que l'on ne vous aime pas, parce que votre mère ne vous a pas aimé », témoignerait indubitablement de la possibilité que son savoir et son expérience lui ont donnée de faire une déduction au demeurant logique : le patient dit ne pas avoir été aimé par sa mère, et l'on sait par ailleurs que quiconque a été mal aimé de ses parents aura souvent du mal, plus tard, à se sentir aimable. C'est donc parce que sa mère ne l'a pas aimé que ce patient craint en permanence de ne pas l'être. Faisant part à son patient de cette déduction, il lui révélerait donc sans doute la cause (ou l'une des causes) de sa souffrance. Mais la révélation de cette cause, pour juste que celle-ci puisse être, ne rendrait pas pour autant à ce patient sa quiétude et sa confiance en lui.

---

1. Il serait plus juste de parler d'analyses personnelles au pluriel, car la pratique contraint le psychanalyste à retourner plusieurs fois sur le divan.

Car même si, en n'étant pas aimé de ses parents (en l'occurrence, de sa mère), ce patient n'a fait que partager un sort malheureusement commun à beaucoup d'autres enfants, le désamour dont il a été, lui, victime était un désamour particulier.

Le drame qu'a vécu l'enfant (particulier) qu'a été ce patient, ce drame qu'il a vécu tout au long de ces années pendant lesquelles il a tenté en vain, jour après jour, d'intéresser la femme (elle aussi particulière) qui était sa mère, et de l'intéresser d'une façon qui, là encore, ne ressemblait à aucune autre, est en effet un drame unique, original (au sens où l'on parle d'une œuvre originale), dont aucun schéma général ne peut rendre compte. C'est un drame singulier. Et, singulier, il a donné naissance à une souffrance qui est, elle aussi, tout à fait singulière[1]. Tellement singulière que si l'on veut, pour la caractériser afin de l'exprimer au plus juste, la traduire en mots, il faudra trouver des termes tout à fait spécifiques.

Et ces termes, parce qu'il est le seul à avoir vécu la situation, le patient sera aussi le seul à pouvoir les trouver. Mais il ne pourra pas, pour autant, les trouver d'emblée. Car, la vérité s'accommodant mal des synonymes, et le mot, parce qu'il dit l'éprouvé, ne pouvant, sans trahir cet éprouvé, être remplacé par aucun autre, le patient ne pourra trouver *ses* « mots pour le dire[2] » qu'au terme d'un travail. Un travail qui lui permettra, remettant ses pas dans ceux d'autrefois, et reconstituant ainsi, patiemment, image après image, le film de son enfance et de son adolescence, de retrouver ce qu'il a vraiment, à chaque étape, vécu et éprouvé. C'est-à-dire, en l'occurrence, la façon particulière dont le poison du désamour s'est infiltré dans son être, et celle, tout aussi particulière, dont, pour y faire des ravages jusque dans sa vie adulte, il y a circulé.

Dans cette recherche, qui est l'objet d'une cure analytique, le psychanalyste, bien sûr, accompagnera son patient. Mais, contrairement à ce que l'on pourrait penser (et à ce que le patient lui-même imaginait en venant le trouver), il ne l'accompagnera pas tant avec son savoir qu'avec son « écoute ».

---

1. Cette singularité expliquant d'ailleurs que certains enfants puissent (même si c'est toujours très difficile) survivre à des situations de cet ordre, alors que d'autres ne le peuvent pas.
2. Titre donné par Marie Cardinal au livre dans lequel elle raconte sa psychanalyse.

Cette capacité que son inconscient – parce qu'il l'a longuement mis au travail dans sa ou ses propres analyses – lui donne d'« entendre » ce qui lui est dit. C'est-à-dire d'y percevoir (pour le lui faire entendre à son tour) un sens que le patient qui lui parle n'y entend pas encore.

Capacité étrange dont on pourrait se risquer à dire, même si la comparaison peut sembler saugrenue, qu'elle n'est pas sans évoquer[1] celle qu'ont ces « experts » de la police scientifique, si chers à nos séries télévisées, de déceler sur une scène de crime ou sur le corps d'une victime les détails qui, dénués de signification pour tous les autres intervenants, seront susceptibles pourtant de faire progresser, de façon significative, l'enquête.

Et le paradoxe, c'est non seulement que son savoir (ce savoir que par ailleurs les médias lui réclament) ne sera pas pour le psychanalyste, dans la cure, son outil principal. Mais qu'il devra, pour pouvoir écouter, sinon l'abandonner (car il lui sert à se repérer), du moins le mettre en suspens. Pour éviter que ce savoir n'en vienne à parasiter son écoute et ne l'amène, lui faisant oublier que la vie de chaque patient est un scénario original, à se précipiter sur des explications « toutes faites ». Danger qui, tapi dans l'ombre de chacune de ses cures, le menace en permanence.

Il est facile par exemple de penser de telle mère qui, entourant à l'excès son enfant, ne lui laisse aucune autonomie, qu'elle a besoin de se sentir un pouvoir sur lui (ce qui existe). Alors qu'elle n'est peut-être, dans ce cas précis, qu'une femme qui, abandonnée elle-même dans son enfance par une mère que son histoire empêchait d'être maternelle et maternante, est dans la terreur (inconsciente) que son enfant n'éprouve, à son tour, le sentiment d'abandon qui ne l'a, elle, jamais quittée...

En fait, s'il veut permettre à son patient de retrouver la vérité de son histoire, le psychanalyste non seulement doit accepter de mettre dans la cure son savoir à distance, mais il doit même, inversant littéralement les places, accepter de passer à ce patient le relais pour qu'il puisse, lui, élaborer un savoir sur ce qui lui est arrivé. Un savoir seul susceptible de le guérir,

---

1. À cette différence près cependant – et elle est de taille – que les experts acquièrent cette compétence dans une formation théorique, alors que le psychanalyste ne peut, lui, l'acquérir que sur le divan.

qu'il élaborera en se faisant l'archéologue de lui-même, pour chercher en lui les traces que son histoire y a laissées. Des traces qui sont là, sous forme de souvenirs – conscients et inconscients –, mais aussi d'inscriptions dans la mémoire de son corps et de ses émotions[1].

La psychanalyse est donc, on le voit, une science du particulier. Elle oblige le psychanalyste, s'il veut que, grâce à son écoute, ce particulier se révèle, à jongler en permanence dans sa pratique entre savoir et non-savoir. On peut donc dire qu'il est, à ce titre, un spécialiste tout autant du savoir que du non-savoir.

Et ce que l'on pourrait appeler trivialement cette « double casquette » rend la question de sa présence dans les médias et du travail qu'il peut y faire particulièrement difficile. Les médias, en effet, demandent au psychanalyste de témoigner d'un savoir : « Dites-nous pourquoi un enfant (ou un adulte) peut faire, dire..., etc. Pourquoi telle situation peut provoquer..., etc. » Et il n'y a rien là, de leur part, que de très normal et de très légitime. Mais le problème, pour un psychanalyste, est de savoir comment il peut répondre aux questions qui lui sont posées sans trahir pour autant les deux dimensions (du non-savoir et du particulier) qui sont, nous l'avons dit, les deux caractéristiques essentielles de la psychanalyse.

À la question, par exemple, posée par une mère lors d'une émission (ou dans un journal) : « Pourquoi mon fils fait-il pipi au lit ? », le psychanalyste en effet ne peut pas, sous prétexte de respecter ces deux dimensions, se contenter (même si c'est juste) de répondre : « À vrai dire, madame, je n'en sais rien, parce que cela dépend des cas. »

Et il ne peut pas non plus, oubliant qu'il est psychanalyste, sortir de son chapeau une explication toute faite. Et, alors qu'il ignore tout de l'enfant dont on lui parle, déclarer par exemple, péremptoire : « Mais probablement parce qu'il ne veut pas grandir, madame ! »

Confronté à ces deux impossibles, le psychanalyste se trouve donc, dans les médias, chargé d'une mission qui peut, à juste titre, sembler impossible. Et les psychanalystes d'ailleurs n'ont pas manqué qui l'ont déclarée telle. Dès le début même de l'aventure, c'est-à-dire dès le moment où Françoise Dolto osa – première à le faire en France – prendre la parole

---

1. Dimensions que l'on oublie trop souvent.

sur les ondes d'une radio[1], déclenchant l'ire de ses confrères, qui se levèrent en masse pour l'accuser de dévoyer la psychanalyse. Et, aujourd'hui encore, il n'est pas rare que l'on regarde avec méfiance, dans bien des cénacles analytiques, toute tentative faite pour rapprocher psychanalyse et médias.

Cette position me semble contestable.

En premier lieu, parce que, même si nombre de psychanalystes et d'institutions psychanalytiques semblent vouloir l'ignorer, la psychanalyse est aujourd'hui, plus que jamais, en danger. Dans un univers du « soin psy » devenu marché, elle est en effet aujourd'hui mise en permanence en concurrence avec de multiples formes de thérapies. Thérapies dont l'audience est d'autant plus grande qu'elles n'hésitent pas, elles, à se battre âprement et sans états d'âme pour tenir le haut du pavé médiatique. Et cette situation est d'autant plus dangereuse pour la psychanalyse que ces thérapies ont, face à elle, toutes les raisons de paraître séduisantes.

La psychanalyse, en effet, est une pratique exigeante. Pour les « soignants » d'abord, les psychanalystes, qu'elle contraint à une formation rigoureuse. Exigeant d'eux que, avant de s'autoriser à guider des patients dans les méandres de leur inconscient, ils soient d'abord allés – et de préférence longuement – explorer les méandres du leur : on ne peut pas être psychanalyste si l'on n'est pas passé soi-même par l'analyse.

Exigence essentielle, car, si une formation théorique peut suffire à révéler à l'apprenti thérapeute l'existence des pièges tendus par l'inconscient, il faut, pour qu'il apprenne à les déjouer, qu'il les ait pratiqués lui-même. C'est-à-dire qu'il ait expérimenté dans sa propre analyse à quel point il est facile, au patient comme à son analyste, de tomber dans ces pièges.

Exigeante pour les soignants, la psychanalyse l'est aussi pour les patients. Faire une analyse, c'est accepter de faire, séance après séance, un travail ingrat, besogneux, pour reconstituer, pas à pas, son histoire. Un travail exigeant (qui suppose, par exemple, une régularité sans faille), mais aussi forcément lent. Si lent qu'il en est même souvent – tous les patients le savent – exaspérant. Et un travail surtout que l'on ne peut pas faire sans souffrir.

---

1. Anonymement d'abord, sur Europe n°1, dans une émission qui s'appelait *Allô docteur*, puis en 1976 avec *Lorsque l'enfant paraît* sur France Inter.

La psychanalyse, en effet, n'est pas pour le patient une simple recherche intellectuelle des moments difficiles de son passé et des épreuves qu'ils lui ont fait rencontrer. Elle lui impose de retraverser dans la cure ces moments et ces épreuves, c'est-à-dire de se replonger dans tout ce qu'il avait voulu oublier pour retrouver – l'anesthésie du refoulement ne pouvant plus opérer – les souffrances qu'il avait enfouies.

Cette recherche douloureuse est bien sûr – et le patient le sait – le prix à payer pour la guérison. Car retraverser le malheur permet, l'ayant enfin cerné, de l'expulser de soi. Et donc d'en finir avec les angoisses aussi permanentes qu'incompréhensibles que, telle une infection non détectée provoquant douleurs et fièvre, il faisait naître et qui rendaient la vie invivable.

Mais, plus les souffrances initiales ont été importantes, plus la cure, quand elle les aborde, devient douloureuse. Il faut donc que le patient accepte de le supporter, et c'est toujours pour lui plus que difficile. À tel point que la tentation peut être grande, parfois, d'abandonner. En rêvant (qui n'en rêverait ?) de méthodes thérapeutiques qui permettraient de traverser le malheur sans être jamais malheureux. Rêve légitime, mais impossible. Car la psychanalyse est en cela semblable aux lunettes : elle ne crée pas le malheur qu'elle permet de regarder en face. Elle ne fait que le révéler.

Or, face à ce chemin long et difficile, le marché regorge aujourd'hui d'offres alléchantes qui portent sur des circuits courts, des thérapies réputées aussi brèves que sans souffrance. Thérapies qui ont toutes en commun d'être centrées sur les symptômes qui affectent le patient et de lui promettre de l'en débarrasser sans qu'il ait à s'interroger sur leurs causes. Autrement dit, sans qu'il ait à se poser la moindre question sur la personne qu'il est et les raisons qui ont fait naître en lui ces symptômes.

Pour un psychanalyste, ces thérapies sont évidemment un leurre. Car, un symptôme étant toujours, pour un être humain, un moyen d'exprimer une difficulté que consciemment il ignore, on ne peut pas l'éradiquer sans identifier cette difficulté, c'est-à-dire sans prendre en compte la personne dans son ensemble et ce qu'elle a vécu. Chaque symptôme est singulier et occupe, dans l'économie psychique de la personne qui en souffre, une place particulière. Il existe autant de peurs (de l'eau, des araignées…) que de personnes qui ont peur ; autant d'inhibitions que de personnes inhibées, etc.

Si on l'oublie, on s'expose soit à ce que le symptôme résiste. Soit à ce que – même s'il disparaît momentanément – il réapparaisse. Soit encore à ce que, la difficulté qu'il exprime n'ayant pas été touchée par le travail thérapeutique, elle trouve à s'exprimer par le biais d'un autre symptôme.

En fait, la psychanalyse défend, face à ces thérapies de l'éradication rapide du symptôme, une logique qui est celle du jardinier. Du jardinier qui sait qu'il peut certes, en se contentant de couper les mauvaises herbes en surface, rendre au jardin sa beauté. Mais que cette beauté ne sera qu'éphémère, car ces herbes repousseront. Et qu'il lui faut donc, s'il souhaite un résultat durable, arracher leurs racines. Travail plus long, plus difficile, mais… plus sûr.

Néanmoins, pour problématiques qu'elles soient, ces thérapies, on le sait, séduisent. Elles séduisent les candidats à la position de « soignants ». Car, promettant de soigner les patients rapidement, elles promettent de la même façon à ces candidats de les former très rapidement. Un marché des « formations psys » s'est ainsi développé qui est en passe de devenir une industrie florissante.

Et elles séduisent les patients, qui espèrent ainsi (et l'on peut les comprendre) s'épargner des souffrances qu'on leur dit inutiles. Et qui les effraient d'autant plus que les promoteurs des thérapies nouvelles ne se font pas faute de mettre en avant, dans leurs arguments de vente, un certain nombre d'errements de la pratique psychanalytique. Les cures interminables (contre lesquelles Freud, déjà, mettait en garde ses disciples) et qui ne débouchent sur aucune guérison. Les psychanalystes silencieux jusqu'à la caricature, qui donnent à leurs patients l'impression d'être seuls, abandonnés dans une errance sans fin. Ceux dont les interventions sont si énigmatiques et si jargonnantes qu'elles plongent ceux auxquels elles s'adressent dans le désarroi, etc. Errements qu'il est parfaitement justifié de dénoncer et dont on souhaiterait d'ailleurs que les psychanalystes eux-mêmes les dénoncent plus souvent. Mais dont il est clair qu'ils ne sont pas tant imputables à la psychanalyse qu'à la façon dont certains psychanalystes la pratiquent. Et dont on pourrait évidemment trouver l'équivalent dans toutes les formes de thérapie.

Les professionnels incompétents ne sont pas l'apanage de la psychanalyse. Ils se retrouvent, tout comme ceux qui ont une compétence, à proportions égales dans toutes les disciplines.

Cette mauvaise image, soigneusement entretenue, de la psychanalyse pèse donc certainement très lourd dans le débat, mais elle ne suffit pas pour autant à expliquer l'audience grandissante de ces thérapies. Celles-ci se développent surtout, me semble-t-il, parce qu'elles sont, de par l'idéologie dont elles sont porteuses, en accord avec notre époque. Et en accord surtout avec le statut que le type d'économie qui règne sur notre société donne aux individus.

L'économie libérale, en effet, ne se préoccupe guère de ce qu'est profondément un être humain, de ce qu'il pense, de ce qu'il ressent. Tout cela pour elle n'a aucune valeur. Car, dans le système économique qu'elle met en place, les hommes et les femmes se doivent avant tout d'être utilisables et rentables. Et de faire en sorte, qui plus est, de le rester, car, s'ils venaient à ne plus l'être, ils se verraient ni plus ni moins rejetés sans que (même si l'on se préoccupe un peu et pour un temps seulement de leur survie matérielle) l'on se soucie le moins du monde de leur état psychologique. La façon dont notre société traite ses innombrables chômeurs en apporte chaque jour la preuve.

Face à cette vision passablement déshumanisée de l'être humain, vision que la crise économique vient aggraver encore chaque jour un peu plus, la psychanalyse ne peut que se trouver dans une situation difficile.

Posant chaque être comme singulier, accordant une valeur extrême à sa parole, prenant en compte sa souffrance et l'invitant à s'interroger sur lui-même pour découvrir qui il est, se débarrasser de ses chaînes et recouvrer sa liberté, elle ne peut en effet que faire figure de théorie non seulement obsolète, mais dangereuse.

Dans un monde qui broie les humains, la psychanalyse ne peut pas être « tendance ». Car à cette théorie qui, promouvant la subjectivité de chaque être, vient lui dire cette parole éminemment dangereuse : « Tu es quelqu'un, sache-le et défends-toi », le système a toutes les raisons de préférer des thérapies qui ne s'embarrassent pas, elles, de la personne dans sa singularité. Et qui préfèrent lui promettre de la réparer, symptôme après symptôme, comme on répare, dans les garages, les véhicules pièce par pièce, de façon qu'elle puisse redevenir, en ayant perdu le moins de temps possible, opérationnelle et rentable.

Défendre la psychanalyse est donc, aujourd'hui, un combat essentiel. Non pas pour défendre une théorie plutôt qu'une autre ou une « chapelle » plutôt qu'une autre, mais pour défendre une conception humanisée de l'être humain.

Et pour défendre aussi les patients. Car ces thérapies « express et sans douleur » ne sont pas seulement contestables sur le plan idéologique. Elles le sont aussi sur le plan du soin.

Oubliant, tout comme la psychiatrie du DSM[1], que chaque personne est unique, et conduites de ce fait à ne tenir aucun compte de l'histoire personnelle de ceux qui s'adressent à elles, elles se révèlent en effet souvent, parce qu'elles n'ont pas accès aux racines de leurs problèmes, incapables de les aider à les résoudre. Et les conséquences de ces échecs sont plus lourdes encore qu'on ne pourrait le croire.

Car, confrontés à des symptômes qui n'en finissent pas de résister, les patients, qui continuent à souffrir, finissent par les penser beaucoup plus graves qu'ils ne le sont en réalité. Et cette idée, qui est, pour eux, des plus angoissantes, est aussi, parce qu'elle est de plus en plus largement partagée, dangereuse à terme pour l'ensemble de la société.

Bien des souffrances que des thérapies analytiques bien menées suffisaient autrefois à faire disparaître se voient en effet aujourd'hui dramatisées de façon inquiétante. Et le fait est particulièrement patent dans le domaine des enfants. Car la croyance s'y développe de plus en plus en l'existence d'affections lourdes (comme l'« hyperactivité », la « dyslexie » ou la « phobie scolaire »). Affections promptes à tomber, sous forme de diagnostics effrayants, sur la tête des enfants, dont, les faisant passer en un instant du statut d'« enfants en difficulté » à celui d'« enfants malades », elles brisent l'image qu'ils avaient d'eux-mêmes tout en angoissant au plus haut point leurs familles.

Et en les angoissant d'autant plus que ces diagnostics sont souvent assortis de traitements lourds, aussi justifiés

---

[1]. Manuel de psychiatrie américain qui établit une liste des symptômes dont chacun peut souffrir. Chaque symptôme étant posé comme susceptible d'être éradiqué par des thérapies brèves ou des médicaments sans que la personne dans son ensemble soit prise en compte.

pourtant, dans bien des cas, que le serait l'appel à un char d'assaut pour tuer une mouche...

On peut en venir ainsi à déclarer aujourd'hui un enfant « hyperactif » et à lui prescrire des médicaments (dont par ailleurs nombre de spécialistes dénoncent la nocivité) sans avoir pris la peine d'explorer si cet enfant, qui ne tient pas en place, a bien une place dans sa famille... Et laquelle. Si on lui a suffisamment appris à respecter les limites pour qu'il ait compris qu'il ne peut pas faire n'importe quoi, n'importe où et n'importe comment. S'il n'y a pas dans sa vie des choses si angoissantes que, faute de pouvoir être dites, elles agiteraient sans fin son corps et tout son être, etc.

De la même façon, avant même d'avoir essayé de comprendre les raisons (familiales ou scolaires) qu'un enfant ou un adolescent aurait d'avoir peur d'aller à l'école, on peut aujourd'hui poser sur sa souffrance le diagnostic si lourd, pour sa famille et pour lui-même, de « phobie scolaire ».

Face à ces exemples qui se multiplient et qui ont tous en commun de dramatiser aussi bien les symptômes des enfants que ceux des adultes, le psychanalyste ne peut pas se taire. Il se doit, aujourd'hui, de prendre publiquement la parole.

Non pas pour prétendre que, là où les autres thérapies échouent, la psychanalyse se ferait fort, elle, de réussir à tout coup. Mais pour dire aux patients qu'une autre approche de leurs problèmes existe.

Une approche qui les pose non pas comme des malades, mais comme des êtres qui ont, pour des raisons qu'ils peuvent découvrir, du mal à dire, du mal à faire... Qui leur explique qu'il existe pour eux d'autres solutions que les diagnostics qui excluent, les hospitalisations ou les médicaments à vie. Qui les assure qu'ils peuvent, avec une aide, prendre leur vie en main et trouver enfin le bout du tunnel dans lequel, depuis si longtemps, ils errent.

Les patients, aujourd'hui, ont besoin d'un tel message, qui est tout autant un message de liberté que d'espoir, et un combat est à mener pour qu'il leur soit permis de l'entendre.

Les psychanalystes ne peuvent pas déserter le terrain de ce combat. Et, les médias, qui peuvent être, au sens le plus noble du terme, un formidable outil d'éducation, jouant dans ce combat un rôle essentiel, les psychanalystes ne peuvent donc pas déserter le terrain des médias. Ils doivent, quelle qu'y soit la difficulté de leur tâche, « y aller ».

Mais y aller comment ? La question d'emblée se pose, et elle est centrale, car cette présence ne peut se faire qu'à certaines conditions. Et implique de leur part un certain nombre de prises de conscience.

Aller dans les médias suppose en effet que le psychanalyste renonce à l'idéal : de même qu'ils ne sont pas le lieu où il pourra faire avancer la théorie psychanalytique, de même ils ne sont pas celui où il pourra la transmettre dans toute sa vérité. Il lui faudra composer.

Mais cette première prise de conscience n'a de sens que si elle est assortie d'une autre : celle d'avoir une responsabilité (et une responsabilité lourde) tout autant par rapport au public, auquel il se doit d'apporter une information capable de l'aider, que par rapport à la psychanalyse, qu'il importe, même s'il doit composer, de ne pas dévoyer.

Et il la dévoierait à coup sûr, tout en trompant d'ailleurs ceux qui l'écoutent (ou le lisent), si, n'étant pas suffisamment vigilant dans ses propos, il leur permettait par exemple de le prendre pour une sorte de gourou (supposé) capable, à partir d'une indication, de leur expliciter leur passé et de leur prédire leur avenir...

À partir du moment où le psychanalyste accède aux médias, ce risque en effet existe. Et existe d'autant plus que l'amplification par l'« aura médiatique » du lien imaginaire de « transfert[1] » que ceux qui l'écoutent ou le lisent tissent avec lui conduit à ce que ceux-ci accordent à sa parole une importance démesurée.

Le risque est permanent – comme l'est celui déjà évoqué – qu'ils transforment ses indications en un savoir généralisable et applicable à tous.

Le psychanalyste doit connaître l'existence de ces dangers et savoir que, s'il ne pourra jamais les éviter tous, il peut – et surtout doit – faire en sorte d'en éviter le plus grand nombre.

En fait, le psychanalyste ne peut travailler dans les médias sans une éthique. Il ne peut s'y risquer sans avoir établi pour

---

1. Le transfert est le nom donné, dans la théorie analytique, au fait que le patient peut, dans une cure, mettre son analyste à la place de tous ceux qui ont compté dans sa vie. Et au fait qu'il lui suppose un savoir. Le patient en effet croit que le psychanalyste connaît les réponses aux questions qu'il se pose, et cela le soutient dans sa recherche. Jusqu'à ce qu'il découvre, à la fin de sa cure, que lui seul, en fait (même si c'était sans le savoir), savait.

lui-même une sorte de « cahier des charges » très précis auquel il fera en sorte de se tenir. En sachant, de plus, que les années et l'expérience, loin d'alléger ce cahier des charges, ne pourront au contraire que le rendre plus contraignant. Car il ne pourra, le temps passant, que découvrir l'existence de dangers auxquels il n'avait encore jamais pensé.

Au titre de cette éthique, il est clair par exemple que le psychanalyste ne peut ni intervenir n'importe où, ni intervenir à propos de n'importe quoi. Il ne peut pas, par exemple, accepter de donner, à partir de trois lignes dans un magazine, son avis sur le « cas » exposé dans ces trois lignes. Et il ne peut pas non plus prétendre rendre compte du fonctionnement de gens qu'il n'a jamais rencontrés (des hommes politiques, par exemple).

De plus, il se doit de refuser certains sujets :
- ceux qui ne relèvent pas de sa compétence : le psychanalyste n'est pas habilité à parler (et encore moins à juger) de tout ;
- mais ceux aussi qui donneraient à sa parole un statut de « gadget ». Ce qui serait le cas s'il acceptait de parler de sujets qui n'impliquent aucune souffrance et par rapport auxquels il n'a donc aucune aide à apporter. Et de tels sujets (« les mamies rock'n'roll », « le choix des prénoms des enfants de stars », etc.) ne manqueront pas de lui être proposés.

De la même façon, un psychanalyste ne peut accepter de parler d'un sujet que s'il a suffisamment travaillé pour être capable d'apporter, à propos de ce sujet, un véritable éclairage. Il n'est pas là pour dire aux gens (même s'il est éventuellement à même de les formuler habilement) des banalités que n'importe qui pourrait tout aussi bien leur dire.

Il doit donc refuser de devenir le « psy de service » susceptible de « jacasser » – fût-ce avec brio – à propos de tout (et surtout de rien) dans le seul dessein de remplir les trente secondes d'interview nécessaires à une station de radio ou à une chaîne de télévision pour « boucler » un sujet. Ou les deux lignes – en forme d'« avis du psy » – dont un journaliste a besoin pour clore son article.

L'urgence, on le sait, peut conduire dans certains cas les médias – même les plus sérieux – à n'avoir, s'agissant du contenu des interviews « psys », qu'un niveau d'exigence, par nécessité, limité. C'est donc au psychanalyste, quand il est concerné, de maintenir, lui, un niveau d'exigence en accord avec sa discipline. Car, sa formation lui permettant d'évaluer la façon dont les propos tenus peuvent être reçus par ceux auxquels ils s'adressent, il est, lui, en mesure d'évaluer les dangers éventuels de l'opération.

En fait, si la première clef du fonctionnement du psychanalyste dans les médias est la nécessité d'une éthique, la seconde est celle du travail. Et les deux sont liées.

Pour satisfaire aux exigences de précision et de concision des médias, ses interventions, en effet, doivent être au plus haut point travaillées : expliquer clairement et rapidement les choses ne va pas de soi... Et elles doivent l'être aussi pour éviter, autant que faire se peut, le risque de malentendu avec le public.

Et ce risque est immense.

La psychanalyse, en effet, enseigne que qui parle ne sait jamais ce qu'il dit, car il ne sait jamais comment celui auquel il s'adresse recevra ce qui lui est dit, ce que les mots énoncés viendront lui dire. Elle invite donc tout locuteur à la prudence.

Or la prise de parole dans les médias, parce qu'elle démultiplie ces risques, rend cette prudence mille fois plus nécessaire encore. La phrase la plus simple pouvant, mal comprise, engendrer chez l'auditeur ou le lecteur des souffrances difficiles à mesurer, il faut être en permanence attentif au moindre mot, à la moindre référence. Travail d'autant plus difficile que, une fois l'argumentation et les mots (supposés) juste trouvés, il faut aussi veiller à ce que, pour ne pas lasser l'auditeur (le lecteur, le téléspectateur), la forme choisie pour l'exposé soit sinon attrayante, du moins pas trop rébarbative.

Et le travail du psychanalyste ne s'arrête pas là. Car il doit aussi essayer en permanence d'inventer un mode d'intervention qui puisse rendre compte de la spécificité de sa discipline. Et cela l'oblige à se heurter, là encore, à une contradiction. Car, alors que les médias attendent des réponses, la démarche analytique, elle, a pour caractéristique essentielle de privilégier, par rapport aux réponses, les questions. Non pas parce que, prônant l'interrogation « *ad vitam aeternam* », elle ne viserait aucune réponse. Mais parce que c'est seulement en avançant dans un questionnement qui peu à peu s'affine que des réponses, fragmentaires dans un premier temps, puis plus globales, peuvent s'élaborer.

Faire entendre au public la valeur et l'intérêt du questionnement est donc, pour le psychanalyste, une nécessité. D'autant plus importante qu'apprendre au lecteur (auditeur…) la valeur de ce questionnement revient à lui apprendre à se mettre lui-même, par rapport à ce dont il souffre, en position de chercheur. Et à lui apprendre donc à ne plus seulement subir.

Françoise Dolto rappelait volontiers que faire une psychanalyse revient à apprendre à devenir son propre analyste. Ce que l'on pourrait traduire en disant que cela revient à acquérir une « boîte à outils » grâce à laquelle on pourra, l'analyse terminée, faire seul ce qu'il y aura à faire.

On peut, nous semble-t-il, affirmer que, toutes proportions gardées, l'intervention du psychanalyste dans les médias doit avoir une visée de cet ordre.

Et cette visée suppose qu'il refuse avec la plus grande vigueur de donner les « conseils » qui lui sont si souvent demandés. Ces « conseils » qui, recettes toutes faites venues d'ailleurs, tombent toujours comme de supposées vérités révélées sur ceux qui les entendent et, les rendant passifs, les dépossèdent de leur propre savoir. Danger qu'en 1957 déjà le psychanalyste Donald W. Winnicott dénonçait sur les ondes de la BBC : « Si des mères s'entendent dire qu'elles doivent faire ceci ou cela, leurs idées s'embrouillent vite et (ce qui est le plus important) elles deviennent incapables d'agir sans savoir exactement ce qui est bien et ce qui est mal. Très vite, elles ont le sentiment d'être incompétentes[1]. »

Le psychanalyste, s'il veut rester psychanalyste dans les médias, doit donc refuser d'être un Monsieur (ou une Madame) Je-sais-tout, toujours prêt(e) à dire à tout un chacun ce qu'il doit faire. Et, au contraire, faire en sorte de rendre à ceux qui l'écoutent leur autonomie, en les aidant à prendre conscience de la capacité qu'ils ont, beaucoup plus qu'ils ne le croient, de penser, de réfléchir, de prendre pour eux-mêmes et leurs enfants des décisions susceptibles de les faire avancer.

Un tel objectif est difficile.

• Du fait des médias, qui, donnant très vite aux intervenants qu'ils sollicitent un statut de « spécialistes de… », destiné à rassurer le public sur la qualité de ce qui lui est proposé, placent ces intervenants en position de savoir et même de savoir absolu.

---

1. Donald W. Winnicott, *Conseils aux parents*, Petite Bibliothèque Payot, 2016, p. 25.

- Du fait de ces spécialistes eux-mêmes, qui ont tout intérêt, pour asseoir leur notoriété, à jouer cette carte du savoir absolu.
- Mais aussi du fait des auditeurs (lecteurs...) eux-mêmes, qui, toujours prêts à croire qu'un autre saura mieux qu'eux, sont toujours en quête d'avis qu'ils veulent croire autorisés.

À ces auditeurs, lecteurs, etc., le psychanalyste se doit donc d'expliquer pourquoi ces « conseils » sont non seulement inefficaces, mais dangereux. Et pourquoi ils constituent pour eux un facteur important d'aliénation.

Ce que, là encore, le psychanalyste Donald W. Winnicott expliquait fort bien : « Qu'ils aient donné une petite tape ou un baiser à leur enfant, qu'ils l'aient serré dans leurs bras ou qu'ils aient ri, ils ont fait ce qu'il convenait. Leur attitude était appropriée [...]. Après coup toutefois, les parents parlent de ce qui s'est passé et s'interrogent. Ils s'aperçoivent qu'ils n'ont pas une idée très claire de ce qu'ils ont fait et qu'ils éprouvent une grande confusion. Dans ces moments-là, ils se sentent coupables et s'en remettent aveuglément à quiconque leur parlera avec autorité et leur donnera des directives[1]. »

Enfin, s'il veut rester psychanalyste, le psychanalyste doit, dans les médias, refuser de faire ce que le poète Jacques Prévert nommait si joliment à propos de la musique « jouer du caniche » parce que « c'est une musique qui plaît[2] ».

Il doit accepter de prendre des risques et oser déranger. En ne refusant pas d'aborder des sujets conflictuels ou en apportant sur d'autres un éclairage qui ne va pas forcément dans le sens de la « tendance » du moment ou des « bons sentiments », qui, aussi dangereux qu'illusoires, servent trop souvent à ne pas regarder la réalité en face.

L'accès aux médias est, pour le psychanalyste, un privilège, parce qu'il lui offre la possibilité de faire entendre à tous des souffrances que sa pratique lui donne à entendre, mais qui, trop souvent, sont tues. Il faut qu'il utilise cette possibilité. Et cela suppose qu'il travaille non seulement avec le public, mais avec les médias dans lesquels il intervient. Qu'il parle, explique, discute, pour parvenir à établir avec eux, dans le

---

1. *Ibid.*, p. 22.
2. Jacques Prévert, « Compagnon des mauvais jours », in *Paroles*, Gallimard, coll. « Folio », 1976.

respect mutuel, un mode de collaboration qui prenne en compte tout autant leurs exigences que les siennes.

Cela demande, une fois de plus, au psychanalyste beaucoup de travail. Mais cela suppose aussi – et avant tout – qu'il soit toujours prêt à partir. À quitter les journaux ou les émissions dans lesquels il intervient si ce qui y est attendu de lui met en cause les repères qu'il s'est donnés, le « cahier des charges » qu'il s'est fixé.

La notoriété acquise grâce aux médias peut certes procurer au psychanalyste (comme à tout intervenant) des bénéfices tout autant narcissiques qu'éventuellement matériels. Mais aucun ne vaut qu'il lui sacrifie une éthique qui est tout aussi indispensable à la survie de la psychanalyse qu'à l'avenir des patients.

2002-2016 : quatorze années sur les ondes de France Info…
Quatorze années pendant lesquelles j'ai essayé de respecter les principes que je m'étais forgés (même si rien ne m'assure que j'y sois parvenue) et surtout de faire œuvre utile, car mon travail dans les médias a toujours été pour moi un travail militant :
• militant contre le rejet de l'autre et le refus de la différence, quelque forme qu'ils prennent : racisme, xénophobie, homophobie… ;
• militant contre les normes (on est « normal » si l'on fait cela, « anormal » si on ne le fait pas). Ces normes qui permettent à certains de se sentir sur le bon chemin, dans leur bon droit, et de mépriser ceux qui ne leur ressemblent pas. Et que les adolescents, qui en pâtissent souvent, savent si bien dénoncer, parce qu'ils en entendent mieux que personne aussi bien le non-sens que le caractère injustement répressif ;
• militant dans le domaine de la maladie mentale, contre l'exclusion qui interdit d'entendre celui que l'on dit « fou ». Le souvenir m'est toujours resté, par exemple, de ce jeune psychiatre expliquant à la (non moins) jeune psychanalyste que j'étais alors, dans l'hôpital de province où nous travaillions l'un et l'autre, comment il avait dû faire admettre en psychiatrie un jeune adolescent, parce que, disait-il, il délirait. « Délire » qui, renseignements pris, consistait pour l'enfant à répéter, en boucle, une seule phrase : « On laisse bien une plante vivre… »

À l'idée de la détresse absolue de cet adolescent, de sa terreur, de sa solitude, à l'idée de ces adultes qui face à lui, tels des murs, ne voulaient rien entendre, j'ai bien failli, ce jour-là, me mettre à pleurer.

Et, bien que je ne l'aie jamais vu, le souvenir de ses paroles ne m'a jamais quittée.

Il a toujours accompagné – et accompagne toujours – mon travail dans les médias. Comme l'accompagne le souvenir de tous ces adultes qui m'ont raconté comment, faute d'avoir été écoutés et aidés, ils avaient vu leur vie gâchée. Celui de ces enfants maltraités que ni moi ni les équipes qui s'en occupaient n'avons pu arracher à leurs familles maltraitantes. Parce que notre société ne veut pas savoir. Comme l'accompagne la vision de ces êtres privés de tout que cette même société, depuis longtemps, abandonne à leur sort sur les trottoirs des villes...

• militant aussi pour ce que Françoise Dolto appelait la « cause des enfants ». Pour expliquer que les enfants ont besoin, pour grandir, que des adultes les aident, leur disent la vérité sur leur histoire et les éduquent. Pour expliquer que, même s'ils sont très petits, leurs souffrances peuvent être immenses, et que l'on pourrait, si l'on acceptait d'y réfléchir, leur en épargner la plus grande partie.

J'ai travaillé avec mes colères, mes révoltes et une volonté tenace de dire, de transmettre.

J'ai écouté les questions qui m'étaient posées en essayant de le faire comme si elles l'avaient été dans mon bureau. En essayant donc, sortant de l'anonymat, d'imaginer la personne, ses convictions, ses souffrances. Et j'ai tenté de répondre chaque fois au plus près de ce que j'entendais. Sans juger, mais en n'hésitant pas à « appeler un chat un chat ». En n'hésitant pas non plus, quand je le pensais nécessaire, à « secouer les puces », comme l'on dit : le « psy » bêlant, sous prétexte d'être bienveillant, n'a jamais été mon idéal...

J'ai par ailleurs été attentive à ce que mes réponses ne puissent pas être utilisées (dans un procès, lors d'un divorce ou plus simplement dans des querelles de famille). Aux « Mon ex-femme (mari) fait, avec les enfants... », « Ma belle-fille dit..., qu'en pensez-vous ? », j'ai toujours refusé de répondre.

Et j'ai essayé aussi, tout en apportant autant d'informations que je le pouvais, de privilégier le questionnement. Opposant toujours aux « Que dois-je faire ? » la nécessité qu'il y a à comprendre avant d'agir.

En fait, j'ai, au travers de ces chroniques, voulu tendre aux auditeurs des mots, à la façon dont on peut, dans la vie, tendre à un autre la main. Pour que, sachant qu'il n'est plus seul, il s'y accroche. Et j'ai donc, pour tenter d'être le plus efficace possible, travaillé, travaillé et travaillé encore. Pour utiliser au mieux ce temps si court (en général, 2 minutes 10) qui m'était imparti. Tâche dont on peut imaginer la difficulté.

De ces chroniques, les auditeurs m'ont beaucoup parlé.

Ils m'ont parlé du « bon sens » qui, selon eux, en émane et qui les rassure. Et, dans un premier temps, je n'ai pas compris ce mot. Car il sonnait à mes oreilles comme une sorte de « pas forcément très intelligent, pas forcément d'un niveau très élevé, mais utile, utilisable, pratique ». Pensant au temps que je passais sur la moindre chronique, j'en éprouvais donc comme un sentiment d'injustice. Un sentiment voisin sans doute de celui qu'éprouve l'élève à la lecture de l'annotation qu'il découvre sur sa dissertation (qu'il pensait pourtant bonne) : « Pas beaucoup d'originalité mais... du travail. Continuez ! »

Et puis, un jour, j'ai entendu (il faut parfois du temps...) que ce « bon sens » dont on me parlait signifiait en fait « le sens qui est bon ». Et j'ai compris que, savoir quel est le bon sens étant la question que l'on se pose quand, perdu dans un lieu et en cherchant la sortie, on se demande dans quel sens elle peut être, le « bon sens » dont on me créditait parlait en fait de la reconnaissance de l'indication que je donnais, d'un chemin pour sortir des problèmes dans lesquels, jusque-là, on se perdait.

Les auditeurs me parlaient aussi, outre de ce bon sens, du fait que, même si le sujet de la chronique n'était pas, *a priori*, susceptible de les intéresser, ils l'écoutaient néanmoins toujours. Ajoutant qu'en général ils ne le regrettaient pas, car, ce faisant, ils apprenaient toujours, disaient-ils, quelque chose.

Et ce compliment – car c'en est un – m'a toujours beaucoup touchée, car il dit que la possibilité existe d'ouvrir à des auditeurs (ou à des lecteurs) la perspective d'horizons qui leur étaient inconnus.

Mais la remarque la plus importante pour moi a été néanmoins, dans la liste de ce qui m'était dit, celle qui m'était par ailleurs le plus souvent répétée : « C'est incroyable, ce que vous répondez. Ce n'est jamais ce que je pensais que vous alliez répondre. »

Cette remarque est importante pour moi, parce qu'elle indique, chez l'auditeur, un décalage entre ce qu'il pouvait attendre et ce qu'il a reçu, une surprise. Et que la surprise est, précisément, ce qui spécifie la rencontre avec la psychanalyse.

Le patient en effet vient consulter un psychanalyste en lui apportant ses problèmes. Des problèmes qu'il a, au préalable, tournés et retournés dans tous les sens, sur lesquels il a réfléchi, à propos desquels il a fait mille hypothèses. Et, alors qu'il se serait attendu à poursuivre, avec l'aide du psychanalyste, dans ce sens, une question de ce psychanalyste, parfois même une simple remarque, peut faire tout à coup éclater ce cadre et s'ouvrir un espace où, résonnant soudain autrement, ces problèmes vont pouvoir être pensés différemment.

Phénomène qui n'est pas sans évoquer l'enfant qui, prisonnier jusque-là des dires de sa famille, entend tout à coup (à l'école ou ailleurs) un adulte tenir des propos qui, faisant surgir pour lui aussi un nouvel espace de liberté, lui montrent que l'on peut raisonner autrement.

Et un exemple devenu célèbre existe, dans la littérature, de cette ouverture, dans le cabinet de l'analyste, d'un espace autre : celui du livre *Les Mots pour le dire*, dans lequel Marie Cardinal raconte son analyse. Une analyse qu'elle décide un jour d'entreprendre parce qu'elle est en proie, depuis des mois, à des saignements incessants qui ruinent sa santé et transforment sa vie en enfer. Elle arrive pour la première fois chez l'analyste et commence bien sûr à lui raconter ses souffrances, le sang... Et, stupéfaite, se voit invitée à lui parler d'autre chose... À la sortie de cette séance, Marie Cardinal constate qu'elle ne saigne plus. Et elle ne saignera plus (et poursuivra l'analyse dont elle témoigne dans son livre), parce que, dans l'espace ouvert par l'analyste, la souffrance aura pu trouver un moyen de se dire autrement.

Pour ma part, bien que sachant qu'une chronique sur une antenne n'est pas une séance d'analyse, j'ai toujours essayé de faire en sorte que mes chroniques soient suffisamment analytiques pour être susceptibles d'ouvrir, pour quelqu'un ou pour quelques-uns, un tel espace.

J'ai donc, pendant ces quatorze années, beaucoup travaillé et beaucoup donné. Mais j'ai aussi beaucoup reçu.

J'ai reçu, multiples et différents, des centaines de petits morceaux de leurs vies que les auditeurs ont accepté de me confier. Des morceaux de leurs vies privées, mais des morceaux aussi de leurs vies sociales. Kaléidoscope de fragments d'existence qui, en une sorte de « la vie comme elle va », constitue un véritable témoignage sur la façon dont, à notre époque, hommes, femmes et enfants peuvent vivre. De la façon dont, à notre époque, il leur faut vivre.

Et de ce témoignage, du fond du cœur, je les remercie.

Claude Halmos
8 mars 2016

2011

CRISE D'ADOLESCENCE

La crise d'adolescence est toujours, on le sait, difficile à vivre pour les parents. Mais elle peut devenir angoissante pour des parents d'enfants astreints à des traitements médicaux. Anne nous écrit que son fils de 15 ans va mal. Il fugue, « sèche » les cours, et surtout refuse de prendre les médicaments dont il a besoin pour son diabète. Alors, que faire ?

La situation que nous décrit Anne est très préoccupante, parce que ce garçon semble rejeter tout ce qui lui est indispensable et qui le rattache à la réalité : il rejette le collège, il rejette les médicaments. C'est très grave.

Vous pensez que l'on peut parler de crise d'adolescence ?

Si l'on parle de crise d'adolescence, il faut préciser que c'est une crise d'adolescence qui se passe très mal. La crise d'adolescence « normale » est le moment où les garçons (ou les filles) doivent, en quelque sorte, accoucher eux-mêmes de l'adulte qu'ils deviendront. Ils sont donc conduits à rejeter tout ce qui leur rappelle leur enfance : les conseils de leurs parents, leur mode de vie... Et cela les amène aussi à rejeter toutes les contraintes, parce que l'adolescent se sent dans une force de vie, une puissance nouvelle, qui fait qu'il se comporte un peu comme quand il avait 3 ans et à refuser tout ce qui limiterait sa toute-puissance.

Donc, le problème de ce garçon ne se limite pas à une crise d'adolescence ?

Il y a de cela, bien sûr, dans ce qu'il fait. Mais il y a beaucoup plus, puisqu'il met son avenir en danger. Et même sa santé et sa vie, puisqu'il refuse les médicaments, comme s'il ne savait pas que sa vie compte. Et puis il fugue, ce qui est toujours le signe d'un conflit intérieur très important et très angoissant. Un enfant ou un adolescent fuguent pour fuir une situation qui est intenable pour eux.

Pourquoi intenable ?

Cela remonte en général très loin. À l'enfance. À des choses qui se sont mal passées, à des choses pas construites, à des relations qui ont posé problème. Si l'on pense aux médicaments, par exemple, ce garçon peut les refuser pour défier ses parents ou pour affirmer sa toute-puissance. Mais, dans les deux cas, cela signifie qu'il n'a pas compris l'utilité de ces médicaments, qu'il n'a été responsabilisé ni par les médecins, ni par ses parents par rapport à la prise de ces médicaments. Alors, aujourd'hui, pour dire que son corps lui appartient, il les refuse, en ne mesurant pas les conséquences de son refus.

Que peut faire cette auditrice ?

Je crois qu'il faudrait qu'elle consulte un professionnel – avec ou sans son fils – pour comprendre ce qui se passe et ce qui s'est passé, et pour pouvoir, à partir de là, agir. Mais il faudrait aussi qu'elle fasse intervenir le père de son fils, dont elle ne parle pas. Ou un homme de la famille ou de son entourage. Un garçon de 15 ans a besoin, pour se construire, d'une figure paternelle.

COMMENT RÉINSÉRER DES JEUNES ?

Comment remettre sur les rails des jeunes en situation d'échec, voire de rejet complet du système éducatif ? En novembre dernier, des incidents ont éclaté dans deux établissements de réinsertion scolaire, en Mayenne et dans la Manche[1]. Et plusieurs auditeurs vous ont écrit pour vous demander si tous ces jeunes étaient vraiment réinsérables.

On ne peut jamais jurer que l'on va réussir avec tous les jeunes que l'on prend en charge, bien sûr. Mais je pense que la très grande majorité de ces jeunes seraient réinsérables si l'on se donnait vraiment les moyens de les réinsérer.

Vous dites *seraient*. Vous pensez que l'on ne s'en donne pas les moyens ?

Non, on ne s'en donne pas les moyens. Ce n'est pas parce que l'on écrit « réinsertion » au fronton d'un édifice que l'on va pour autant réinsérer les jeunes que l'on a mis à l'intérieur. Dans l'échec scolaire, il y a trois facteurs à prendre en compte :

1) Un facteur psychologique. Pourquoi un élève n'a-t-il jamais pu apprendre, ou a-t-il cessé d'apprendre à partir d'un certain moment ? Ce n'est en général pas lié à ses capacités intellectuelles (qui sont souvent importantes), mais à son histoire, à l'histoire de sa famille, à ce qu'il a vécu. Et je peux

---

1. En novembre 2010, cinq collégiens ont été renvoyés de l'ERS (établissement de réinsertion scolaire) de Craon, en Mayenne, pour avoir commis des violences sur d'autres collégiens. À la même période, les huit élèves d'un ERS installé à Portbail, dans la Manche, ont été renvoyés, moins d'une semaine après leur arrivée, dans leur département de Seine-Saint-Denis après des incidents.

l'affirmer parce que, comme bien d'autres professionnels, j'ai reçu des centaines d'enfants qui avaient ce type de difficultés.

2) Un facteur éducatif, parce que ces jeunes viennent de familles où l'on n'a pas pu leur apprendre les règles de la vie. Ils sont donc restés dans le fonctionnement pulsionnel de l'enfant petit : ils ont envie de quelque chose, ils le prennent. Ils ont envie de frapper, ils frappent... Ils sont dans la recherche de la satisfaction immédiate. Et cela les empêche de penser.

Le troisième facteur ?

C'est un facteur pédagogique. Ces jeunes ont accumulé un retard scolaire énorme (qui fait d'ailleurs qu'ils se sentent dévalorisés et jouent souvent les « caïds » pour compenser cette dévalorisation). Et ils sont fréquemment dégoûtés des apprentissages. Il faut donc les réconcilier avec l'école. Et trouver des méthodes pour qu'ils apprennent. Ces établissements auraient besoin d'enseignants, mais aussi de « psys » et d'éducateurs motivés, formés et capables de travailler ensemble pour s'attaquer à ces trois facteurs.

Et les envoyer loin de leurs quartiers, c'est une bonne idée ?

Ce serait une bonne idée si on les préparait à cet éloignement et si l'on préparait aussi ceux qui vont les recevoir. En Mayenne, où cela s'est mal passé, on n'avait pas assez préparé les « populations accueillantes ». Ces jeunes, qui ne connaissent que le rejet, ont donc fait se répéter ce rejet, et la situation a été aussi violente pour eux que pour ceux qui les recevaient. Si l'on avait préparé les enseignants et les élèves de Mayenne à une mission d'accueil et d'hospitalité envers ces jeunes de la région parisienne, tout se serait certainement passé autrement. Et cela aurait aidé les « accueillants ». Parce que rencontrer des gens qui ont un parcours différent est toujours très enrichissant.

MÈRES SEULES

Beaucoup de mères se retrouvent seules à élever un ou plusieurs enfants. Des enfants qui sont souvent déposés très tôt le matin à la crèche, et qui ne revoient leur mère que très tard le soir. Plusieurs auditrices nous ont écrit pour s'inquiéter de cette situation. Et elles demandent si un enfant peut tout de même se construire dans de telles conditions.

Je crois qu'il faut préciser les problèmes. Car certains d'entre eux ne relèvent pas de la psychologie. Ils tiennent aux conditions de vie de ces mères. Et l'on pourrait, si l'on en avait la volonté, les améliorer notablement.

Vous parlez de quel genre de problèmes ?

Il y a d'abord les revenus de ces femmes. On sait que les familles monoparentales font partie, pour beaucoup, des plus pauvres de notre pays. Parce qu'un seul salaire pour se loger et vivre, aujourd'hui, relève quasiment de l'impossible. Donc, il faudrait que la société aide ces femmes, beaucoup plus qu'elle ne le fait. Et puis il y a le problème des crèches. Elles ne sont pas assez nombreuses et elles n'ont pas des horaires compatibles avec les horaires des femmes qui travaillent tard. Donc, ces mères sont obligées soit d'utiliser le « système D » pour faire garder leurs enfants en attendant qu'elles rentrent du travail (les voisines, les amies…), soit de payer quelqu'un qui le fasse, et cela ne peut qu'aggraver encore leurs problèmes financiers.

Mais est-ce qu'un enfant peut se construire en passant autant de temps dans une crèche ?

Mais il faut bien qu'il puisse se construire de cette façon, parce que ces mères n'ont pas le choix ! Cela veut dire qu'il faut qu'il y ait dans les crèches le personnel le mieux formé possible. Et un travail d'équipe qui permette d'écouter les enfants, de comprendre leurs difficultés et de leur donner les repères éducatifs dont ils ont besoin. Tout en soutenant leurs mères et la relation qu'elles ont à leurs enfants. Et tout en parlant à ces enfants de leurs pères qui ne sont pas là. Beaucoup de crèches font ce travail. Le personnel des crèches ne peut pas remplacer les parents, parce qu'ils sont irremplaçables. Mais il peut vraiment jouer un rôle parental.

Vous parlez du problème du père. Peut-on se construire sans père ?

Un enfant a besoin, pour se construire, de savoir qu'il a un père. Il faut donc aider les mères à maintenir une relation entre le père et l'enfant chaque fois que c'est possible. Mais, même si l'enfant ne voit pas son père, ce père peut exister dans sa tête si sa mère préserve sa place. Et c'est important. Beaucoup d'enfants se sentent dévalorisés parce qu'ils croient qu'ils sont différents des autres, qu'ils n'ont pas, comme eux, un père. Il faut expliquer à l'enfant sa conception et le rôle qu'a joué son père dans cette conception. Et il faut que les mères fassent exister ce père dans la vie quotidienne. En disant par exemple à l'enfant que ce qu'elles exigent de lui – aller au lit à l'heure, etc. –, c'est ce qu'exigerait son père s'il était là. Un enfant peut avoir un père dans sa tête et dans son cœur, même si ce père n'est pas là dans la réalité.

APRÈS LE SÉISME :
ADOPTIONS MASSIVES D'ENFANTS HAÏTIENS

Le séisme qui a ravagé Haïti il y a tout juste un an a laissé de nombreux enfants orphelins[1]. Pendant la période de Noël, nous avons tous vu ces images touchantes de familles françaises accueillant des petits Haïtiens. Or certains spécialistes ont émis des réserves sur ces adoptions massives. Plusieurs auditeurs voudraient savoir pourquoi.

J'ai été très frappée, moi aussi, par la façon idyllique dont étaient présentées ces adoptions. Et cela m'a beaucoup inquiétée. Parce qu'une adoption ne peut pas se passer de façon idyllique. Une adoption, ce sont deux malheurs qui se rencontrent et qui vont essayer de « fabriquer » ensemble du bonheur. C'est donc une entreprise très belle, mais aussi très complexe.

Quels sont ces deux malheurs dont vous parlez ?

Dans le cas dont nous parlons, il y a même, si l'on y réfléchit, trois malheurs. Il y a d'abord le malheur des parents adoptants : cet homme et cette femme qui voulaient avoir un enfant ensemble et qui n'ont pas pu, ce qui est terrible et injuste. Et qui ont dû, en plus, faire ce parcours du combattant qu'est le parcours pour adopter.

Il y a ensuite le malheur de l'enfant, qui, lui, est né dans des conditions souvent difficiles, qui a dû voir disparaître ses parents de naissance, ce qu'on ne lui a pas forcément expliqué. Et il y a en plus, dans le cas des enfants d'Haïti, le fait d'avoir vécu le tremblement de terre, la peur, la détresse absolue, la

---

1. Le 12 janvier 2010, un séisme d'une magnitude de 7,3 sur l'échelle de Richter a ravagé Haïti, faisant plus de 230 000 morts et 300 000 blessés.

mort de milliers de gens… Ces malheurs vont se rencontrer et vont devoir construire, ensemble, une nouvelle vie.

Vous voulez dire qu'ils vont devoir oublier le passé ?

Précisément, c'est tout le problème : on ne peut pas oublier le passé. Même si l'on veut l'oublier consciemment, inconsciemment il est toujours là. Et si on ne lui donne pas une vraie place, il produit des symptômes. Or, justement, les reportages que l'on a vus faisaient table rase du passé. Ils nous racontaient une sorte de conte de Noël : le père Noël avait apporté un bel enfant à des parents qui n'en avaient pas. Et il avait apporté de beaux parents à un enfant qui n'en avait plus. Ça ne marche pas comme ça ! Et faire croire aux parents adoptifs et aux enfants adoptés que cela peut marcher de cette façon revient à les tromper.

Pourquoi ça ne peut pas marcher comme ça ?

Les parents adoptants sont très heureux d'accueillir un enfant, et c'est normal. Mais l'enfant qu'ils accueillent – il faut qu'ils acceptent de l'entendre, et c'est difficile – n'est pas celui qu'ils auraient pu avoir ensemble. C'est un enfant qui a déjà une histoire, et une histoire qui compte. Il a un « père de naissance », une « mère de naissance », dans le ventre de laquelle il est resté neuf mois. Et il a passé au moins quelques heures avec elle avant de vivre une séparation souvent brutale et inexpliquée. Il a une famille, un pays, une langue. Il a perdu tout cela, et rien ne pourra le remplacer. Donc, il faut qu'une nouvelle vie l'aide à se construire avec cette histoire. Et les parents aussi ont un passé, qu'ils voudraient souvent oublier, mais c'est impossible. Il faut qu'ils acceptent leur statut de parents adoptifs, sans se sentir dévalorisés par rapport aux « parents de naissance » de l'enfant. Et sans dévaloriser ces parents. Parce que l'enfant a besoin, pour se sentir une valeur, que son origine soit valorisée. C'est une aventure extraordinaire, l'adoption. Parce que c'est l'une des plus belles histoires d'amour qui existent. Mais c'est une aventure très complexe, très difficile, et il ne faut pas l'oublier.

ENFANT SANS LIMITES, ADULTE SANS LIMITES

Le fils d'Anne-Marie a 22 ans. Il vit, nous écrit-elle, avec une jeune femme. Il avait un travail en CDD et tout allait bien, mais, du jour au lendemain, il a tout plaqué. Elle nous précise que se répète exactement ce qui s'est passé dans son enfance, lorsqu'il était un enfant roi en échec scolaire. Que répondre à l'inquiétude d'Anne-Marie ?

Cette lettre est la parfaite démonstration du fait que les êtres humains se construisent et que, s'il faut respecter des règles dans leur éducation quand ils sont petits, c'est parce que, si on ne les respecte pas, ils ne pourront pas devenir des adultes capables de vivre normalement et sans problèmes.

Donc, vous pensez, comme cette mère, que ce garçon rejoue ce qui s'est passé dans son enfance ?

Oui. Et ce qui s'est passé dans son enfance parce que ses parents n'ont pas pu comprendre ce qui se passait et faire ce qu'il fallait pour que cela cesse. Car tout cela aurait probablement pu être évité. Par exemple, cette mère nous dit que, quand son fils était petit, il était odieux en famille et à l'école. Il était le roi, il avait tous les droits. Si l'on avait aidé ses parents à retrouver leur autorité, cela se serait arrêté. Mais on ne les a pas aidés, ça a continué et ça a donné un échec scolaire massif. Qui se répète aujourd'hui, où il lâche un travail qui marche parce qu'il ne lui plaît plus. C'est-à-dire que, devenu adulte, il continue à se conduire comme quand il avait 2 ans : il fait ce qu'il veut, comme il le veut, quand il le veut. Il n'écoute que son bon plaisir et, de ce fait, saccage sa vie professionnelle, mais aussi sa vie personnelle, parce que sa compagne dit qu'il est violent et odieux avec elle. Et notre auditrice ajoute qu'il était ainsi avec elle autrefois. Et ce qu'elle dit n'est pas anodin : elle parle d'agressions verbales et d'humiliations. Ce garçon se permettait donc d'être grossier avec sa mère, de jouer les « machos » avec elle (ce qui est une attitude parfaitement incestueuse), et personne ne l'arrêtait.

Mais que peuvent faire des parents dans ce genre de situation ?

Notre auditrice le dit dans sa lettre, mais malheureusement elle ne l'entend pas. Elle donne l'exemple de la seule situation où ce garçon a obéi aux règles : il avait raté sa formation professionnelle une première fois et, après un « entretien musclé avec son père » – ce sont les mots qu'elle emploie –, il s'est remis au travail et il a réussi. Cela veut dire que, la seule fois où son père est intervenu avec fermeté, ce garçon a fait ce qu'il avait à faire. Mais notre auditrice ne le comprend toujours pas : aujourd'hui, elle nous écrit seule. Sans le père. Et elle nous demande de lui donner des conseils à elle, comme si, encore une fois, elle allait tout faire toute seule. Or, cette histoire en est la preuve, un enfant, et surtout un garçon, a besoin d'un père et d'une autorité paternelle. Si son père est là, il faut qu'il intervienne, et, s'il n'est pas là, il faut au moins que la mère fasse référence à son autorité et que tout ne se passe pas seulement entre l'enfant et elle.

ENFANT VIOLENT ET THÉRAPIE INEFFICACE

« Mon fils de 5 ans frappe ses camarades, le plus souvent sans raison, et il est évidemment rejeté par tout le monde », nous écrit Olivia, sa jeune maman. Et elle ajoute : « Même son instituteur n'en peut plus. » Il est suivi depuis un an par un psychologue, et son comportement aurait plutôt tendance à s'aggraver. Olivia ne sait plus quoi faire...

Je suis toujours étonnée par la façon dont, quand des parents s'adressent à des « psys », ils semblent perdre leurs repères. Et acceptent des choses qu'ils n'accepteraient d'aucun autre type de soignant.

Qu'est-ce qui vous fait dire cela dans ce cas précis ?

Le fait que cet enfant voie un « psy » depuis un an (ce qui, pour un enfant de 5 ans, est très long). Que rien ne s'améliore : au contraire, cela s'aggrave. Et qu'il continue à le consulter, alors que ce qui se passe dans sa vie est inquiétant : il est rejeté par tout le monde à l'école, et à terme il ne pourra pas y rester. Je ne dis pas que le « psy » est mauvais, je n'en sais rien. Je dis que là, de toute évidence, cela ne marche pas. Et qu'on ne laisserait pas un enfant tousser ou vomir pendant un an. On changerait de médecin. Pourquoi, quand il s'agit d'un « psy », n'a-t-on pas ce réflexe ? C'est quand même très étonnant.

Comment un comportement comme celui de cet enfant peut-il s'expliquer ?

On peut faire beaucoup d'hypothèses. Cela peut venir de la façon dont il vit, de problèmes éducatifs. On ne lui a peut-être pas expliqué clairement qu'il n'était pas un animal, mais un humain. Et que, chez les humains, on règle ses problèmes en parlant, et pas en frappant. On ne lui a peut-être pas appris non plus la compassion envers les autres, c'est-à-dire le fait que, quand on les frappe, ils souffrent. C'est important. Cet enfant n'est peut-être, par ailleurs, pas assez autonome à la maison. Il n'a peut-être pas non plus assez de limites, et son père n'est peut-être pas assez présent dans son éducation. Donc, il est peut-être une sorte de bébé prolongé qui pense qu'il a tous les droits. Cela peut venir également d'angoisses qu'il aurait accumulées depuis sa naissance, et il faudrait comprendre pourquoi. Mais cela peut venir aussi des rapports que ses parents ont entre eux, ou de ce qu'ils ont vécu eux-mêmes quand ils étaient enfants. S'ils ont vécu des choses difficiles, il faudrait pouvoir l'expliquer à l'enfant.

Pourquoi pensez-vous que ça ne marche pas avec le « psy » ?

Le « psy » n'entend peut-être pas ce qui se passe : aucun « psy » ne peut jurer qu'il est capable de tout entendre. Il n'est peut-être pas assez formé. Parce que, quand même, des enfants qui ont des symptômes comme celui-là, ce n'est pas rare. Il est possible aussi que, comme cela se fait beaucoup aujourd'hui, il reçoive l'enfant seul, sans travailler avec ses parents. Donc, il n'a aucun moyen de comprendre l'histoire de ces parents, l'histoire de l'enfant et ce qui se passe dans la vie quotidienne. Vous savez, si l'on veut pouvoir « réparer » une famille, le problème est le même que quand il s'agit de réparer une voiture : il faut se donner les moyens de savoir comment elle fonctionne. Sinon, on ne peut absolument rien faire.

INFLUENCE DE LA VIOLENCE FAMILIALE
SUR LES ENFANTS

Il a 13 ans, il fait plus grand que son âge et pourrait donc impressionner ses copains ; et pourtant, il a peur d'eux et ne sait pas se défendre. Sa mère, Nadia, nous écrit qu'il refuse son aide et qu'elle s'en veut beaucoup, parce que son fils a autrefois vécu dans un climat de violence entre son père et elle. Alors, que peut faire Nadia ?

Cette lettre est vraiment intéressante, à plusieurs titres. D'abord parce qu'elle montre l'influence que peut avoir sur un enfant la violence à laquelle il assiste entre ses parents.

Expliquez-nous cette influence.

Il ne faut pas oublier que, pour les enfants petits, les adultes sont des géants. Donc, deux géants qui crient et éventuellement se battent, c'est pour eux à la fois terrifiant et fascinant. C'est une expérience traumatique qui s'inscrit dans leur tête, mais aussi dans leur corps et dans leurs émotions, et qui y laisse des traces. D'autant qu'en général l'enfant s'identifie inconsciemment soit à ce qu'éprouve l'agresseur – la jouissance de frapper, par exemple –, et cela peut le rendre lui-même, plus tard, violent, soit à ce qu'éprouve sa victime – sa peur, sa soumission –, et cela aussi peut, plus tard, revenir. Donc, il est possible que ce garçon, qui aujourd'hui a 13 ans, qui est physiquement fort, oublie la réalité et sa force lorsque ses copains l'agressent. Il est possible qu'il oublie qu'il est, objectivement, plus fort qu'eux, et qu'il redevienne le petit garçon terrifié, tétanisé par la peur qu'il a été dans son enfance. Ou la mère, qu'il a vue tétanisée par la violence de son conjoint.

Vous disiez que ce cas est caractéristique pour d'autres raisons...

Oui, parce que cette mère ne nous dit pas si ce garçon voit son père. Mais on peut déduire de ce qu'elle dit qu'il le voit peu ou pas du tout. Et, surtout, étant donné les rapports de violence qu'il y a eu dans ce couple, cet homme a probablement été dénigré par elle et par sa famille. Donc, pour ce petit garçon qui avait besoin d'une image masculine comme modèle pour grandir, l'image masculine a été dévalorisée. Et peut-être que du même coup, faute qu'on lui ait expliqué que l'on pouvait être un homme sans être comme son père, violent, tout ce qui était de l'ordre du masculin, de la virilité, de la force virile a été dévalorisé. Et cela le rend faible. Sa mère dit qu'il refuse aujourd'hui son aide. Mais il a raison ! Ce n'est pas d'une femme qu'il a besoin pour ne plus avoir peur de se sentir un homme et de se conduire comme un homme, c'est d'un homme, d'un père ou d'un substitut paternel.

Alors, que peuvent-ils faire ?

Je pense qu'il serait sûrement utile que ce garçon commence l'apprentissage d'un sport de combat, pour prendre conscience de son corps et de sa force. Mais je crois surtout qu'il faudrait qu'il fasse une psychothérapie, et de préférence avec un psychanalyste homme. Le sexe du thérapeute n'est pas forcément important, mais là, il l'est, parce qu'il n'y a vraiment pas assez d'hommes dans cette histoire. Une thérapie permettrait certainement à ce garçon de comprendre le piège dans lequel il est emprisonné. Et d'en sortir.

SUICIDE À 9 ANS

Elle a 9 ans, elle souffre d'un diabète chronique. Et, un soir de janvier, elle se jette par la fenêtre de l'appartement familial, au cinquième étage[1]. Vous êtes nombreux à nous avoir interrogés sur ce drame. Pourquoi un enfant peut-il avoir envie de mourir ? Et comment faire pour l'en empêcher ?

Nous avons tous été bouleversés par le suicide de cette enfant. Parce que l'idée de la mort d'un enfant, du fait d'une maladie par exemple, est déjà insupportable. Mais l'idée qu'un enfant puisse aller de lui-même au-devant de la mort est pire encore.

Est-ce que vous pensez que cette petite fille a pu se suicider parce qu'elle était diabétique ?

Bien sûr que non. Le diabète est une maladie qui entraîne des contraintes, des interdits alimentaires qui sont très pénibles. L'enfant peut se sentir différent des autres, avoir un sentiment d'injustice, et imaginer même que sa maladie est une punition. Donc, il faut l'écouter et l'aider. Mais un enfant ne se suicide pas parce qu'il est diabétique. Pour qu'un enfant se suicide, il faut qu'il soit, depuis très longtemps, dans une souffrance insupportable, qui a forcément toujours donné des signes avant, sans que ces signes aient été entendus. Parce que l'on sous-estime encore trop souvent la souffrance psychique des enfants.

---

1. Ce drame s'est produit le 17 janvier 2011 dans la banlieue de Lyon. La petite fille a laissé quelques mots sur son traitement dans son cahier.

D'une manière générale et en se détachant du cas de cette petite fille, qu'est-ce qui peut provoquer une telle souffrance ?

Beaucoup de choses. La place qui est faite à l'enfant, consciemment et inconsciemment, par ses parents : un enfant a besoin de savoir qu'il compte pour ses parents. C'est sur cette certitude qu'il appuie son désir de vie et le sentiment de sa valeur. Or beaucoup d'enfants savent qu'ils ne comptent pas et ont le sentiment qu'ils ne sont rien, ou seulement un objet qui dérange. La souffrance peut renvoyer aussi à une insécurité, à un sentiment d'abandon, quand la famille n'est pas un contenant rassurant, un point d'ancrage, quand personne n'écoute l'enfant et qu'il est seul avec ses problèmes. Dans ce cas, une difficulté supplémentaire peut le faire s'écrouler. Mais il faut bien comprendre que cette difficulté ponctuelle n'est jamais la cause de son suicide. C'est juste la goutte de trop qui fait déborder un vase qui était déjà plein. Et puis il y a tout ce qui peut peser inconsciemment sur un enfant : l'histoire des générations précédentes, les secrets de famille, des abus sexuels…

Que peut-on faire pour prévenir ces suicides ?

On peut écouter ces enfants, bien sûr, dans leur famille, mais aussi à l'école et autour, chez le médecin par exemple. Et puis il faut aider ces enfants à comprendre que la mort est irréversible. Que, quand on est mort, c'est fini. Et cela, souvent, les enfants ne le savent pas. Parce qu'on ne leur donne pas suffisamment les moyens de comprendre la différence entre ce dont ils rêvent dans leur tête, ce qu'ils pensent et la réalité. C'est l'éducation donnée par les parents, et les limites qu'ils posent, qui permettent à l'enfant de comprendre que l'on peut tout penser et tout dire, mais que l'on ne peut pas tout faire, et de comprendre par là même la différence entre « penser » et « faire ». Or les enfants aujourd'hui, du fait d'un manque général d'éducation, vivent souvent beaucoup trop dans l'imaginaire et le rêve, sans parvenir à les différencier de la réalité.

« TOCs » ?

Philippe nous écrit que sa femme est atteinte de TOCs. Elle passe son temps, nous dit-il, à nettoyer compulsivement la maison, notamment les poignées de porte et les interrupteurs. Et, poursuit-il, « nous n'avons plus de vie sociale, notre couple est un enfer, je crains pour nos enfants ». Alors, que faire ?

Ce monsieur est dans une situation difficile du fait de ce que vit sa femme. Mais je crois que le fait qu'il décrypte cette situation en se servant du diagnostic de TOCs ne l'aide pas.

De quoi s'agit-il exactement ?

TOCs signifie : troubles obsessionnels compulsifs. Ce terme désigne tous les cas où une personne se sent obligée, par quelque chose qu'elle ne connaît pas à l'intérieur d'elle-même, de faire un certain nombre d'actes répétitifs. Il peut s'agir de nettoyer la maison, de se laver les mains, de compter les arbres, etc. Le problème, c'est que cette dénomination de TOCs fait partie de la liste des symptômes que répertorie le DSM, c'est-à-dire la traduction française de la terminologie de la psychiatrie américaine, qui a cours aujourd'hui de plus en plus en France.

Et c'est un problème ?

Oui, c'est un problème. Parce que c'est une façon de concevoir la psychiatrie qui consiste à faire la liste de tous les symptômes dont quelqu'un peut souffrir et à l'assortir du moyen de les faire disparaître par des thérapies brèves, et surtout des médicaments. Sans tenir compte de la personne qui a ce symptôme ni du sens qu'il peut avoir pour elle. Or, si cette méthode est justifiée pour les symptômes physiques (une grippe, par exemple, est toujours une grippe), elle est inadaptée aux problèmes psychologiques. Parce que à ce niveau, évidemment, chaque personne est différente.

Donc, en tant que psychanalyste, cette conception de la psychiatrie ne vous plaît pas ?

Il ne s'agit pas d'un problème de chapelle qui ne concernerait pas nos auditeurs. Ce problème concerne tout le monde, parce qu'il s'agit d'une conception de l'être humain, de ses souffrances et du soin. La femme de notre auditeur, par exemple, n'est pas une malade qui pourrait contaminer ses enfants. C'est une femme qui souffre. Et ce qu'il faut se demander, c'est : pourquoi a-t-elle autant besoin de nettoyer ? Que pense-t-elle, inconsciemment, nettoyer quand elle nettoie les poignées de porte ? La question se pose, car l'idée de saleté peut renvoyer à mille choses. À l'idée d'un honneur sali, par exemple, son propre honneur ou celui de sa famille. À l'idée d'une saleté liée à la sexualité : qu'est-ce que cette femme a vécu dans son enfance, son adolescence ? À l'idée de sentiments que l'on juge sales : la haine, la vengeance... Si l'on comprend ce que cette femme nettoie, sans le savoir, quand elle nettoie, et surtout si elle-même le comprend, elle n'aura plus besoin de nettoyer. Il faut donc que son mari l'aide à trouver un psychanalyste ou un psychiatre de formation classique qui puisse l'aider à faire ce travail. Ce qui n'empêche pas d'ailleurs qu'elle puisse prendre, temporairement, pendant ce travail, des médicaments qui l'aident à vivre mieux.

FAIRE SES DEVOIRS SEULE

Elizabeth ne comprend pas. Sa fille de 7 ans travaille bien à l'école et adore ses cours de violon au conservatoire. Mais, depuis quelque temps, elle refuse tout effort à la maison, que ce soit pour les devoirs ou pour le travail du violon. Elizabeth nous écrit que cela entraîne des discussions sans fin. Elle et son mari ne savent plus quoi faire.

Le témoignage de ces parents est très intéressant. Parce qu'il s'agit d'une enfant qui n'est pas du tout, comme on le voit très souvent, en train de relâcher tous ses efforts, puisqu'elle n'a aucun problème à l'école ni au conservatoire. Elle refuse seulement, à la maison, les efforts que ses parents lui demandent.

Que peut-on en déduire ?

Je crois que, même sans être un très grand détective, on peut se dire que le problème de cette enfant n'est pas son rapport à l'effort (le travail à l'école, c'est dur, et apprendre le violon est vraiment très, très dur). Son problème, c'est son rapport à ses parents. Parce que c'est lorsqu'ils entrent en jeu que les difficultés commencent.

Pourquoi ?

Précisément, je ne le sais pas, parce que je ne les ai pas écoutés. Mais j'ai été frappée par ce qu'ils écrivent. Ces parents disent : « Chaque séance de devoirs commence par une négociation avec nous, elle refuse. Alors on lui explique que nous aussi, on doit faire des efforts, que les efforts, ça fait grandir, etc. » Donc, si je comprends bien, les devoirs de cette enfant ou son entraînement au violon ne sont pas son affaire à elle, mais l'affaire de toute la famille. C'est-à-dire que chaque jour, quand elle rentre, on doit lui dire : « Alors, tu as quoi comme devoirs ? Il faut que tu t'y mettes... » Et tout cela suivi d'une leçon de morale sur les efforts. Si on se met cinq minutes à la place de cette petite fille, on peut comprendre qu'elle n'en puisse plus ! Parce qu'elle a 7 ans, elle n'est plus du tout un bébé, et en plus elle travaille bien, donc elle est tout à fait responsable.

Donc, vous pensez qu'à 7 ans un enfant peut gérer son travail scolaire seul ?

À 7 ans, en tout cas, un enfant doit se sentir responsable de son travail et avoir compris pourquoi il travaille. Et, surtout, il doit sentir que ses parents lui font confiance pour s'organiser. Cela ne veut pas dire du tout que l'enfant doive être abandonné. Les parents sont là, l'enfant peut leur demander de l'aide et les parents peuvent vérifier que tout a été fait. Mais l'enfant doit se prendre en charge seul. Je crois que ces parents ne laissent pas assez d'autonomie à leur fille et que c'est pour cela qu'elle résiste. Il faudrait donc peut-être qu'ils comprennent qu'elle a grandi, qu'elle peut marcher toute seule. Il faudrait aussi qu'ils se demandent pourquoi ils sont autant focalisés sur elle, ce qui, manifestement, l'angoisse, et si cela ne leur sert pas, sans qu'ils s'en rendent compte, à quelque chose. À échapper à leur vie de couple, par exemple...

REPRODUIRE LES ERREURS DE SES PARENTS

Éric a eu un père cassant, autoritaire, et qui ne jurait que par l'ordre établi. « À 18 ans, nous écrit-il, j'en suis venu à le frapper. Et nous ne nous sommes plus parlé pendant des années. » Aujourd'hui, Éric se rend compte qu'il a agi avec son fils exactement comme son père l'avait fait avec lui. Et il se demande comment corriger une telle situation.

J'ai trouvé le témoignage de ce père très émouvant. Parce qu'il atteste une vraie souffrance et un vrai questionnement.

Pourquoi cet homme, qui avait souffert de son père et le savait, a-t-il reproduit exactement la même chose avec son fils ?

C'est tout le problème de la répétition. Notre auditeur sait consciemment ce qui s'est passé avec son père. Mais cela ne suffit pas toujours. La compréhension consciente ne suffit pas pour changer. Et même consciemment, d'ailleurs, il ne sait sans doute pas tout. Il ne sait sûrement pas, par exemple, ce qui fait que son père était comme il était, quelle histoire il avait eue lui-même avec son propre père. Et il ne sait pas non plus le rôle qu'a joué sa mère. Or cette femme ne s'est manifestement jamais interposée entre son mari et son fils, et cela a pesé très lourd. Donc, notre auditeur a refait avec son fils ce que son père avait fait avec lui. Et sans doute ce que son grand-père, déjà, avait fait avec son père. Il a donc répété le seul rapport père-fils qu'il connaissait, et le seul peut-être qui existait dans sa lignée paternelle. Mais ce qui est important, c'est qu'aujourd'hui il s'en rende compte.

Que peut-il faire aujourd'hui pour son fils ?

Il dit que son fils est un garçon qui a tendance à « partir perdant » et à se faire une montagne de tout. C'est logique. Parce que, étant donné les exigences de son père, ce garçon a certainement cru qu'il n'était pas à la hauteur. Donc, il faut que son père lui explique qu'il a reproduit ce qui s'était passé avec son propre père. Et lui explique surtout qu'il aurait fait la même chose avec n'importe quel autre fils, qui aurait eu des capacités différentes, un caractère différent, etc. Que, donc, il ne s'agissait pas de lui. Que lui, il est très bien. Et qu'il peut très bien, comme tout le monde, y arriver. Il faut qu'ils parlent ensemble. Et qu'ensuite ce père soit à l'écoute des moments où son fils dérape et lui parle à nouveau. C'est comme cela que ce garçon va pouvoir commencer à faire la différence entre ce qu'il est vraiment et ce qu'il croit qu'il est à cause de l'histoire qu'il a eue avec son père.

Vous pensez que ça peut les aider de voir un « psy » ?

C'est ce garçon seul qui peut dire si voir un « psy » l'aiderait à se reconstruire. Et puis cela peut aider ce père de voir un « psy » pour lui, pour comprendre ce qui s'est passé dans son histoire. Parce qu'il doit se sentir coupable, aussi bien par rapport à son père, qu'il a fini par frapper, que par rapport à son fils. Et c'est vraiment très, très lourd à porter.

ENFANT AUTEUR D'AGRESSIONS SEXUELLES

Gaël se dit déboussolé. Il vient d'apprendre que son fils de 8 ans et demi avait commis une véritable agression sexuelle sur sa cousine de 6 ans. Il avait déjà, il y a deux ans, agressé une autre enfant. Et Gaël nous dit qu'il avait alors sermonné son fils. Aujourd'hui, il voudrait savoir si son fils a des tendances perverses et ce qu'il peut faire.

J'ai été assez effarée, en lisant ce message, par la réaction de ce père.

Qu'est-ce qui vous semble effarant ?

D'abord qu'il s'adresse à moi. C'est-à-dire à une « psy » sur une radio. C'est une preuve de confiance dont je le remercie. Mais ce que ce monsieur raconte est trop grave pour que le conseil d'une « psy » à la radio puisse suffire. Son fils a 8 ans et demi et il a, nous dit le père, reproduit des actes de la sexualité adulte. Et, en plus, des actes – nous ne pouvons pas donner de détails à l'antenne – vraiment très particuliers. Donc, son attitude est assez énigmatique.

Pourquoi est-elle énigmatique ?

Ce garçon, il y a deux ans, avait déjà agressé de la même façon une fillette. Il avait alors 6 ans. Et il avait dit à l'époque qu'il avait fait cela pour expérimenter ce qu'il avait vu dans un livre que ses parents lui avaient acheté sur l'éducation sexuelle. Mais cette explication ne tient pas debout, parce que les actes que l'on nous décrit ne se trouvent jamais dans un livre sur l'éducation sexuelle. Pour qu'un enfant connaisse ce type d'actes, il faut qu'il les ait vus, soit dans un livre ou un film pornographiques, par exemple, soit parce qu'il a assisté à des ébats sexuels d'adultes qu'il a interprétés à sa façon. Il serait donc vraiment urgent de savoir ce qui se passe ou ce qui s'est passé dans la vie de ce garçon.

Et son père nous dit qu'il y a deux ans il avait réprimandé son fils.

Oui, lors de la première agression. Mais, là aussi, je suis effarée. Une agression sexuelle, ce n'est pas une bêtise qui relève d'une réprimande. C'est un acte grave qu'il faut comprendre. Parce que, dans une agression sexuelle entre enfants, l'enfant agressé est en danger, mais l'enfant agresseur est lui aussi en danger. Et il relève de soins. Parce qu'il ne faut pas qu'il continue à construire sa sexualité de travers.

Vous pensez, comme son père, que ce garçon a des tendances perverses ?

Non. Parce que les « tendances perverses », cela n'existe pas : les délinquants sexuels adultes que l'on rencontre ne l'auraient jamais été s'ils avaient eu une enfance normale. Il faut donc que ses parents expliquent au plus vite à cet enfant la sexualité et les interdits, et l'emmènent au plus vite consulter un professionnel compétent. Et il faut que cet enfant comprenne, comme ses parents, que ce qu'il a fait relève, dans la société, de la justice. Parce que, chez les humains, les partenaires ne sont pas des proies. On ne peut avoir de relations sexuelles avec eux que s'ils sont d'accord. Sinon, cela porte un nom : cela s'appelle un viol. Et le viol est un crime puni par la loi.

ENFANT DÉPRIMÉ

Françoise est séparée de son mari. Il y a huit mois, il est parti habiter le sud de la France. Françoise nous écrit que leurs deux fils, de 11 et 16 ans, voient donc moins souvent leur père – un très bon père, nous précise-t-elle –, et que celui de 11 ans semble beaucoup souffrir de cet éloignement. À chaque retour de vacances ou de week-end, il se renferme sur lui-même et a des périodes de déprime de plus en plus longues.

Je crois que, pour aider ce garçon, il faudrait savoir ce qui provoque sa « déprime ».

Sa mère le dit et cela semble évident : c'est le fait de ne plus voir son père.

Eh bien, je ne suis pas sûre du tout que ce soit aussi simple. Parce que ne plus voir autant son père pourrait rendre ce garçon triste et cafardeux quelques jours. Mais cela ne justifie pas qu'il se renferme sur lui-même chaque fois qu'il l'a vu, qu'il coupe tout contact avec les autres et tombe dans un état dépressif, c'est-à-dire dans une difficulté à trouver un désir de vivre et de l'intérêt à la vie.

Selon vous, à quoi son état peut-il être dû ?

Je ne le sais pas, mais il faudrait chercher. En étudiant le rapport que ce garçon a avec son père, et que ce père a avec son fils, qui a cinq ans de moins que l'aîné. Quelles sont leurs relations depuis qu'il est petit ? Et ce qui est frappant d'ailleurs, c'est que cette mère nous dit qu'elle s'inquiète, mais elle ne nous dit pas du tout si le père, lui, a remarqué la situation et s'en inquiète. Et puis il faudrait aussi savoir pour quelles raisons le père est parti. Si c'est pour son travail ou parce qu'il a rencontré une nouvelle femme.

Tout cela vous semble important ?

Oui, parce que ce garçon peut être inconsciemment jaloux d'une nouvelle vie de son père. Cela peut être le cas si, sans que ses parents s'en soient rendu compte, il a développé une relation très exclusive avec son père. Il peut se sentir trahi, abandonné par son départ et se déprimer quand il rentre, comme s'il avait besoin de montrer à son père qu'il ne peut pas vivre sans lui. Soit parce qu'il vit réellement les choses de cette façon. Soit parce qu'il imagine que son père a besoin de les lui voir vivre de cette façon. Et puis il peut aussi exprimer un malaise dans une vie avec sa mère sans la présence de son père.

Que peut faire cette mère ?

Je crois qu'elle peut parler avec son ex-mari et aller avec lui et ce garçon, s'il est d'accord, voir un professionnel pour essayer de comprendre ce qui se passe. Ce garçon est en souffrance. Il faut l'aider.

ANNONCE DU DÉCÈS DU GRAND-PÈRE

Justine vient de perdre son père, âgé de 85 ans. Elle nous écrit que son fils de 5 ans était très attaché à son grand-père. Et elle n'a pas su trouver les mots pour lui apprendre la nouvelle. Elle voudrait savoir comment annoncer ce décès à cet enfant, avec quelles images, et évidemment sans le traumatiser.

Ce message est très intéressant. Parce que notre auditrice nous dit qu'elle ne nous écrit pas pour savoir s'il faut annoncer la nouvelle à cet enfant tout de suite, mais comment il faut la lui annoncer pour ne pas le traumatiser. Comme si, au fond, elle pensait que ne pas trouver les bons mots serait grave, mais que lui annoncer la nouvelle avec beaucoup de retard ne le serait pas.

Et cela ne vous semble pas juste ?

Non. Je respecte ce que pense cette dame, mais cela ne me semble pas juste. À l'heure actuelle, le grand-père, que ce petit garçon aimait beaucoup, est déjà mort et enterré. Ce petit garçon vit avec des personnes qui sont dans la peine à cause de cette mort, et on ne lui a toujours pas expliqué ce qui se passe. Alors qu'évidemment il le sait déjà inconsciemment, parce que les enfants savent tout. C'est probablement très angoissant pour lui.

Oui, mais cette mère a eu peur de ne pas trouver les bons mots.

Les « bons mots », cela n'existe pas. Chacun de nous dit sa peine comme il le peut, avec les mots qui lui viennent. Et ce n'est pas grave. Parce que ce qui est important pour un enfant, c'est qu'on lui dise les choses. Cela veut dire qu'on le respecte, qu'on l'estime, qu'on le prend pour une personne à part entière. Et qu'on lui permet de partager sa tristesse avec les autres. Annoncer à un enfant une nouvelle qui le concerne signifie qu'on lui donne une vraie place.

Comment cette mère peut-elle, aujourd'hui, dire les choses ?

Je crois qu'il faut qu'elle explique à son fils qu'elle aurait dû lui annoncer cette nouvelle tout de suite, mais qu'elle n'a pas pu parce qu'elle a eu peur de lui faire de la peine. Que son grand-père est mort parce qu'il était très âgé et que tous les êtres vivants meurent lorsqu'ils sont vieux. Il faut lui dire qu'il ne le verra plus, que personne ne le verra plus et que tout le monde est triste. Mais que l'on peut parler de lui, que l'on peut regarder des photos, etc. Et puis il faut lui expliquer le cimetière, le corps que l'on a enterré, puisque très vraisemblablement on n'a pas emmené cet enfant à l'enterrement, ce qui est dommage. Et elle pourra ensuite l'emmener sur la tombe de son grand-père, en lui expliquant que c'est un lieu où il pourra toujours, toute sa vie, venir se recueillir et penser à lui.

JE DÉTESTE MON GENDRE

« Le compagnon de ma fille s'est mal comporté au moment de la naissance de leur enfant, nous écrit Monique. Mais, après quelque temps, il est réapparu et a voulu partager la garde de leur fille. » Cette grand-mère nous dit qu'elle lui voue une haine viscérale, que pour elle cet homme n'est pas un vrai père. Et elle voudrait savoir comment parler de lui plus tard à sa petite-fille.

Cette grand-mère est sympathique, parce qu'elle dit les choses clairement. Mais ce qu'elle dit est très problématique.

Elle dit que, pour elle, cet homme n'est pas un père.

Ce n'est peut-être pas un père selon ses critères à elle, et il faudrait encore savoir si ses critères sont objectifs... Mais, qu'elle le veuille ou non, cet homme est le père de sa petite-fille. Parce que c'est avec lui que sa fille a décidé – elle précise bien qu'ils l'ont décidé – de faire un enfant. Donc, c'est avec ce père-là que cette petite fille devra se construire. Et comme cette petite fille, comme tout enfant, a besoin de ce père pour se « fabriquer » en elle une image de père, il faut que sa mère et sa grand-mère, même si elles sont fâchées avec lui, l'aident à trouver en cet homme de quoi se construire une image de père. Évidemment, je ne dirais pas la même chose si ce père était maltraitant ou incestueux, car il faudrait alors protéger cette petite fille de lui. Mais là, ce n'est pas le cas.

La grand-mère dit quand même qu'il s'est mal conduit avec sa fille.

Oui, mais elle ne nous dit pas qu'il s'est mal conduit avec l'enfant. Ce sont des problèmes de couple. Et je crois qu'il faut que cette grand-mère comprenne que les problèmes de couple, on ne peut jamais en juger de l'extérieur et décider qui est coupable et qui est victime. C'est toujours beaucoup plus compliqué que cela.

Elle dit que sa fille et son gendre ont décidé de faire un enfant. Et que, quand l'enfant a été là, cela s'est mal passé.

Oui, mais elle ne sait pas pourquoi. Et moi non plus d'ailleurs ! Une mère peut être amenée par son histoire à ne pas défendre sa place de mère. Mais elle peut aussi vouloir s'approprier l'enfant et ne laisser aucune place au père. Et un père, lui, peut, toujours à cause de son histoire, avoir peur de la paternité. Il veut un enfant, mais quand l'enfant est là, il est terrifié et il prend la fuite. C'est toujours très complexe. Il ne s'agit pas de juger, il s'agit de comprendre.

Cette grand-mère demande comment elle pourra parler à sa petite-fille de son père plus tard ?

Elle ne nous dit pas l'âge de sa petite-fille. Mais, même si c'est un bébé, il faut lui parler tout de suite. Lui dire que ses parents se disputent, mais que ce n'est pas sa faute à elle. Que ce sont leurs histoires de grands. Que sa grand-mère est fâchée contre son papa à cause de ces disputes, mais qu'elle, cette petite fille, elle a le droit d'aimer qui elle veut, que l'on ne sera pas fâché contre elle. Il faut vraiment lui verbaliser dès maintenant ce qui se passe.

TSUNAMI AU JAPON

Uri est japonaise. Elle vit en France depuis dix ans. Et nous écrit que, depuis le séisme et le tsunami du 11 mars[1], elle se sent très inquiète, mais surtout frustrée. « Au début, nous dit-elle, je regardais les images en boucle à la télévision. Et cela me rendait dépressive. Puis j'ai fait des dons par Internet et je me suis sentie mieux. » Uri vous demande pourquoi on s'inquiète davantage quand on est loin.

Pour plusieurs raisons. D'abord parce que, quand on est sur place, on est obligé d'agir. Pour se protéger, pour protéger les autres, pour trouver de quoi survivre, etc. Donc, l'inquiétude est là, mais elle ne peut pas occuper toute la place. En plus, quand on est sur place, on est dans la réalité de ce qui se passe. Et la réalité, même si elle est, comme en ce moment au Japon, terrible et plus que terrible, est quelque chose qui a quand même des limites. Alors que, lorsqu'on est loin, on est condamné à imaginer les événements. Et l'imagination, par définition, n'a jamais de limites. Donc, on est très, très vite dans le cauchemar, parce que l'horreur s'emballe. En plus, comme quand on est loin on ne peut pas agir, on a tout le temps de ressasser et de se repasser cent fois le film de ce que l'on imagine.

D'ailleurs, notre auditrice japonaise nous parle des images qu'elle regardait en boucle à la télévision.

Elle avait donc dans la tête ses propres images et celles de la télévision. Et cela devait lui donner l'impression d'une

---

1. Le 11 mars 2011, le Japon a été frappé par le séisme le plus puissant de son histoire, suivi d'un tsunami dévastateur qui a entraîné une catastrophe nucléaire. Le bilan humain est de plus de 15 000 morts et près de 3 000 disparus.

catastrophe qui ne cesserait jamais de recommencer. C'était, elle le dit, épuisant et déprimant. Et c'est normal, parce que, face aux images, on est impuissant. Et cela explique d'ailleurs qu'elle se soit sentie mieux quand elle a décidé de cesser de regarder ces images et de faire des dons pour aider son pays.

Donc, elle s'est sentie mieux parce qu'elle est passée à l'action ?

Certainement. Parce qu'elle n'était plus en position de devoir seulement subir. Mais certainement aussi parce que faire quelque chose pour les autres, faire un don, permet de se sentir quand même moins coupable. Il y a toujours une culpabilité à se sentir préservé quand ceux que l'on aime souffrent. Cette culpabilité n'est pas justifiée, mais elle est toujours là. Les rescapés des catastrophes, par exemple, se sentent souvent coupables. Et puis, quand on fait un don, on participe d'une solidarité. Cela veut dire que l'on unit ses forces à celles des autres pour agir avec eux. Et cette union des forces permet de sortir de la solitude, de l'impuissance, de la passivité. La solidarité est vraiment un élément très important pour la reconstruction de soi.

UN ENFANT QUI MORD

Le fils de Guilaine a 21 mois et il mord. Soit quand il est content, soit quand il est en colère parce qu'on lui refuse quelque chose. Guilaine nous précise qu'il mord aussi les enfants de la crèche. Elle voudrait savoir quelle réaction adopter pour qu'il comprenne que cela ne se fait pas.

C'est intéressant, cette formule de notre auditrice : lui apprendre que « ça ne se fait pas ». Parce que c'est souvent de cette façon-là que l'on apprend les règles aux enfants. Et je crois que cela explique qu'ils ne comprennent pas leur importance, ni l'obligation de les respecter.

Que voulez-vous dire ?

Ça ne se fait pas est une expression qui fait référence, en gros, aux bonnes manières. « Ça ne se fait pas », par exemple, de mettre ses doigts dans son nez. Or les bonnes manières sont importantes, parce qu'elles participent du respect de l'autre : regarder quelqu'un qui met ses doigts dans son nez n'est pas particulièrement agréable. Mais mettre ses doigts dans son nez n'a quand même pas du tout la même portée que mordre les autres !

Bien sûr, mais vous pouvez en dire plus ?

L'interdit de mordre renvoie à l'interdit de porter atteinte à l'autre, à l'intégrité du corps de l'autre. C'est-à-dire, ni plus ni moins, à cet interdit fondamental de l'humanité qu'est l'interdit du meurtre. De plus, mordre est une pratique du monde animal. Or éduquer un enfant, c'est l'aider à s'humaniser, à devenir un humain civilisé capable de vivre avec les autres. Cela passe obligatoirement par lui faire comprendre qu'il n'est pas un animal qui griffe et qui mord parce qu'il ne peut pas parler, mais un humain doté du langage (même s'il est encore trop petit pour parler). Un enfant qui mord est un enfant qui a besoin d'apprendre sa place d'humain et l'interdit humain d'agresser les autres. Car il se conduit en fait comme le ferait un petit animal sauvage dans une jungle sans loi. C'est donc grave, et il faut l'aider à sortir de là.

De quelle façon ?

En lui expliquant très sérieusement sa condition d'humain et les interdits humains que les adultes eux-mêmes doivent respecter. En lui imposant de les respecter et en se fâchant très fort s'il ne les respecte pas. Si ce petit garçon veut faire le loup méchant, il doit quitter la pièce commune et aller dans sa chambre tout seul. Parce que les humains civilisés ne peuvent pas vivre et ne veulent pas vivre avec les loups méchants. C'est comme ça ! Quand il aura décidé de ne plus se conduire comme un loup méchant, il pourra revenir partager la vie de tout le monde.

J'AI 40 ANS ET DES PARENTS POSSESSIFS ET ÉTOUFFANTS

Claire a 40 ans, un frère de 43 ans et des parents qu'elle nous décrit comme très possessifs. En ajoutant : « Ils nous traitent tous les deux comme si nous avions encore 10 ans, ils sont étouffants et font en permanence des réflexions négatives. » Claire a essayé de prendre ses distances, mais elle ne sait toujours pas comment se comporter face à cet étouffement.

Ce message de notre auditrice est intéressant, parce qu'elle dit qu'elle a fait des reproches à ses parents et que cela n'a servi à rien. Mais, parallèlement, elle les excuse quand même un peu en disant que son père est « mal dans sa peau ». Pourtant elle se rend bien compte, dit-elle, qu'il ne fait rien pour changer.

Pourquoi cela vous semble-t-il intéressant ?

Parce que cela dessine un piège dont on entend très souvent parler quand on est psychanalyste. C'est-à-dire des parents qui ne supportent pas que leurs enfants grandissent, deviennent adultes et les quittent : à la fois matériellement, parce qu'ils doivent partir pour construire leur vie (c'est quand même la loi du monde, il faudrait le rappeler...), et moralement, parce que les enfants ne sont pas destinés à devenir des clones de leurs parents (ils doivent penser à leur façon, vivre à leur façon, etc.). Cette loi du monde, ces parents-là ne l'acceptent pas. Donc, ils culpabilisent leurs enfants et les dénigrent en faisant ce que notre auditrice – qui certainement minimise un peu les choses – appelle des « réflexions négatives ».

Pourquoi pensez-vous qu'elle minimise les choses ?

Je ne peux pas l'affirmer, bien sûr, mais je ne serais pas étonnée qu'elle les minimise, parce que c'est très courant. Certains patients, en analyse, disent par exemple : « Oh, mes parents m'ont dit quelque chose de pas très sympathique... » Et quand on leur demande de répéter ce qu'ils ont dit, on se rend compte que la chose « pas très sympathique » est en fait une véritable horreur. Mais ces patients ont du mal à l'entendre, parce que ces paroles de leurs parents les blessent de façon terrible et qu'ils n'arrivent pas à imaginer, à accepter que leurs parents puissent vouloir les blesser. Et surtout parce qu'ils sont noyés dans les « bons sentiments » qui entourent toujours l'idée de parents. Donc, ils n'arrivent même pas à éprouver de la colère. Ils étouffent en eux cette colère, et elle finit souvent par les étouffer.

Que peut faire notre auditrice ?

Je crois qu'il faudrait qu'elle accepte que ses parents sont le produit de l'histoire qu'ils ont eue et qu'elle n'y peut rien. Qu'ils ne changeront certainement pas. Et qu'elle a le droit de refuser les relations qu'ils voudraient lui imposer. Il est normal de s'occuper de ses parents lorsqu'ils sont âgés. Mais il est normal aussi d'exiger d'être traité par eux comme l'adulte respectable que l'on est. Donc, s'ils ne veulent pas le comprendre, il faut prendre ses distances. Les enfants ne sont pas là pour servir de *punching-ball* à leurs parents. Et les parents, même quand ils sont âgés, n'ont pas le droit de maltraiter leurs enfants.

UN ENFANT ADOPTÉ, EN THÉRAPIE

Catherine a adopté son fils alors qu'il n'avait que 4 ans et l'a élevé seule. Aujourd'hui, il a 14 ans, mais, nous écrit-elle, il est régulièrement submergé par d'énormes colères. Ses résultats scolaires chutent, et il n'a confiance ni en lui ni en l'avenir. Catherine nous précise qu'il est suivi par un psychiatre. Mais il trouve que ça n'avance pas, car son fils ne parle pas beaucoup. Alors, que faire ?

Notre auditrice nous dit que le psychiatre qui suit son fils considère que la thérapie n'avance pas et qu'il n'a pas d'éléments pour travailler, parce que ce garçon de 14 ans ne parle pas. Je crois que c'est un avis qui peut se discuter.

Pour quelles raisons ?

D'abord parce que les adolescents parlent souvent très difficilement. Il faut donc généralement que le « psy », lui, parle pour les aider à dire ce qu'ils ont à dire. Et il est important – si les adolescents en sont d'accord, bien sûr – qu'il écoute leurs parents, qui peuvent apporter beaucoup d'éléments. Mais surtout parce que, dans une thérapie, un patient apporte des éléments au travers de ce qu'il dit, bien sûr, mais aussi au travers de ce qu'il éprouve. Dans ce que l'on appelle le transfert.

Pouvez-vous nous expliquer ce qu'est le transfert ?

Dans une thérapie, il y a deux niveaux. Il y a le niveau de la réalité : un patient et un « psy ». Et puis il y a aussi un second niveau, parce que, au travers de ce que l'on appelle précisément le transfert, le patient, sans s'en rendre compte, va mettre le « psy » à la place de personnes qui ont compté dans sa vie pour revivre avec lui les relations qu'il a vécues avec ces personnes et les comprendre. Or le fils de notre auditrice – et c'est très important – dit qu'il a l'impression que son « psy » ne s'intéresse pas à lui. C'est certainement un effet du transfert. Donc, il faut chercher quelles sont les personnes de son histoire dont il pense qu'elles ne se sont pas intéressées à lui. Cela peut être par exemple ses parents de naissance, qui l'ont « abandonné ». Parce que les enfants adoptés ont souvent cette croyance qu'on les a abandonnés parce qu'ils n'étaient pas intéressants. Ce qui est faux, bien sûr.

Et pour la colère, vous pensez que c'est la même chose ?

Il s'agit en tout cas de savoir de quoi est faite cette colère qui habite ce garçon et qui, par moments, le submerge. Est-ce que c'est la sienne (à cause de l'abandon ou de ce qui s'est passé ensuite) ? Est-ce que c'est une colère qu'il porterait en lui parce qu'elle habitait déjà, inconsciemment, soit ses parents de naissance, soit sa mère adoptive ? Il faut répondre à tout cela pour qu'il puisse retrouver sa route. Donc, en fait, il faut trouver un « psy » qui ait une formation – analytique – qui lui permette d'analyser le transfert et de décrypter tout cela.

JUSTICE : LA VALEUR DE LA PAROLE DE L'ENFANT

Qu'il s'agisse de l'affaire d'Outreau ou d'autres affaires judiciaires, la parole des enfants est souvent en débat. Il arrive que les accusations d'abus sexuels portées contre leurs parents se révèlent fausses, ou encore que l'on assiste à des rétractations. Plusieurs auditeurs souhaiteraient un éclairage sur l'éventuelle fragilité des témoignages d'enfants.

C'est une question très importante. Mais ce qui est frappant, c'est que les adultes raisonnent souvent en la matière avec des critères d'adultes qui ne sont pas applicables aux enfants.

Que voulez-vous dire exactement ?

La question que l'on pose souvent est : faut-il croire ce que dit l'enfant ? Est-ce que c'est vrai ? S'agissant d'un adulte, la réponse est simple. Si Monsieur X dit qu'il a été agressé, soit c'est vrai, soit ce n'est pas vrai. Et, si ce n'est pas vrai, soit il est de bonne foi – il croit vraiment qu'il a été agressé (soit parce qu'il l'imagine, soit parce qu'il délire) –, soit il est de mauvaise foi – il ment en sachant pertinemment qu'il ment. S'agissant d'un enfant, surtout s'il est petit, c'est beaucoup plus compliqué. Parce que, pour un enfant, le traumatisme et le vécu post-traumatique des violences sexuelles sont bien plus complexes encore que pour un adulte. Pour au moins trois raisons. Première raison : l'abus sexuel pour l'enfant équivaut à une explosion du monde dans lequel, jusque-là, il vivait. L'adulte protecteur est en effet devenu prédateur, et lui-même, l'enfant, a été traversé par des sensations, des émotions si fortes que, ne pouvant les supporter, il n'a plus aucun repère. Deuxième raison : alors que l'adulte connaît la nature de l'acte commis sur lui (il sait par exemple quel orifice de son corps a été pénétré et par quoi), l'enfant, lui, ne le sait pas. Tout a été mélangé, tout est devenu incohérent, et c'est tout à fait perceptible dans les dessins des enfants violentés. Troisième raison : l'enfant est, beaucoup plus que l'adulte, dépendant de l'accueil que vont faire à sa parole ceux qui vont l'écouter. En fonction de la façon dont on l'écoute, il peut majorer les choses, les minimiser ou les érotiser : tout est possible.

En définitive, quand on parle de la parole de l'enfant, il faut la traiter comment ?

D'abord, il faut la recueillir sobrement, avec respect, avec prudence, et sans mêler son propre ressenti à celui de l'enfant. La parole d'un enfant est comme une scène de crime : si on la piétine, on ne retrouve plus les indices. Ensuite, il faut la décrypter. Accueillir la parole de l'enfant, en effet, ne veut pas dire la prendre au pied de la lettre. Il faut la décrypter, et c'est difficile. D'autant qu'il faut avoir en tête que l'enfant peut parler de la réalité tout comme il peut parler d'un fantasme. Et que, même s'il parle d'un fantasme, on est face à un problème, parce qu'un enfant qui va bien ne va jamais fantasmer des abus sexuels. Et il faut surtout ne pas oublier qu'il est certes important de ne pas se tromper, mais qu'aujourd'hui, en France, il y a encore des milliers d'enfants qui ne sont pas protégés, parce qu'on ne les écoute pas et parce qu'on ne les croit pas.

MON FILS REFUSE DE RÉVISER SON BAC

Philibert passe son bac à partir de la semaine prochaine. Mais, nous écrivent ses parents, « il est plutôt intéressé par les filles et les soirées. Nous lui avons expliqué que son avenir est en jeu, que dans le monde actuel seuls les meilleurs réussissent. Mais rien n'y fait ». Alors ils ne savent plus quoi faire.

Je comprends la détresse de ces parents. Mais en même temps je ne suis pas étonnée que ce qu'ils disent à leur fils ne serve à rien.

Pourquoi ? Ce qu'ils disent est très juste.

C'est effectivement très juste. Mais il y a de grandes chances pour que ce garçon écoute tout cela comme une leçon de morale parentale qui n'a pas de sens pour lui. Ce qu'il faut comprendre, c'est que ce qui se passe à l'adolescence, notamment par rapport au travail, dépend de ce qui s'est passé depuis la toute petite enfance. Si un enfant a été éduqué et habitué à travailler, à l'adolescence il travaille, et il faut seulement mettre des limites à toutes les tentations qu'il a à cette époque – les soirées, les copains… – et à son envie, au demeurant normale, de vivre au maximum. Mais si, enfant, il n'a pas vraiment appris à travailler, à l'adolescence il ne travaillera pas.

D'où vient qu'un enfant apprenne à travailler ?

C'est une question d'éducation, et l'éducation ne se limite évidemment pas aux leçons de morale. Pour qu'un enfant travaille à l'école, il faut qu'on lui apprenne, dès son plus jeune âge, à lutter contre le « principe de plaisir » qui domine son fonctionnement. « Principe de plaisir » étant un terme qui signifie : le plaisir est mon seul guide ; ce qui me fait plaisir, je m'en occupe, le reste, je le laisse. Or le travail scolaire (et le travail en général) procure toujours dans un premier temps du déplaisir : il faut s'y mettre. Et ce n'est que plus tard que l'on trouvera du plaisir : celui de la réussite, par exemple. Un enfant a donc besoin, pour supporter cette absence momentanée de plaisir, des explications de ses parents, de leurs encouragements, de leur soutien. Mais il a besoin aussi qu'ils l'obligent à travailler quand il ne veut pas. Et il faut de plus qu'il ait des règles précises à respecter pour tout le reste de sa vie, parce que, s'il peut se coucher à n'importe quelle heure et manger n'importe quoi, on ne voit vraiment pas pourquoi il aurait des repères par rapport à l'école et au travail scolaire.

Donc, ça veut dire que si les parents n'ont pas fait tout cela lorsque l'enfant était petit, c'est fichu ?

Pas du tout ! Parce que, comme l'adolescence fait remonter à la surface tout ce qui s'est passé dans l'enfance, on peut réparer ce qui n'avait pas été alors mis en place. Il faudrait donc que ces parents s'interrogent pour savoir ce qui s'est passé. En parlent à leur fils. Et remettent des limites en place. Cela ne lui permettra peut-être pas d'avoir son bac cette année. Mais cela lui permettra certainement de repartir du bon pied à la rentrée. Et c'est l'essentiel.

VENDEUR TROP GENTIL

Jean-Marie est agent immobilier. Il travaille énormément et essaie d'avoir les relations les plus cordiales possible avec ses clients. Il les aide même en leur faisant des facilités. Résultat : ses clients en profitent, jusqu'à « oublier » de le payer. Comment peut-il réagir ?

C'est un témoignage très intéressant, parce que ce monsieur nous décrit avec beaucoup de finesse ce qui lui arrive.

***A priori*, cela semble assez simple : ses clients profitent tout simplement de sa gentillesse...**

On peut le dire comme cela. Et ce n'est pas faux. Mais si on le dit comme cela, je crois que l'on oublie l'essentiel. Parce qu'une relation commerciale n'est pas seulement une relation à deux termes : l'acheteur et le vendeur. C'est une relation à trois termes : il y a l'acheteur, il y a le vendeur et il y a le contrat – ou le cadre contractuel défini par la jurisprudence et par la loi – qui les lie.

Pourquoi soulignez-vous l'importance du contrat ?

Parce que ce contrat (ou ces exigences définies par la loi et la jurisprudence) constitue le cadre à l'intérieur duquel la relation entre ces deux individus que sont l'acheteur et le vendeur va se développer. C'est-à-dire que l'acheteur et le vendeur ne sont pas seulement deux individus qui ont chacun leur histoire, leur personnalité, et qui, dans la vie en général, agissent en fonction d'elles. Ils sont, à l'intérieur de ce cadre légal, deux personnes tenues à des obligations. (Mon épicier, par exemple, ne doit pas me vendre des pommes pourries, et moi je ne dois pas les lui payer en dessous de leur prix.) Et ces obligations leur servent de repères.

Tout cela est compréhensible, mais quel rapport avec notre auditeur ?

Eh bien, quand notre auditeur accorde à ses clients, pour les aider, des facilités de paiement que personne d'autre sur le marché ne leur accorderait, il fait, sans s'en rendre compte, sauter ce cadre symbolique des obligations contractuelles, alors que son rôle serait de le poser et de le faire respecter. Donc, pour le client, il n'y a plus de repères, plus de limites. Et comme le client ne va quand même pas être plus royaliste que le roi, il n'assume plus ses obligations : il ne paie pas. Il faudrait donc que notre auditeur s'interroge sur les raisons pour lesquelles il agit de cette façon. Qu'il se demande s'il n'y aurait pas, par exemple, quelqu'un qu'il aurait voulu aider à son détriment quand il était petit. Et puis il faudrait aussi qu'il se « remette à lui-même les pendules à l'heure ». Il est agent immobilier, il n'est pas Mère Teresa. Son travail est de vendre et d'acheter, et non pas d'aider. Chacun sa place.

UN FILS REJETTE SA MÈRE AVEC LA COMPLICITÉ DE SON PÈRE

Le fils de Claire a 14 ans. Et, depuis deux ans déjà, il la rejette. Claire nous raconte qu'il la rabaisse, qu'il la dévalorise. Et, au bout du compte, il ne veut voir que son père, qu'il idéalise totalement. Si bien que son père, désormais, s'en occupe seul : c'est ensemble par exemple, nous dit Claire, qu'ils vont faire leurs achats. Elle essaie de minimiser, de se dire que tout cela n'est pas bien grave. Mais, évidemment, elle en souffre.

Je ne suis pas d'accord avec notre auditrice quand elle dit que tout cela n'est pas grave. Je trouve que ce qu'elle nous raconte est grave. Non seulement pour elle, mais pour son fils et pour l'avenir de son fils.

Pourquoi est-ce si grave que cela ?

Un garçon (ou une fille) a parfaitement le droit de ne pas être d'accord avec l'un de ses parents et de le lui dire. Mais il n'est pas question qu'il l'injurie et le rabaisse, comme le fait le fils de notre auditrice. Parce que, s'il agit ainsi, cela signifie qu'il ne respecte pas la place de ses parents et que, du coup, lui-même n'est plus à sa place. Or, dans une famille où personne n'est à sa place, on ne peut pas grandir normalement. Notre auditrice nous dit qu'elle a demandé à son mari d'intervenir. Je suis, quant à moi, très étonnée qu'elle ait eu besoin de le lui demander et qu'il n'ait pas pensé à le faire de lui-même. Parce qu'un garçon qui parle de cette façon à sa mère, ce n'est pas admissible !

Comment peut-on expliquer que ce garçon ait un tel rejet de sa mère ?

Il peut y avoir mille raisons. Cela peut être pour lui une façon d'exprimer qu'il n'est plus un bébé, qu'il est grand, qu'il ne veut plus être dans les jupes de sa mère, qu'il veut devenir un homme, etc. Cela peut être le fait de rancœurs accumulées si sa mère, par exemple, a été trop protectrice, trop possessive. Mais ce qui me semble bizarre, c'est cette idéalisation du père. Comme si ce garçon pensait que, pour aller vers les hommes, il devait s'installer dans un monde sans femmes. Peut-être parce qu'elles lui font trop peur, peut-être parce que son père ne l'aide pas assez à aller vers la masculinité, peut-être parce qu'il pense que son père a du plaisir à le voir agir ainsi, etc.

En définitive, que peut faire cette auditrice ? Et cette mère ?

Je crois qu'il faut sortir au plus vite de cette situation folle que le père entérine (peut-être sans le savoir) en acceptant que la mère soit la rejetée, et lui, l'élu. Il faudrait comprendre ce qui s'est passé depuis que ce garçon est petit. Mais travailler aussi sur l'histoire du père, sur son adolescence à lui et sur celle de la mère. Et je crois vraiment que, dans un cas comme celui-ci, l'aide d'un « psy » ne serait pas superflue.

COLONIE DE VACANCES

Vous êtes visiblement nombreux à être inquiets, ou tout du moins à vous interroger, sur les colonies de vacances. Surtout lorsque vous y envoyez vos enfants pour la première fois. Et certains d'entre vous nous ont même écrit que leurs amis ne comprenaient pas une telle décision et les prenaient presque pour de mauvais parents. Alors, est-ce que l'angoisse des parents devant la colonie de vacances est normale ?

Je crois qu'il est normal que le premier départ en vacances de leur enfant soit difficile pour les parents. Il y a une inquiétude normale, et elle peut être majorée par des données – conscientes et inconscientes – qui renvoient à l'histoire personnelle de ces parents, à de mauvais souvenirs de leur enfance par exemple.

Parlons d'abord de l'inquiétude normale.

L'enfant va passer du temps dans un lieu où ses parents ne pourront pas le protéger, ils peuvent donc légitimement s'inquiéter. Et je crois que la meilleure façon d'atténuer cette inquiétude est de préparer très sérieusement le séjour de l'enfant.

De quelle manière peut-on le préparer ?

Il faut d'abord s'assurer du lieu, de l'organisme qui organise la colonie, de l'encadrement. Si l'on peut avoir des témoignages de parents qui y ont déjà envoyé leurs enfants, c'est encore mieux. Ensuite, il faut s'assurer que l'enfant est prêt à aller en colonie et qu'il en a envie. S'il est déjà allé, sans ses parents, chez des amis de la famille ou des membres de la famille, c'est là aussi une bonne chose, parce qu'il est préparé à la séparation. Il faut aussi s'assurer de sa maturité, car pour qu'un enfant puisse aller en colonie, il faut qu'il soit autonome pour tous les gestes du quotidien, mais également dans sa tête : qu'il sache nouer des relations avec les autres, se débrouiller quand il rencontre un problème, demander l'aide des adultes, etc.

Y a-t-il des précautions à prendre avant le départ ?

Je crois qu'il faut que l'enfant connaisse bien les activités de la colonie et qu'elles l'intéressent : un stage de poney si on n'aime pas le poney, c'est l'échec assuré... Il faut bien lui expliquer qu'il n'est pas lâché seul dans la jungle, que ses parents restent en contact avec la colonie, et que là-bas il pourra demander de l'aide aux adultes s'il a un problème. Et, si l'un des parents est trop angoissé, il faut bien sûr qu'il s'interroge sur ce qui lui est arrivé à lui et que, de ce fait, il redoute pour son enfant, et qu'il lui en parle. Il ne sert à rien de vouloir cacher son angoisse à un enfant : il la sent toujours. Il faut lui expliquer d'où elle vient et lui faire bien comprendre qu'elle n'a rien à voir avec la réalité de sa colonie à lui.

MES ENFANTS PEUVENT-ILS DEVENIR DES GOSSES DE RICHES ?

« Cet été, avec deux couples d'amis, nous allons louer une villa plutôt luxueuse avec piscine. Nous allons nous y retrouver avec tous nos enfants », nous écrit Justine. Elle nous dit aussi : « C'est super, mais je me demande si ce luxe ne va pas transformer nos enfants en enfants gâtés, autrement dit en gosses de riches. » Qu'en pensez-vous ?

Notre auditrice nous dit précisément qu'elle ne voudrait pas que son fils et sa fille, qui ont 10 et 12 ans, deviennent des enfants « déconnectés de la réalité, qui croient que tout tombe du ciel et que tout est permis ».

Pensez-vous qu'une location de vacances luxueuse puisse conduire à cela ?

Non, en tant que telle, non. Les « gosses de riches » ne le sont pas devenus parce que leurs parents avaient de belles maisons et de belles voitures. Ils le sont devenus par manque d'éducation, c'est-à-dire par manque d'explications de la part de leurs parents, et à cause aussi d'exemples de vie que ces parents leur ont en général donnés. Ou, pour le dire autrement, ils le sont devenus parce que l'argent dans leur famille n'était pas à la bonne place.

Cela veut dire quoi pour des parents, mettre l'argent à la bonne place ?

Cela veut dire pouvoir expliquer aux enfants – mais encore faut-il le penser soi-même – que l'argent n'est pas en soi une valeur. L'argent est utile et agréable, mais il n'est pas une valeur. Parce que le fait d'en avoir ou pas ne dépend pas forcément de l'intelligence, des qualités, des talents que l'on a, mais, dans nombre de cas, du fait que l'on est né – ou non – du bon côté de la barrière du système économique. Van Gogh, par exemple, a crevé de faim toute sa vie alors que ses tableaux se vendent aujourd'hui une fortune. Et, à l'inverse, on peut être stupide et avoir beaucoup d'argent parce qu'on est né dans une famille qui en avait.

Cela voudrait donc dire qu'un enfant dans une famille riche devrait avoir une éducation particulière ?

Il a besoin de la même éducation que les autres, bien sûr. Mais il a besoin en plus que ses parents l'obligent à faire ses preuves par lui-même. Savoir que l'on a une place toute prête dans l'entreprise de papa est souvent très destructeur. Parce que, comme on ne se sera jamais prouvé à soi-même que l'on était capable de gagner cette place, on restera souvent avec un déficit de confiance en soi. On reçoit beaucoup d'adultes qui souffrent de ce type de déficit. Et puis, avant même sa vie professionnelle, il est important qu'un enfant d'une famille riche ait une vie semblable à celle des autres enfants de son âge, sans plus d'argent de poche, par exemple. Et qu'on lui rappelle en permanence le respect qu'il doit aux personnes qui ont moins d'argent que ses parents, leurs employés par exemple.

VACANCES DANS LES PAYS PAUVRES

Amélie s'interroge. Elle part en vacances dans un pays de grande pauvreté. Et plusieurs de ses amis lui ont dit que jamais ils n'iraient en vacances dans ce type de pays : ils s'angoisseraient et se sentiraient beaucoup trop coupables. Amélie nous écrit qu'elle ne comprend pas vraiment leur position, elle qui a l'habitude de voyager ; mais elle voudrait quand même avoir votre avis. Faut-il culpabiliser ?

Beaucoup de gens ont des positions semblables à celles que nous rapporte notre auditrice. Et ce qui les motive n'est pas forcément ce qu'ils croient. Car refuser d'aller dans un pays pauvre revient souvent à refuser d'aller se confronter à une réalité (qui existe, et on le sait) pour pouvoir continuer à vivre comme si elle n'existait pas. Alors qu'accepter d'aller dans ces pays, c'est accepter de plonger dans cette réalité, et elle est très violente, parce que le concept de pauvreté est une chose, mais des hommes, des femmes, des enfants réels qui vivent dans un dénuement aussi extrême, c'est autre chose.

Mais on peut comprendre que cela fasse peur ?

Bien sûr. D'abord parce que la confrontation avec la misère provoque toujours un malaise et une sorte de mauvaise conscience inévitables : comment supporter d'avoir à manger alors que, tout autour, tant de gens ont faim ? Mais surtout parce que ces personnes si pauvres que l'on rencontre peuvent nous sembler à la fois très différentes de nous, et à ce titre très angoissantes, et en même temps très proches. Parce qu'elles représentent des choses – la maladie, la misère – que nous pouvons tous redouter pour nous-mêmes. C'est pour cela qu'elles nous font peur. Comme si, au fond, la pauvreté était une sorte de maladie contagieuse.

Ce que vous dites peut justifier quand même que l'on n'ait pas forcément envie de passer des vacances dans ce genre de pays.

C'est compréhensible, mais pas pour autant justifié. Parce qu'un pays dit « pauvre » n'est pas seulement un océan de pauvreté. Un pays pauvre (comme un pays qui ne l'est pas, d'ailleurs), ce sont aussi des lieux, des monuments, une histoire, une culture, et des habitants qui ne sont pas seulement des « pauvres », mais des êtres humains qui ont une intelligence, une langue, des talents, une beauté, qui ont des choses à nous apprendre et à nous donner. Aller dans ces pays, c'est aller à leur rencontre. Mais c'est aussi aller à la rencontre de choses en soi que l'on ne connaissait pas avant d'y aller et que l'on va découvrir. En même temps, en général, que la nécessité de se battre, depuis nos pays développés, pour faire reculer toute cette pauvreté.

MORT DU PÈRE ADOPTIF

Sandrine vit une situation très difficile. Elle a adopté, nous dit-elle, un petit garçon. Il a aujourd'hui presque 3 ans. Tout allait bien, mais le compagnon de Sandrine est mort brutalement il y a deux mois. Depuis, le petit garçon est de plus en plus agité, et elle ne sait plus quoi faire.

C'est un message très émouvant qui raconte vraiment un drame terrible.

La mort de son compagnon ?

Oui, une mort brutale, totalement inattendue parce qu'il était jeune, et qui surtout survient après l'immense bonheur de l'adoption de ce petit garçon. Notre auditrice ne nous dit pas quel âge avait cet enfant quand il est arrivé dans leur foyer. Mais c'était une grande joie. Surtout après ce parcours du combattant qu'est l'adoption. Donc, la situation est terrible pour elle, mais elle l'est aussi pour ce petit garçon.

Notre auditrice dit qu'il fait beaucoup de bêtises.

Cela prend cette forme-là, mais ce ne sont pas des bêtises ordinaires. C'est probablement sa façon à lui de manifester l'angoisse dans laquelle le plonge cette séparation d'avec son père adoptif. Qui réactive certainement chez lui la douleur, voire le traumatisme, des séparations précédentes. Un enfant de 3 ans que l'on adopte a déjà toute une vie derrière lui, et une vie difficile. Il a vécu une première séparation, souvent inexpliquée, avec sa mère et son père de naissance. Ensuite, il a été recueilli dans une institution dans laquelle il a tissé des liens avec des personnes. Et puis il a été adopté. Il a donc été séparé de ces personnes : deuxième séparation. Et, dans le cas de ce petit garçon, alors qu'il croyait probablement pouvoir enfin « poser ses valises », une troisième séparation survient... C'est vraiment terrible.

En définitive, que peut faire cette maman ?

Je crois qu'il faut qu'elle parle à ce petit garçon. Qu'elle lui explique – ou lui réexplique – la mort de son compagnon. Qu'elle lui parle de son chagrin à elle, de son chagrin à lui et des blessures que cette mort fait se rouvrir dans son cœur. Si elle n'y arrive pas seule, il faut qu'elle se fasse aider. Et je crois que, de toute façon, il faudrait qu'elle se fasse aussi aider pour elle. Parce qu'elle dit par exemple qu'elle a peur de porter malheur à son enfant. Comme si, déjà, elle se sentait coupable de la mort de son compagnon. Or l'enfant perçoit ses angoisses. Et peut-être aussi la culpabilité qu'elle a à être heureuse avec lui, alors que le père est mort. Je crois qu'il faudrait que notre auditrice et ce petit garçon se prennent par la main tous les deux et qu'ils aillent voir un « psy » qui puisse les aider.

UN ÉTUDIANT SANS HISTOIRE...

Le fils de Sylvie a 23 ans. Il était, nous dit-elle, étudiant et bien dans sa peau. Mais il s'est installé avec une jeune femme qui a des problèmes, qui ne s'intéresse à rien et qui reste collée à sa famille. Depuis, nous dit Sylvie, il a arrêté ses études et passe ses journées à jouer à l'ordinateur. Aujourd'hui, il ne veut plus voir ni ses parents ni ses frères et sœurs. Sylvie voudrait intervenir, mais son mari est partisan d'attendre. Alors, que faire ?

Ce que j'ai trouvé intéressant dans ce message, c'est que, comme c'est très souvent le cas, ce problème nous est présenté comme s'il n'était pas le produit de toute une histoire.

Que voulez-vous dire ?

Cette dame nous présente le problème de son fils comme un accident qui n'aurait pas de causes, de racines dans l'histoire de ce garçon. Elle nous dit que son fils était bien dans sa peau, qu'il faisait du sport, qu'il était gai, et que tout d'un coup – coup de tonnerre dans un ciel serein – rien ne va plus. Et l'idée de cette auditrice manifestement est que ce garçon a rencontré une fille « pas bien », qui l'a entraîné sur une mauvaise route... Tout cela ne tient pas debout !

Pourquoi ?

La première chose que l'on peut dire est que, si ce garçon est influençable au point de quitter la route nationale pour aller vivre sur des chemins de traverse, c'est qu'il y a un problème. Mais il me semble que c'est encore plus grave que cela. Car on ne voit pas pourquoi un garçon qui irait bien et qui aurait en lui le désir de construire sa vie et l'énergie pour le faire irait se mettre en ménage avec une jeune fille qui est dans le vide, qui va mal, qui ne fait rien et qui reste collée à sa famille. Et surtout pourquoi, au lieu d'essayer de la tirer de là, il se mettrait à vivre comme elle et à s'enfermer dans une bulle à l'abri du monde.

Contrairement à ce que dit sa mère, vous pensez que ce garçon n'allait pas bien ?

Je crois qu'il allait bien en apparence, tant qu'il était dans une vie d'adolescent dépendant de sa famille. Mais qu'il a forcément en lui quelque chose qui l'empêche de construire une vie sociale, une vie professionnelle, une vie avec une compagne, une vie où il pourrait devenir père, etc. En gros, on pourrait dire qu'il sait nager dans le petit bain, mais que, dans le grand bain, il se noie. Et il faudrait savoir pourquoi. Et peut-être s'interroger aussi sur le rôle de son père, qui, là, nous dit notre auditrice, laisse faire et ne dit rien. Et qui peut-être n'a pas pu, depuis son enfance, être suffisamment présent pour ce garçon et le soutenir pour qu'il se sente capable de devenir un homme.

ABSENCE DE PÈRE

Le fils de Delphine a 13 ans et ses résultats scolaires ne cessent de baisser depuis la sixième ; il ne travaille plus. Delphine nous précise qu'elle est divorcée et que son fils ne veut plus voir son père. Ni d'ailleurs un « psy ». Elle lui propose des récompenses, elle le punit, nous dit-elle. Mais rien ne marche.

Je ne suis pas vraiment étonnée que cela ne marche pas. Parce que le système récompenses-punitions (c'est-à-dire, en gros, la carotte et le bâton) est parfaitement anti-éducatif.

Expliquez-nous pourquoi.

Un enfant n'est pas un animal que l'on dresse et à qui l'on donne une récompense quand il a bien travaillé et une punition quand il a mal fait. Un enfant est un être humain que ses parents doivent amener à comprendre la nécessité de travailler pour que, au bout d'un certain temps, il devienne responsable de lui-même, et travaille sans que l'on ait besoin d'être en permanence sur son dos.

Donc, ça voudrait dire qu'il ne faut pas le forcer ?

On est toujours obligé, au début, d'encadrer un enfant pour qu'il travaille. Et même de le forcer quand il n'en a pas envie. Parce que l'enfant petit est toujours prisonnier de ce que l'on appelle le « principe de plaisir », c'est-à-dire qu'il refuse tout ce qui ne lui est pas agréable. Donc, bien sûr, on le force. Mais, parallèlement, on lui explique les choses, c'est-à-dire ce qu'il a à gagner à travailler. Et, peu à peu, il découvre lui-même, au-delà du déplaisir de travailler, l'intérêt qu'il peut y avoir à apprendre, le plaisir de la découverte et la fierté de réussir, ce qui n'est pas rien.

En définitive, pourquoi ce garçon a-t-il autant de problèmes ?

Je ne le sais pas, parce que je ne l'ai pas écouté. Mais, dans ce que nous dit notre auditrice, on peut noter qu'il y a une absence du père. Et même une sorte de dénigrement du père par la mère. Par exemple, ce garçon refuse de voir son père, et ni le père ni la mère ne s'opposent à ce refus. Et la mère le justifie même en disant que, quand même, le père n'est pas « très psychologue ». Or, psychologue ou pas, ce père est le père de ce garçon, et le jugement de divorce dit qu'il doit aller le voir, donc il doit y aller ! Et, de la même façon, la mère dit que ce garçon est jaloux de sa sœur parce que le père l'était déjà de la sienne. Ce n'est en aucun cas une raison ! En fait, je pense que ce garçon vit dans un monde sans loi, et qu'il faudrait vraiment que ses deux parents se mettent d'accord au plus vite pour que cela cesse. Parce que, sinon, il va gâcher sa vie.

RESPECTER LES RÈGLES

Aurélia craint la rentrée scolaire. Son fils entre en CE1, et, depuis qu'il est à l'école primaire, il travaille bien, mais a de vrais problèmes avec les règles. Elle nous explique que pourtant il les connaît, mais qu'il ne peut s'empêcher d'aller au bout de ses bêtises. La maîtresse le prévient une fois, deux fois, puis le punit. Et là, nous raconte Aurélia, il pleure et promet de ne pas recommencer. Promesse qui ne sera évidemment pas tenue. Alors, Aurélia vous demande : « Qu'avons-nous mal fait pour qu'il se comporte ainsi ? »

Je crois que je vais faire comme la maîtresse avec ce petit garçon, je vais gronder cette maman. Parce qu'il faut mettre un terme à ces histoires de « mal faire » et de culpabilité et de tout le reste. Il ne s'agit pas de cela. Il y a un problème, il faut comprendre d'où il vient et le régler. C'est tout. Il n'y a pas matière à en faire un drame.

Comment pourriez-vous expliquer ce que fait cet enfant ?

Ce qui me semble intéressant, c'est le côté : je vais au bout de ma bêtise, alors que je sais que je vais être puni. Et, quand la punition arrive, je fais le malheureux, je pleure, je supplie et je promets de ne pas recommencer. Alors qu'évidemment je vais recommencer. J'ai l'impression que ce petit garçon n'a pas vraiment compris ce qu'est une règle et ce qu'est une punition.

Que voulez-vous dire ?

Quand vous brûlez un feu rouge et qu'un policier vous met une contravention, vous ne vous roulez pas par terre en disant que vous ne le ferez plus. Parce que ce n'est pas le problème.

C'est la même chose pour un enfant confronté aux règles à la maison et à l'école. Ces règles ne sont pas inventées par la maîtresse, elles sont là pour tout le monde et parce qu'elles sont utiles. Donc, on les respecte, sinon on est puni. Ce n'est pas une affaire d'affectif et de sentiments, c'est une affaire de loi.

D'où pourrait venir le problème de cet enfant ?

Sans doute de la façon dont on lui a expliqué les règles. Et peut-être aussi de la façon dont ses parents, à cause de leur propre éducation, les vivent. Quand cette dame nous pose sa question, elle nous dit : qu'est-ce que j'ai fait de mal ? On est tout de suite dans la culpabilité, et c'est peut-être de cette façon qu'elle a été élevée. La réalité est tout autre : le rôle des parents est de transmettre à leurs enfants les règles auxquelles eux-mêmes sont soumis. Parce que ces règles permettent que la vie en commun soit possible. Il ne s'agit pas de culpabiliser l'enfant qui ne les respecte pas en lui disant qu'il n'est pas gentil, qu'il a mal fait, qu'il est méchant, etc. Il s'agit de lui donner une punition pour qu'il comprenne l'importance de la règle qu'il a transgressée. C'est tout. Il y a peut-être dans la vie de cet enfant trop d'affectif autour de tout cela.

SÉPARER LES JUMEAUX ?

Les jumelles d'Arnaud et Julie sont scolarisées ensemble dans une école maternelle de campagne. Et pour cette rentrée, prévue en moyenne section, les enseignants ont proposé de les séparer. L'une dans la classe qui regroupe moyenne et grande section, l'autre dans la classe qui regroupe moyenne et petite section. Ce que refuse la fillette concernée. Elle ne comprend pas pourquoi elle reste avec les petits. Arnaud et Julie sont quelque peu désemparés.

Je crois qu'il faut préciser ce que l'on veut dire quand on parle de « séparer les jumeaux ». Parce que le problème n'est pas de les séparer au sens d'en mettre un à Lyon et l'autre à Marseille. Le problème est de les individualiser.

Alors, qu'est-ce que l'on entend par individualiser ?

Ce n'est pas forcément simple pour des parents d'avoir des jumeaux. C'est-à-dire deux enfants au lieu d'un. Et il y a toujours le risque que, sans le vouloir ni le savoir, ils considèrent ces deux enfants non pas comme deux êtres tout à fait différents, mais comme une sorte d'entité à deux têtes. Et on l'entend dans les familles, d'ailleurs : « Les jumeaux, à table ! Les jumeaux, allez vous laver les mains ! » Or, comme l'expérience prouve que cette fusion des jumeaux pose des problèmes quant à leur construction, on conseille de les individualiser.

C'est-à-dire de considérer chacun comme une personne à lui tout seul ?

Absolument. Et cela conduit évidemment à conseiller de ne pas les habiller de la même façon, de faire en sorte que chacun ait sa vie, ses centres d'intérêt, ses copains à lui tout seul, et même, quand c'est possible, de les mettre dans des écoles différentes. Et tout ça est un grand progrès par rapport à l'époque où l'on pensait que les jumeaux étaient des êtres étranges, liés par des liens mystérieux, et qu'on ne pouvait pas les séparer sans les faire gravement souffrir. Ces liens étranges, d'ailleurs, pouvaient exister, mais ils n'étaient pas liés à la naissance gémellaire de ces enfants. Ils étaient liés à la façon dont on les avait fait vivre. Et on pouvait obtenir les mêmes liens en faisant vivre de la même façon des enfants d'un an d'écart, par exemple.

Donc, cette école a raison de vouloir séparer les jumelles ?

En l'occurrence, non. D'abord parce que la moyenne section est la seule classe qui soit dédoublée ; dans les autres classes, elles seront ensemble. Et surtout parce que cela revient à ce que l'une d'elles se sente traitée comme un bébé, ce qui est injuste, dévalorisant et dangereux pour elle. Je crois qu'il vaudrait mieux les laisser ensemble. Et être attentif à ce que, à l'école et dans la famille, elles se sentent vraiment deux personnes différentes avec deux personnalités différentes.

AMIE TOXIQUE ?

Myriam a rencontré sa meilleure amie à la fac et elles sont toujours restées très liées. Cette amie s'est mariée, juste avant de sombrer dans une grave dépression. Elle a quitté son mari sur un coup de tête pour une relation sans lendemain. Aujourd'hui, nous écrit Myriam, elle ne cesse de la harceler, de l'envier, de lui faire des reproches. Ou encore de lui demander des conseils qu'elle ne suit jamais. Myriam n'en peut plus.

Notre auditrice nous a envoyé un message très détaillé, et je pense, après l'avoir lu, qu'elle ne se rend pas tout à fait compte du caractère pathologique de l'état de son amie. Elle prend les choses au premier degré, ce qui est normal, parce qu'elle est son amie et pas sa « psy ». Mais, de ce fait, elle n'a pas de repères pour comprendre.

De quelle pathologie parlez-vous ?

Cette jeune femme semble aller vraiment très mal, et ce depuis longtemps. Elle n'a pas en effet été seulement « dépressive », elle a multiplié les arrêts de travail, elle ne mangeait plus, elle ne dormait plus et a perdu énormément de poids. C'est une histoire très lourde. Ensuite, elle s'est mise à faire à peu près n'importe quoi : elle a quitté son mari du jour au lendemain pour vivre avec un homme qui ne voulait en aucun cas construire une vie avec une femme, et elle l'a quitté lui aussi. Puis elle a été enceinte et a fait une fausse couche... C'est une sorte de vie à la dérive qui indique une très, très grande souffrance. Et il semble que cette jeune femme n'ait pas été prise en charge d'une façon qui lui permette de s'en sortir. Et, parallèlement à tout cela, elle semble maintenir avec notre auditrice une relation qui paraît, elle aussi, pathologique.

Qu'est-ce qui vous fait dire cela ?

Notre auditrice n'en peut plus, dit-elle, et c'est compréhensible, parce que la relation à son amie n'est pas seulement, comme elle le croit, une relation « un peu compliquée ». En fait, ce que l'on peut se demander, c'est à quelle place son amie met inconsciemment notre auditrice, ce qu'elle représente pour elle. Elle passe son temps à lui dire qu'elle voudrait être elle et avoir sa vie, ce qui est quand même un peu étrange. Elle lui dit qu'elle, notre auditrice, réussit tout, alors qu'elle, l'amie, est poursuivie par la malchance. Et elle lui reproche cette inégalité de leurs situations. Et puis elle ne se sert de notre auditrice que comme une sorte de « bureau des pleurs » qui serait ouvert en permanence. Comme si notre auditrice avait des devoirs ou une dette envers elle. Cela aussi est étrange.

Que peut faire Myriam ?

Ce qu'elle a décidé de faire : prendre du recul. Cela me semble très bien. Mais je crois qu'il faudrait aussi qu'elle réfléchisse à la vie de son amie et à ce que celle-ci répète avec elle. Est-ce une relation à une sœur ? à une mère ? Il faudrait savoir ce que cette amie a vécu. Et puis il faudrait lui conseiller de voir un « psy » qui puisse vraiment l'aider. Parce qu'elle est dans un état qui semble inquiétant, dont l'évolution peut être problématique, et qui en tout cas ne peut pas se régler par l'amitié.

UNE PUNITION DISPROPORTIONNÉE

Pierre est juriste. Il a été frappé par une histoire que lui ont racontée des amis, enseignants dans le secondaire. Un surveillant a surpris une discussion dans laquelle un élève avait des propos insultants à l'égard d'une enseignante. Les collègues de cette enseignante, informés, ont décidé que l'élève devait s'excuser auprès de sa professeure, et ce devant toute la classe réunie. Le chef d'établissement s'y est opposé, estimant que c'était humiliant pour l'élève. Pierre nous écrit qu'il est d'accord avec cette position, contrairement à ses amis enseignants, furieux de la décision de leur responsable. Alors, que penser de tout cela ?

Je pense que, pour être structurante pour un enfant, une sanction ne doit jamais être ni violente ni humiliante pour lui, et que celle-ci, effectivement, l'aurait été. Mais il y a une autre chose qui me semble importante.

Qu'est-ce qui vous semble important ?

L'important, c'est qu'une sanction ne doit pas être prise au hasard. Elle doit toujours être, d'une façon ou d'une autre, en rapport avec la loi : les lois générales de la société (on ne frappe pas, on ne vole pas...), le règlement de l'établissement scolaire, etc. Et ce pour deux raisons. D'abord parce que l'enfant, au travers des punitions qu'il reçoit, doit comprendre ce qu'est la loi, c'est-à-dire que, dans la vie, on n'est jamais deux, mais trois. Ce n'est pas : « Toi, moi... et que le plus fort gagne ! » C'est : « Toi, moi et la loi qui régit nos rapports. » La deuxième raison, c'est que référer la sanction à une loi permet qu'elle soit proportionnelle à la faute. Sinon, on est dans l'arbitraire, et, là encore, dans la loi du plus fort. Dans le cas qui nous occupe, la sanction proposée par les enseignants n'était pas proportionnelle à la faute.

Pourquoi, à votre avis ?

Cet élève n'avait pas injurié publiquement l'enseignante. Il avait tenu des propos injurieux sur elle dans une conversation privée. On peut considérer que cela relève soit d'une opinion que l'on émet, soit de l'injure en privé. Il faudrait y regarder de plus près. Parce que penser qu'une enseignante est idiote (ou pire) et le dire à ses copains n'est pas forcément une bonne chose, mais ce n'est pas interdit. Ce qui est interdit, c'est de le lui dire, à elle. Or l'élève ne l'avait pas fait, et on voulait le punir comme s'il l'avait fait. Ce n'était pas normal !

Comment expliquez-vous cette attitude des enseignants ?

Elle me semble symptomatique de la difficulté de plus en plus grande du métier d'enseignant et de ses effets pervers. Un élève comme celui dont on nous rapporte l'histoire aurait surtout besoin que les adultes parlent avec lui pour comprendre si ses propos évoquent ses relations réelles avec cette enseignante : il est possible qu'il ne puisse pas la supporter (et *vice versa*, d'ailleurs). Ou s'il parle d'elle de cette façon parce que, à travers elle, il conteste de manière générale l'autorité des adultes, celle de ses parents, etc. Ce que cette histoire nous montre, c'est que très souvent, aujourd'hui, les enseignants n'arrivent plus à prendre le recul nécessaire pour comprendre. Et s'en tiennent de ce fait à un pur et simple rapport de force : œil pour œil, dent pour dent. Et c'est aussi destructeur pour eux que pour les élèves.

QUITTER SA MÈRE

La fille de Sylviane a 20 ans et va déménager pour son année de master. Depuis trois ans, nous écrit Sylviane, elle fréquente un garçon. Il a décidé de la suivre dans sa nouvelle ville universitaire, de trouver du travail, et tous deux vivraient ensemble. Mais la mère du garçon est furieuse qu'il parte, et son mari la soutient. Les deux jeunes gens sont désemparés, et Sylviane craint que le jeune homme doive choisir entre sa mère et son amie.

J'ai bien peur, comme notre auditrice, qu'il y soit contraint.

Qu'est-ce qui vous fait penser cela ?

D'après ce que dit notre auditrice, il n'y a aucune raison rationnelle qui justifie l'attitude de cette mère. Son fils a 21 ans, il part vivre avec une jeune fille qu'il aime à 300 kilomètres de chez sa mère, et c'est pour cette mère la fin du monde. Cela semble vouloir dire que cette femme considère que son enfant lui appartient et estime qu'il doit éviter de vivre et rester auprès d'elle, comme s'il était né pour lui servir d'ours en peluche jusqu'à la fin de ses jours. Ce n'est quand même pas une attitude très normale.

Pourquoi pensez-vous que cette femme réagit de cette façon ?

Précisément, je n'en sais rien, parce que je ne la connais pas. Mais les attitudes de ce genre sont toujours le fait d'une répétition. Il est possible que cette dame ait vécu elle-même collée à des parents qui ne voulaient pas la lâcher. Elle a pu, à l'inverse, vivre des abandons dramatiques qui l'amènent à ne plus supporter aujourd'hui les séparations. Ou bien elle a pu vivre comme une enfant qui régentait sa famille, commandait tout le monde et avait tous les droits. Et elle continue.

Pourquoi son mari la soutient-il ?

Là encore, précisément, je ne peux pas le savoir. Cet homme a peut-être peur de sa femme, comme, enfant, il avait peur de sa mère, alors il lui obéit. C'est plus fréquent qu'on ne le croit. Et puis il a sans doute des difficultés avec la position paternelle. Il a probablement une histoire personnelle qui ne lui permet pas d'être, pour son fils, un point d'appui qui aide ce fils à se détacher de sa mère. Au contraire. Par son attitude, il le colle à elle. C'est très dur, très injuste et très destructeur pour son fils.

Que peut faire cette auditrice ?

Je crois que son idée d'aller parler à la mère du garçon est très bonne. Et ce serait sûrement une bonne chose que son mari aille parler aussi, entre hommes, au père du garçon. Et puis, si cela ne marche pas, il faut soutenir ce jeune couple pour qu'il refuse les diktats de ces parents abusifs. Et il faut soutenir surtout ce garçon pour qu'il ne sombre pas dans une culpabilité qui peut gâcher toute sa vie.

CANTINE ET PARENTS CHÔMEURS

Les enfants dont les parents sont au chômage ne pourront plus manger à la cantine. Une décision prise par certaines communes, une décision qui interpelle visiblement les auditeurs qui nous ont écrit. Ils se demandent quelles conséquences peut avoir sur les enfants une telle exclusion ?

Il y a d'abord évidemment des conséquences sur la santé des enfants. Parce que, dans les familles en grande difficulté, le repas à la cantine est souvent le seul qui soit équilibré. Et puis il y a des conséquences psychologiques sur les enfants, et elles sont très graves. D'abord parce qu'une telle décision, qui aggrave la souffrance des parents, a forcément des retentissements sur la vie familiale. Ensuite parce qu'elle porte atteinte à l'image qu'a l'enfant de ses parents. Et enfin parce qu'en lui donnant à lui-même un statut d'exclu, d'exclu de la cantine, elle porte atteinte aussi à l'image qu'il a de lui-même.

Expliquez-nous l'aggravation de la souffrance des parents.

Une personne au chômage, surtout si le chômage dure et surtout si la fin des droits approche, est toujours quelqu'un qui est dans une grande angoisse et une grande dévalorisation de lui-même. Parce qu'il se dit toujours qu'il y est pour quelque chose. Que s'il avait été plus malin, il n'aurait pas été licencié. Ou qu'il aurait retrouvé du travail... Tout cela est absolument faux, bien sûr, mais c'est toujours là. Or une telle décision renvoie une fois de plus le parent à son statut de chômeur. Et on peut même dire qu'elle le réduit à ce statut. Et, en plus, elle vient lui dire qu'à cause de ce statut son enfant aussi va être exclu. C'est-à-dire que lui, qui se sentait déjà responsable de son état de chômeur, se retrouve en plus responsable d'un préjudice que subit son enfant. C'est abominable.

Vous disiez que cela porte atteinte aussi à l'image que l'enfant a de ses parents et de lui-même ?

Oui, parce que être fier de ses parents fait partie des choses qui permettent à un enfant de se sentir fier de lui-même. Or, dans ce cas, la société transforme le statut de chômeur des parents en étiquette infamante, et elle fait de l'enfant lui-même un exclu. Donc, du jour au lendemain, il devient un enfant « pas comme les autres ». Vous imaginez une seconde ce que c'est pour un enfant, quand ses copains lui disent : « Pourquoi tu ne viens pas avec nous à la cantine ? », d'être obligé de répondre : « Moi, je n'ai pas le droit, parce que mon père, il est chômeur » ? Vous imaginez la honte pour cet enfant ? Et l'image de lui et de ses parents que cela lui donne ? C'est inhumain de faire cela à un enfant. Et je crois que l'on oublie trop souvent que tout ce que l'on fait vivre à un enfant conditionne la vie qu'il aura plus tard, quand il sera grand.

REFUS DE L'ENFANT
D'EMBRASSER LES ADULTES

Julien a un fils de 8 ans et deux filles. Son fils va bien, il est sociable et travaille bien à l'école. Mais il a une particularité : il embrasse ses parents sans problème et ses parents peuvent l'embrasser, mais il refuse que d'autres adultes l'embrassent. Julien nous écrit que cela n'inquiète ni sa femme ni lui. En revanche, toute la famille dit que cet enfant a un problème et qu'il faut consulter un « psy ».

J'ai trouvé ce message très intéressant, parce que l'histoire que l'on nous raconte est, me semble-t-il, symptomatique de la place que les adultes, aujourd'hui encore, donnent aux enfants.

C'est-à-dire ?

Imaginez que vous ayez un cousin de votre âge, un adulte, qui n'aime pas embrasser les gens pour leur dire bonjour et au revoir. Vous allez penser quoi ? Vous allez penser que c'est « son truc » de ne pas embrasser les gens et que c'est son droit. Vous allez respecter ce trait de sa personnalité, sans en faire toute une histoire. Et vous n'allez surtout pas penser qu'il est malade ni lui conseiller de voir un « psy », parce que cela vous semblerait, à juste titre, absurde, ridicule et déplacé. Or on voit bien là que ce que l'on ne s'autoriserait jamais à faire avec un adulte, on s'autorise, en toute bonne conscience, à le faire avec un enfant.

Pourquoi ?

Je crois que c'est parce que, quoi que l'on en dise, on ne considère toujours pas les enfants dans notre société comme des personnes à part entière. C'est-à-dire des personnes qui ont certes l'obligation de respecter des règles : l'obligation, par exemple, de dire bonjour, merci, au revoir, s'il vous plaît... Mais qui ont aussi le droit d'avoir des opinions, des désirs, des goûts et des dégoûts. Dire bonjour est une obligation, parce que c'est une règle de politesse, une règle sociale. Mais aucune règle n'impose que l'on embrasse quelqu'un pour lui dire bonjour. Embrasser, c'est un contact physique, et chaque être humain a, quel que soit son âge, le droit de choisir les contacts qu'il accepte d'avoir et ceux qu'il refuse.

Vous pensez que c'est la seule raison pour laquelle cette famille n'accepte pas l'attitude de l'enfant ?

Il y a sûrement d'autres raisons, mais elles découlent probablement de cette première raison. Si l'on considère un enfant comme une personne, on peut lui serrer la main. Et, surtout, on peut lui parler, lui parler vraiment, discuter avec lui. Mais si on ne sait pas qu'il est une personne, il ne reste plus qu'à l'embrasser, comme on caresse un chien ou un chat, dans le seul but de se faire plaisir à soi-même.

MON AMI EST DEVENU MON CHEF

Jean-Marie a travaillé cinq ans avec un collègue qui était devenu son ami. Et ce collègue est parti vivre une expérience professionnelle ailleurs. Cela n'a pas bien fonctionné, et il est revenu dans la première entreprise pour y être nommé, cette fois, chef de service. Et là il est devenu, à l'égard de Jean-Marie, distant, froid et très critique. Des bruits de licenciement ont couru, le chef de service disait ne pas en être informé, mais Jean-Marie a finalement été licencié. Depuis, il est dépressif, et il n'ose même plus chercher du travail de peur de revivre cette expérience malheureuse. Alors, que faire ?

Je crois que, si je peux aider notre auditeur, c'est en essayant de l'aider à comprendre ce qui s'est passé. Qui tient, me semble-t-il, et je crois qu'il ne l'a pas repéré, aux problèmes psychologiques de ce collègue, qui était son ami.

Qu'est-ce qui vous fait dire cela ?

Ce que dit notre auditeur. Tant qu'il a été le collègue de cet homme, c'est-à-dire au même niveau que lui dans la hiérarchie, tout allait bien. Puis cet homme est parti faire une expérience, qui a raté. Et il a été obligé de revenir. On peut donc imaginer qu'il s'est senti dévalorisé par cet échec (dont – il faut d'ailleurs le remarquer – il a fort peu parlé) et qu'il s'est peut-être imaginé, comme souvent en pareil cas, que tout le monde le jugeait comme lui-même se jugeait. Et, en plus, il est revenu en position de chef de service. Ce qui pouvait être angoissant pour lui, surtout après un échec. Et d'autant plus angoissant qu'il se trouvait en position de diriger des gens qu'il avait connus auparavant, alors qu'ils étaient au même niveau que lui. Et, cerise sur le gâteau, c'était une période où l'entreprise prévoyait un plan social : il allait donc devoir licencier des salariés qui avaient été ses collègues. C'est vraiment très lourd...

Il n'aurait donc pas supporté d'être chef ?

C'est difficile d'être chef. C'est une sorte de position parentale. Il faut être sûr de soi et pouvoir assumer que l'on transmet les règles du travail et qu'on les fait respecter. Je crois que cet homme n'était peut-être pas capable de le faire et que, au lieu de s'en rendre compte, il s'est mis à jouer les chefaillons et à écraser les autres, dont notre auditeur, pour tenter de se prouver qu'il était supérieur. Et notre auditeur représentait sans doute pour lui, dans son imaginaire, un danger d'autant plus grand que, ayant été son ami, il était supposé connaître ses failles. Il fallait donc l'éliminer, et il l'a fait.

Notre auditeur dit, dans son courrier, qu'il a l'impression d'avoir été chez les fous.

Ce n'est pas faux ! Et c'est d'ailleurs pour cela qu'il faut qu'il se remette à chercher du travail tranquillement. Parce que les gens comme ceux qu'il appelle les « fous » ne sont heureusement pas présents dans toutes les entreprises.

L'ARRIVÉE DU DEUXIÈME ENFANT

Yann et Isabelle ont un petit garçon de 18 mois. Une petite sœur arrivera bientôt, et les deux enfants dormiront dans la même chambre. Comment préparer l'arrivée de ce bébé ? Les jeunes parents voudraient notamment que chaque enfant dispose de son espace dans la chambre, tout en développant l'esprit de partage qu'a connu Isabelle dans son enfance avec sa plus jeune sœur. Votre avis ?

Je crois que ce que font ces parents pour préparer leur fils à la venue de sa petite sœur est vraiment très bien. Mais il m'a semblé entendre deux choses qui pourraient leur poser problème. La première, c'est que cette maman voudrait que tout se passe pour son fils comme cela s'est passé pour elle avec sa sœur. Or ce n'est pas possible : son fils n'est pas elle, et elle n'est pas lui. Tout sera donc forcément différent. Et la deuxième chose, c'est que ces parents voudraient, je crois, que cette arrivée du bébé se passe absolument sans problème pour leur fils. C'est tout à fait compréhensible, mais cela non plus n'est pas possible.

Pourquoi n'est-ce pas possible ?

Parce que, dans la vie, pour les grands comme pour les petits, rien n'est jamais idéal. Tout cloche tout le temps. L'arrivée d'un deuxième enfant est toujours pour le premier une épreuve à traverser. Difficile, perturbante, et qui peut même être douloureuse à certains moments. Mais qui est toujours positive pour lui s'il est accompagné. Et je ne m'inquiète vraiment pas pour ce petit garçon, parce qu'il me semble être vraiment très bien accompagné.

Pourquoi l'arrivée d'un deuxième enfant est-elle perturbante ?

Parce que tout change : l'enfant était seul jusque-là avec ses parents, et il va falloir qu'il partage leur amour et en même temps qu'il trouve sa place, à la fois par rapport à eux et par rapport au bébé. Et c'est d'autant plus difficile pour lui qu'il va voir ses parents, qui jusque-là ont toujours valorisé ses progrès à lui, s'extasier devant un bébé qui ressemble à ce qu'il était lui-même autrefois, avant qu'il ait fait tous ces progrès. Il ne comprend donc plus rien. Il n'a plus de repères. Et c'est pour cela d'ailleurs que Françoise Dolto disait, à juste titre, que la crise de jalousie est en fait une crise d'identité : l'enfant ne sait plus où il en est, il ne sait plus qui il est.

Donc, les problèmes de partage de chambre vont s'inscrire dans cette problématique ?

Bien sûr. La répartition de l'espace dans la chambre est une sorte de projection de la question de la place. Il faut que, dans cet espace comme dans la vie, chacun ait une place, et une place différente de celle de l'autre. Et nos auditeurs, d'ailleurs, l'ont fort bien compris, puisqu'ils ont tenu à ce que leur fils n'ait plus de lit à barreaux, mais un lit de grand, avant la naissance de sa sœur. Ils lui ont donné sa nouvelle place, qui est une place d'aîné. Cela témoigne d'une écoute remarquable de leur enfant.

ÉVALUATION DES ENFANTS EN MATERNELLE

Le gouvernement a finalement fait marche arrière et décidé de retirer les catégories « à risque » et « à haut risque » dans le classement des élèves initialement prévu dans les classes de maternelle[1]. Toutefois, ces projets d'évaluation en grande section de maternelle inquiètent de jeunes parents qui nous ont écrit. Et ils vous demandent en quoi ces évaluations pourraient être perturbantes pour les enfants.

Ces évaluations étaient destinées aux enfants de grande section de maternelle, c'est-à-dire à des enfants de 5 ans. Il était prévu d'évaluer leur niveau de langage et leur « conscience phonologique » (leur reconnaissance des sons et des syllabes), leur motricité et leur comportement.

Cela pouvait donc permettre de repérer des difficultés éventuelles ?

Repérer les difficultés des enfants de cet âge est une chose que les instituteurs font depuis longtemps. Ils n'ont pas attendu le ministère pour cela. Et, d'ailleurs, si ce repérage est bien fait, c'est-à-dire si l'on aide les enfants, au cas par cas et famille par famille, en aidant les parents à comprendre ce qui pose problème à leur enfant, et à le régler, on peut faire un très utile travail de prévention.

---

1. En 2011, le ministère de l'Éducation du gouvernement de Nicolas Sarkozy proposait l'évaluation des apprentissages et des comportements de tous les élèves de grande section de maternelle afin de repérer les enfants « à risque » et « à haut risque ». Le gouvernement a fini par renoncer face au tollé des enseignants.

Comment cela se passe-t-il concrètement ?

L'instituteur repère que l'enfant a une difficulté de langage ou de comportement, et il rencontre ses parents pour en parler avec eux. Si c'est utile, il demande à voir le ou la psychologue scolaire, qui peut, si c'est nécessaire, leur conseiller, après avoir évalué la situation, de consulter. Il faut savoir qu'à cet âge les problèmes sont toujours transitoires et toujours très mobiles, et qu'ils peuvent, avec l'aide des parents, se régler très rapidement. Les problèmes de comportement, par exemple, renvoient le plus souvent à un manque de limites à la maison ou à un manque de compréhension de ces limites. Les problèmes de langage et d'apprentissage renvoient souvent au fait que l'enfant est trop « bébé », pas assez autonome. J'ai expliqué maintes fois ici que, pour pouvoir se servir de sa tête à l'école, il fallait être autonome dans sa vie quotidienne pour les soins de son corps (se laver, s'habiller, etc.). Tout cela peut donc se régler très vite.

Mais, dans le projet du ministère, ce n'était pas cette démarche qui était prévue ?

Pas du tout ! Il était prévu, après l'évaluation, de classer les enfants en trois groupes : « rien à signaler », « à risque » et « à haut risque ». On allait donc leur mettre, devant toute la classe, une étiquette qui les différencierait des autres. Et, pour les deux groupes à risque, il était prévu d'organiser des séances quotidiennes d'entraînement en groupe, ce qui est absurde, parce que les problèmes ne peuvent se régler qu'au cas par cas. Tout cela n'allait donc rien régler du tout. Et en plus on allait, une fois de plus, accréditer dans le public l'idée que la capacité à apprendre comme la possibilité de devenir délinquant seraient inscrites dès sa naissance dans la tête d'un enfant. Qu'elles seraient innées et irréversibles, ce qui est évidemment faux. Donc, c'était un gâchis d'enfant, une fabrique d'angoisse pour les parents, et, encore une fois, un recul pour la société.

LIRE LA CORRESPONDANCE DE SES PARENTS ?

Alain a 48 ans. Son père est mort il y a deux ans. Et sa mère, qui souffre de la maladie d'Alzheimer, vient d'entrer dans une maison de retraite. En rangeant les affaires de ses parents, Alain a trouvé un paquet de lettres. Il était écrit sur ce paquet qu'il s'agissait d'une correspondance entre ses parents et que, si on les trouvait, il fallait brûler ces lettres sans les lire. Alain se demande s'il doit respecter la volonté de ses parents.

Je me sens tout à fait incapable de répondre à notre auditeur, sauf à lui dire que, si j'étais dans sa situation, je serais certainement aussi perplexe que lui.

On peut quand même invoquer le respect de la décision de sa mère, qui a écrit de ne pas lire cette correspondance ?

Oui, on le peut. Et d'ailleurs notre auditeur est tout à fait respectueux de la volonté de sa mère. Sinon, il aurait lu ces lettres et ne nous aurait pas écrit. Mais je ne crois pas que l'on puisse se retrancher derrière cette notion de respect, même si elle est tout à fait « psychologiquement correcte ». D'abord parce que ces lettres n'appartiennent pas seulement à la mère de notre auditeur. Elles étaient tout autant la propriété de son père. Et on ne sait pas ce que lui aurait voulu. Et puis, même, cette volonté de la mère est très ambiguë...

Ambiguë pourquoi ?

Cette femme signifie, par l'inscription qu'elle laisse sur ces lettres, qu'elle ne veut pas qu'elles soient lues. Mais en même temps, alors qu'elle sait qu'elle vieillit et qu'elle est malade, elle ne les détruit pas. Ce que l'on peut comprendre, d'ailleurs.

Parce que l'on peut ne pas vouloir que des lettres soient lues et y tenir tellement que l'on ne veut pas les détruire. Mais, quand même, cela place son fils devant un dilemme redoutable que cette dame aurait peut-être pu prévoir. Et qui peut peut-être, d'ailleurs, lui rappeler d'autres choses de cet ordre que sa mère a pu faire.

Notre auditeur dit que ces lettres appartiennent à la vie intime de ses parents...

Oui, il s'agit, semble-t-il, d'une correspondance amoureuse. Ces lettres constituent donc un témoignage de leur vie sentimentale, et peut-être même sexuelle. Et cela complique les choses, parce que les lire peut donner à leur fils l'impression qu'il ouvre la porte de leur chambre, comme quand il était petit. Et, en même temps, le temps a passé. Ce monsieur a 48 ans, il y a donc « prescription », comme l'on dit. En fait, je trouve que ce témoignage de notre auditeur est très riche. Parce que, à notre époque où l'on nous abreuve de conseils tout faits, en nous faisant croire qu'il y aurait un mode d'emploi pour le fonctionnement des humains comme il y en a un pour celui des cafetières, ce témoignage vient nous rappeler que, devant les vrais problèmes de la vie, il n'y a jamais de solutions toutes faites. Et que l'on est seul à pouvoir chercher et trouver, sinon la bonne réponse, du moins la moins mauvaise. Celle qui a le plus de sens pour soi-même.

ARBITRER LES DISPUTES D'ENFANTS ?

Valérie a deux filles de 5 et 8 ans. Et elle nous dit qu'elles se disputent très souvent. Valérie voudrait punir celle qui a commencé, mais elle craint de se tromper. D'autant que chacune rejette évidemment la faute sur l'autre. Et, par ailleurs, infliger une punition collective semblerait injuste à Valérie. Alors, que faire ?

Je vais peut-être étonner notre auditrice, mais je crois que les parents n'ont pas à prendre parti dans les querelles de leurs enfants.

Mais notre auditrice nous dit que l'aînée abuse de son autorité et de sa force par rapport à la plus petite.

C'est vrai, et d'ailleurs j'allais y venir. Les parents n'ont pas à prendre parti dans les querelles, mais ils ont à faire respecter des règles. Les enfants ont le droit de se disputer s'ils ne sont pas d'accord, c'est la vie. Mais le plus grand n'a pas le droit de profiter de sa supériorité pour transformer le plus petit en *punching-ball* ou en esclave. Et le plus petit n'a pas le droit de profiter du fait qu'il est le plus jeune pour faire supporter n'importe quoi à l'aîné. On se dispute, mais on respecte des règles.

Pourquoi pensez-vous que les parents ne doivent pas prendre parti dans les querelles ?

Parce que l'expérience prouve que, s'ils prennent parti, leur intervention, sans qu'ils s'en rendent compte, devient un enjeu pour les enfants. C'est-à-dire que la dispute devient pour les enfants un jeu encore plus intéressant qu'auparavant, parce qu'elle se transforme en piège à parents. L'enjeu n'est plus : lequel des enfants va gagner par rapport à l'autre ? Il est : à qui le parent va-t-il donner raison ? Donc, évidemment, c'est tellement rigolo que ça n'a aucune raison de s'arrêter.

Il faut donc poser les règles et ne plus s'en mêler ?

Absolument. Il faut expliquer aux enfants que leurs histoires entre eux, c'est leur affaire, et que les adultes ont autre chose à faire qu'à s'en occuper : qu'ils se débrouillent ! Mais que l'on n'est pas dans la jungle. Donc, si l'un des enfants met en danger l'autre, soit physiquement, soit moralement, là il faut qu'il sache que l'on interviendra. Et, comme on n'a pas de temps à perdre à jouer les Sherlock Holmes pour savoir qui a commencé, eh bien on punira les deux, sans états d'âme. Avis aux amateurs !

IGNORER QUI EST SON PÈRE

À 34 ans, Anne-Marie, divorcée, rencontre un homme dont elle ignore qu'il est marié. Elle l'aime et tombe enceinte de lui. Il refuse l'enfant, Anne-Marie ne veut pas avorter, et, pendant dix ans, elle élèvera seule sa fille, avant de rencontrer son compagnon actuel. Aujourd'hui, sa fille a 15 ans et ignore toujours qui est son père. Le compagnon d'Anne-Marie lui conseille de lui dire la vérité. Mais elle craint de la faire souffrir.

Notre auditrice nous dit que sa fille est très renfermée, qu'elle parle peu et qu'elle passe l'essentiel de son temps dans sa chambre, devant l'ordinateur.

Elle nous dit que ça ne l'inquiète pas, parce qu'elle-même était comme cela à son âge. Et que, finalement, elle s'est épanouie à 18 ans.

Oui, mais sa fille n'est pas elle. Et rien ne dit qu'elle va s'en sortir comme sa mère à 18 ans. Parce qu'il y a dans sa vie un élément qui n'était pas présent dans celle de sa mère : on ne lui a jamais dit qui était son père géniteur, on ne lui a jamais dit la vérité sur son histoire et sur son identité. C'est très lourd.

Pourquoi est-ce si lourd ?

Parce que les enfants, inconsciemment, savent toujours tout, car leur inconscient va « pêcher » la vérité dans l'inconscient des adultes qui les entourent. Le travail thérapeutique en apporte la preuve tous les jours, et la vie également. Certains parents qui ne voulaient pas annoncer tout de suite à leur enfant la mort de sa grand-mère, par exemple, racontent comment, le soir même de sa mort, cet enfant est rentré en demandant de ses nouvelles, alors qu'il ne le faisait jamais. En fait, si l'on dit la vérité à un enfant, on lui donne l'autorisation de savoir consciemment ce qu'il sait déjà inconsciemment, et d'en parler. Si on ne la lui dit pas, on installe un décalage entre son savoir conscient et son savoir inconscient. Et cela crée toujours des symptômes.

Est-ce que révéler la vérité à cette jeune fille ne va pas la faire souffrir ?

Une souffrance consciente, on peut toujours en venir à bout, parce qu'on peut en parler. Or, à l'heure actuelle, cette jeune fille ne peut rien dire, et d'ailleurs, sa mère nous le dit, elle passe sa vie à se taire. Mais en plus, réfléchissons : il s'agit de lui révéler quoi ? Que sa mère a aimé un homme, assez pour vouloir un enfant de lui. Et que cet homme (c'était son problème) ne pouvait pas être père (en tout cas, pas être père à ce moment-là). C'est un drame de la vie, ce n'est pas une maladie honteuse. Ce père n'a d'ailleurs en aucun cas refusé cette jeune fille-là. Il a refusé, à ce moment-là, la paternité, ce n'est pas la même chose. Et cette mère a tellement voulu cet enfant que, malgré tout cela, elle l'a gardée. Et maintenant cette jeune fille a un beau-père qui peut l'aimer comme un père même s'il n'est pas son père géniteur. Je trouve que c'est plutôt une belle histoire...

AGNÈS, 13 ANS, ASSASSINÉE

Nous avons reçu plusieurs questions d'auditrices particulièrement bouleversées par les circonstances de l'assassinat d'Agnès[1]. D'autant qu'elles sont confrontées aux questions de leurs filles de 10, 12 ans et plus. Celles-ci ne comprennent pas ce qui s'est passé et ont peur que cela leur arrive également. Que peut-on dire à ces jeunes adolescentes traumatisées ?

La mort de cette jeune fille est effectivement très bouleversante. Et les parents ont beaucoup de mal à en parler, parce que l'angoisse de leurs filles rencontre la leur.

Comment peut-on leur répondre ?

Je crois que, comme toujours, avant de répondre, il faut interroger l'enfant sur ce qu'il (ou elle) ressent, ce qu'il sait, ce qu'il a compris, ce qu'il pense, ce qu'il croit être les causes d'un tel drame. C'est très important de partir du ressenti de l'enfant. D'une part parce que cela permet de ne pas plaquer sur lui une réponse toute faite qui ne correspondrait pas forcément à ce qu'il attend. Et, d'autre part, parce que cela permet de vérifier ce qu'il sait de la sexualité. Pour comprendre des faits de cet ordre, un enfant doit en effet être informé de la sexualité. Et il doit surtout savoir que, chez les humains, des lois régissent cette sexualité. En premier lieu, celle qui pose que l'autre n'est pas une proie, que l'on n'a pas le droit de

---

1. En novembre 2011, Agnès, 13 ans, a été violée et assassinée par un élève de son lycée âgé de 17 ans, Matthieu. Il avait été accepté dans cet internat du Lycée cévenol, en Haute-Loire, dans le cadre d'un contrôle judiciaire strict à la suite d'une première condamnation pour viol.

l'obliger à avoir des relations qu'il ne veut pas, qu'il faut tenir compte de son désir.

Beaucoup de nos auditrices parlent de la peur de leurs filles.

Ces petites filles et ces adolescentes éprouvent évidemment de la peur, et c'est normal. Mais elles peuvent aussi, sans s'en rendre compte, éprouver en même temps que cette peur une sorte de fascination inconsciente (comme chaque fois qu'il s'agit de sexualité) pour ce qui s'est passé. Et, si c'est le cas, il faut pouvoir le repérer et en parler avec elles, pour qu'elles puissent faire la différence entre leurs fantasmes et la réalité, qui, elle, n'a rien de fascinant et qui est simplement atroce.

Mais que peut-on leur dire par rapport à leur peur ?

Je crois qu'il faut leur expliquer que ce qui s'est passé pour Agnès est exceptionnel. Elle a été tuée par quelqu'un d'à peine plus âgé qu'elle, qui était un copain de collège, dont il était sans doute très difficile qu'elle se méfie. Mais, dans la vie, d'habitude, on peut se protéger. Les enfants, les adolescentes doivent comprendre qu'elles ne sont pas des petites proies faibles et impuissantes que n'importe quel loup pourrait manger. Si elles sont informées des dangers, si elles agissent en conséquence et, surtout, si elles parlent aux adultes chaque fois qu'il se passe quelque chose, elles sont protégées.

EXPLIQUER LA DIFFÉRENCE DES SEXES À SA FILLE

Aurélie nous écrit qu'elle a suivi vos conseils et qu'elle a expliqué la différence des sexes à sa petite fille de 3 ans. Mais elle est depuis quelque peu inquiète. Un jour qu'elle grondait sa fille pour une bêtise, elle s'est entendu répondre : « De toute façon, je veux avoir un zizi. » Et, une autre fois, elle l'a trouvée en train d'essayer de couper le sexe de son baigneur. Les explications de cette maman ont-elles pu perturber sa fille ?

C'est une question intéressante. Parce que ce que nous rapporte notre auditrice ne montre pas une enfant perturbée, mais au contraire une enfant qui réagit aux explications qu'on lui a données, et qui, par ses actes, pose des questions.

Pourquoi dit-elle, quand sa mère la gronde : « De toute façon, je veux avoir un zizi » ?

Parce que, lorsque sa mère la gronde pour une bêtise, elle lui signifie (même si elle ne la formule pas) une règle de vie, une loi. Par exemple : « Tu ne peux pas taper sur les autres, parce que taper sur les autres, c'est interdit. » Or, quand cette même mère a expliqué la différence des sexes à sa fille, elle lui a aussi, sans le savoir, signifié une limite, une loi. Elle lui a dit : on naît avec un corps anatomique de fille ou de garçon, on ne peut pas changer son corps. Donc, la loi invoquée par la mère pour punir la bêtise renvoie probablement l'enfant à cette loi-là, qui l'a sans doute frappée. Et l'enfant répond à ce niveau, en contestant cette limite, ce qui, à 3 ans, est absolument normal. Elle dit à sa mère quelque chose comme : « Eh bien, cause toujours, moi, je veux un zizi, et j'en aurai un, cette loi n'est pas pour moi. »

Pourquoi veut-elle couper le zizi de son baigneur ?

À cause probablement de la façon dont on lui a expliqué la différence des sexes ou dont elle l'a comprise. Le pénis des garçons est un sexe qui se voit. Donc, si on dit à un enfant : « Les garçons ont un pénis, les filles n'en ont pas », on situe les filles comme des êtres à qui il manquerait quelque chose. Ce qui est faux.

Comment peut-on l'expliquer, alors ?

En expliquant la réalité. Les garçons ont un pénis qui se voit et que les filles n'ont pas, mais les filles ont, dans leur ventre, des organes génitaux qui ne se voient pas et qui permettent de faire les bébés, et que les garçons n'ont pas. Donc, aucun sexe n'est plus favorisé que l'autre, parce qu'il manque à chaque sexe ce que l'autre possède. Ce qui, d'ailleurs, n'est pas facile à accepter, parce que cela veut dire que, qui que l'on soit, on ne peut pas tout avoir. C'est sans doute aussi cette difficulté qu'exprime cette petite fille. Et, encore une fois, c'est, à son âge, parfaitement normal.

REJETÉE PAR SES GRANDS-PARENTS

Les parents de Léa n'ont jamais pris de ses nouvelles pendant sa grossesse. Aujourd'hui, ils ne voient leur petite-fille de 1 an et demi que tous les six mois. Et encore, parce que Léa insiste beaucoup auprès d'eux. En revanche, nous écrit Léa, ils voient régulièrement le fils de son frère, et le gardent même pendant les vacances. Léa ne comprend pas cette attitude.

C'est effectivement difficile à comprendre, d'autant que notre auditrice ne nous dit rien de ses parents, et rien de ce qu'a été son enfance.

Il serait intéressant de savoir ce qui s'est passé pendant son enfance ?

Cela pourrait donner des pistes de réflexion. Parce que, en général, la façon dont les parents se comportent avec leurs enfants devenus adultes est en rapport avec la façon dont ils se sont comportés avec eux dans leur enfance. Si l'un des parents a préféré un enfant et en a rejeté un autre, par exemple, il peut faire subir le même sort à cet enfant devenu adulte, et même aux enfants de cet enfant. Les enfants du fils (ou de la fille) préféré peuvent alors devenir les élus, les huitièmes merveilles du monde. Et les autres n'avoir aucune valeur. Ce n'est pas rare.

Peut-il y avoir d'autres raisons ?

Oui, il peut arriver que des parents ne supportent pas que l'un ou l'autre de leurs enfants les quitte pour aller construire sa propre vie, parce qu'ils sont attachés à lui de façon inconsciemment incestueuse. Le fils ou la fille qui part est alors rejeté, son conjoint est systématiquement critiqué, et les enfants du couple, évidemment, ne sont pas les bienvenus.

J'imagine que ces enfants en souffrent...

Les enfants en souffrent, parce qu'ils sentent toujours, même s'ils sont très jeunes, et même si on ne leur dit rien, ce qui se trame autour d'eux. Et ils ont besoin qu'on leur explique ce qui se passe. Je crois qu'il serait utile que notre auditrice réfléchisse à ce qui s'est passé avec ses parents. Et qu'elle en parle à sa fille. Cela permettrait à cette petite fille de comprendre (à 15 mois, elle peut tout à fait le comprendre) que ce n'est pas parce qu'elle est une petite fille « pas bien » que ses grands-parents la rejettent, mais parce qu'ils ont des problèmes dans leur tête, des problèmes qui n'ont rien à voir avec elle.

PAS DE NOËL POUR CERTAINS

Le fils de Stéphanie a 7 ans. Dans sa classe, on a parlé des enfants qui, du fait des difficultés financières de leur famille, n'auront pas de Noël cette année. Depuis, il ne veut plus aller fêter Noël chez ses grands-parents. Il trouve que ce n'est pas juste vis-à-vis de tous ceux qui ne peuvent pas faire la fête. Qu'en pensez-vous ?

J'ai trouvé ce message très émouvant, mais aussi très intéressant.

Il montre la sensibilité de cet enfant.

Oui, cet enfant fait preuve de compassion, d'un souci de la souffrance des autres, et c'est une bonne chose. Parce que la possibilité d'éprouver de la compassion est un élément très important de la construction d'un enfant. L'attitude de cet enfant prouve qu'il est devenu capable, grâce à l'éducation qu'il a reçue, de se mettre à la place d'un autre, de se représenter ce que ressent cet autre, de se représenter sa souffrance comme s'il la ressentait lui-même, et d'agir en conséquence. Un enfant qui éprouve de la compassion montre qu'il a vraiment intégré les règles de vie (ne pas faire souffrir l'autre, le respecter). Parce qu'il les a intégrées non pas seulement avec sa tête, comme des leçons de morale vides de sens que l'on s'empresse d'oublier dès qu'on le peut, mais avec tout son être.

Est-ce que la compassion doit aller jusqu'à refuser la fête si les autres en sont privés ?

Bien sûr que non ! Et cet enfant doit être aidé. Être ému de la privation de l'autre n'implique pas que l'on se prive soi-même. Sinon, on n'est plus dans la compassion, on est dans le sacrifice, ce qui est toujours, comme nous le disons dans notre jargon « psy », « névrotique », et en plus ne sert vraiment à rien. Il faut expliquer à cet enfant qu'il n'a pas à se sentir coupable de son bonheur, parce que ce n'est pas son bonheur qui cause le malheur des autres.

À votre avis, pourquoi le croit-il ?

À cause de la façon, peut-être, dont on lui a expliqué les choses. Ou à cause tout simplement de la façon dont il les a interprétées après coup. Il faut donc parler avec lui et remettre les choses à leur place. Et je crois qu'il serait utile de lui proposer une forme d'aide qui ait un sens. On ne se prive pas de fête (ce qui, encore une fois, ne donnerait rien à personne), mais on va par exemple avec lui faire un don à une association caritative qui aide les familles qui en ont besoin.

POURQUOI DIRE « BONNE ANNÉE » ?

Bonne année ! Combien de fois allons-nous le dire à partir de minuit ? Plusieurs parents nous ont écrit pour nous demander comment expliquer à leurs enfants de ne pas oublier de dire ce fameux « Bonne année ! » demain, à la famille, aux amis et à tous ceux qu'ils rencontreront. Car certains de leurs enfants ont discuté et demandé pourquoi on faisait cela. Réponse parfois embarrassée des parents, qui d'ailleurs trouvent souvent eux-mêmes cette coutume plutôt artificielle et hypocrite. Que peut-on en dire ?

On peut comprendre l'embarras de ces parents. Parce qu'il est vrai que souhaiter « Bonne année » à des gens dont le sort nous est indifférent, ou à des gens que nous n'aimons pas et auxquels nous ne souhaitons pas forcément du bien, ne va pas de soi...

Beaucoup de monde pourtant respecte cette coutume et pense qu'il faut la respecter.

Je ne sais pas s'il *faut* la respecter, car, si on ne la respecte pas, il n'y a pas vraiment mort d'homme, mais on peut expliquer aux enfants le sens de cette coutume. En leur disant que souhaiter « Bonne année » est tellement passé dans les mœurs que, si on ne le fait pas, des gens peuvent se sentir blessés. Tout en leur rappelant aussi que « Bonne année ! » est dit la plupart du temps comme une formule vide. De même que, quand on dit « Bonjour » (qu'il faut dire par politesse, et les enfants doivent l'apprendre), on oublie le sens du mot, qui est : « Je vous souhaite une bonne journée. » On dit « Bonjour » pour montrer aux gens qu'on les respecte, pour ne pas les vexer ou pour ne pas paraître impoli.

Cela veut dire que l'on peut imposer aux enfants de respecter une règle et leur permettre en même temps de la discuter ?

Bien sûr ! Le respect d'une règle ne se discute pas. On respecte la règle, point. Mais on peut, tout en la respectant, discuter par ailleurs de la question de savoir si elle a un sens ou non. Et il est même très important de permettre aux enfants de le faire. Parce que c'est ce qui différencie la véritable éducation (qui aide l'enfant à développer son intelligence) du dressage, qui, prônant la soumission aveugle aux diktats d'un adulte, rend les enfants, on le sait, soit violents soit soumis, et dans tous les cas inhibe leur intelligence. Ce qui est compréhensible, car, en procédant de la sorte, l'adulte leur interdit ni plus ni moins de penser. Aider un enfant à devenir civilisé, c'est l'aider à respecter les règles. Mais c'est aussi l'encourager à réfléchir au sens de ces règles, l'encourager à penser.

2012

UNE PETITE FILLE EST TOMBÉE

Sylviane est assise dans un jardin public. Soudain, nous écrit-elle, une petite fille surgit, ne la voit pas et trébuche sur ses jambes. Sylviane la relève et la console. Mais la petite fille, très en colère, lui frappe alors la jambe. Sylviane est choquée et, finalement, ne parvient pas à lui parler. Elle vous demande si, en définitive, elle n'aurait pas dû le faire.

Cette question de notre auditrice est très intéressante. Parce qu'elle montre le fonctionnement des enfants petits. Cette petite fille courait. Probablement, elle ne regardait pas devant elle et elle s'est pris les pieds dans les jambes de notre auditrice. Pour les adultes que nous sommes, c'est banal et évident, mais ça ne l'était certainement pas pour cette enfant. Le fait qu'elle ait frappé les jambes de notre auditrice montre qu'elle était probablement en colère, non pas contre notre auditrice, mais contre sa jambe. Comme si cette jambe s'était mise au milieu de son chemin exprès pour la faire tomber.

Il aurait donc fallu que notre auditrice le lui explique ?

Elle aurait pu. Mais cela fait appel à tout un fonctionnement, et c'est aux parents de faire évoluer leurs enfants. Quand un enfant commence à marcher seul, il perd la sécurité que lui donnaient les bras qui le portaient. Il faut donc que les adultes lui permettent de trouver de nouveaux repères. Pour cela, il faut qu'ils sécurisent, dans la maison, l'espace dans lequel l'enfant va se mouvoir, mais aussi qu'ils lui expliquent les dangers, les obstacles qu'il peut rencontrer à l'extérieur et la capacité qu'il a de les éviter.

Donc, peu à peu, l'enfant apprend à faire attention ?

Oui, mais cela lui demande de gros efforts. Parce que son fonctionnement est dominé à l'époque par la toute-puissance et le principe de plaisir. Donc, quand il veut aller quelque part et qu'il est pressé, tout doit s'écarter de son chemin. Même les arbres, même les bancs, même les gens, etc. Ce qui n'est pas possible, évidemment. Donc, cela aussi, ses parents doivent le lui expliquer. C'est un travail quotidien et de longue haleine. Notre auditrice dit que la petite fille qu'elle a rencontrée avait 4 ou 5 ans ; à cet âge, elle aurait dû savoir tout cela. Elle n'a donc peut-être pas été suffisamment encouragée par ses parents à l'autonomie.

TRICHER

Lucie a trois enfants. Pour Noël, ils ont reçu des jeux de société. Ces jeux les passionnent, et ils jouent beaucoup avec leurs copains ou avec leurs cousins. Mais, nous dit Lucie, son fils de 6 ans provoque régulièrement des drames parce qu'il triche. Une situation à laquelle tous les parents de jeunes enfants sont, un jour ou l'autre, confrontés. Alors, quelle attitude adopter ?

Cette question est vraiment intéressante, parce qu'elle montre à quel point le jeu est, pour les enfants, un laboratoire de la vie.

En quoi est-ce un laboratoire de la vie ?

Ce qui caractérise les jeux de société, c'est qu'ils fonctionnent avec une règle, la règle du jeu, à laquelle tous les joueurs sont soumis. Si, par exemple, on a tant de points, on gagne. Si on en a moins, on perd. Et on n'a pas le choix, il faut se soumettre à cette règle. Ce qui est agréable si l'on gagne, et pas du tout agréable si l'on perd.

Il faut s'y soumettre... sauf si on triche ?

Évidemment ! Tricher, c'est refuser de se soumettre à la règle. Ce qui veut dire que, si on laisse un enfant tricher, c'est-à-dire échapper à la règle, il va penser, et c'est logique, que dans la vie les autres règles aussi, il peut les contourner. Et cela, c'est grave. Donc, il faut lui expliquer la règle du jeu. Et s'il continue à tricher, c'est-à-dire à transgresser cette règle alors qu'il la connaît, il faut le sanctionner. En l'excluant du jeu par exemple.

Oui, mais un enfant se sent humilié quand il perd. Il souffre.

Mais bien sûr ! Il se sent humilié parce qu'il croit qu'il a perdu parce qu'il est bête ou, en tout cas, moins fort que ses copains. Ce n'est pas ça du tout. Le jeu, c'est comme la vie. Même si l'on est très, très fort, on ne gagne pas à tous les coups. Et, si l'on perd, c'est soit parce que c'est un jeu de hasard : on n'y peut rien, c'est la chance, c'est chacun son tour. Soit parce que l'on ne sait pas bien jouer, et dans ce cas on peut apprendre. Donc, il faut expliquer cela à l'enfant et l'aider à s'entraîner. Parce que, si on le laisse tricher sans rien dire, il va rester avec l'idée qu'il perd parce qu'il est bête et qu'il ne peut rien faire d'autre que tricher. Au fond, laisser tricher un enfant, c'est comme lui laisser croire qu'il n'est pas assez intelligent pour apprendre un métier. Et que, pour gagner de l'argent, il n'a pas d'autre solution que d'aller « braquer » des banques. Donc, c'est vraiment lui faire un cadeau empoisonné.

NE PARLER AUX ENFANTS
QUE DE CE QUI LES CONCERNE

Jules nous dit qu'il a regardé dernièrement un film et que, dans le scénario, l'un des personnages tombait dans le coma. Il nous dit qu'il a un enfant de 5 ans et qu'il se demande comment expliquer, à cet âge, cet état difficile à comprendre pour un petit. Le coma, ce n'est pas la mort. Mais ce n'est pas non plus le sommeil. Alors, comment s'y prendre ?

Je remercie notre auditeur pour sa question. Mais moi, j'en ai une, en retour, à lui poser : pourquoi diable veut-il expliquer le coma à son fils de 5 ans ? D'où lui vient cette idée ?

Oui, mais d'habitude vous dites toujours qu'il faut parler aux enfants et les informer.

Il faut parler aux enfants de ce qui les concerne. Et uniquement de cela. Si un proche de ce petit garçon, ou un membre de sa famille, était dans le coma, il faudrait bien sûr l'en informer et lui expliquer ce dont il s'agit. Mais, alors que cet enfant n'est touché en rien par ce problème, pourquoi faudrait-il lui expliquer un état qui est complètement angoissant, même pour nous, les adultes ?

Vous pensez qu'il faut préserver les enfants des angoisses ?

Il faut les préserver des angoisses inutiles. Si un enfant vit une situation angoissante, il faut l'accompagner, en lui disant la vérité et en la lui expliquant, même si elle est très dure à entendre et à supporter. C'est la seule façon de l'aider. Et il faut lui expliquer les choses, même angoissantes, s'il pose des questions – si le père d'un de ses copains à l'école est dans le coma, par exemple. Mais si l'enfant n'est pas touché par un problème, et s'il ne pose pas de questions, il n'y a pas à lui faire, par avance, la liste de toutes les horreurs du monde. Si on prend le train avec lui, on n'a pas à lui dire qu'il peut dérailler. S'il pose la question, on lui dit que c'est possible mais que c'est rare, on lui explique pourquoi cela peut arriver et pourquoi cela arrive rarement. Mais, sinon, on ne lui dit rien. Il y a quand même mille choses passionnantes que l'on peut apprendre à un enfant avant de lui parler du coma !

OSER PARLER

Jane a deux filles. L'aînée a 26 ans, et les rapports avec elle ont toujours été conflictuels, nous écrit-elle. Récemment, Jane lui a montré son dossier médical, car elle voulait que sa fille en sache un peu plus sur sa naissance. Or il était écrit, et cela, Jane l'ignorait, que le père ne voulait pas d'enfant. Aujourd'hui, Jane s'en veut énormément. Elle estime qu'elle a commis une énorme bêtise. Elle est inquiète pour sa fille et elle ne sait comment le dire à son mari.

J'ai trouvé très émouvant ce terme d'« énorme bêtise » qu'emploie notre auditrice, parce qu'on a vraiment l'impression d'entendre une petite fille malheureuse, aux prises avec des adultes trop sévères.

Vous ne pensez pas que c'est une énorme bêtise d'avoir montré ce dossier à sa fille ?

Non seulement ce n'est pas une énorme bêtise, mais ce n'est pas une bêtise du tout. Cette jeune femme a 26 ans, elle n'est plus une enfant. Sa mère lui parle, de femme à femme, de son histoire. Il y a vraiment beaucoup de jeunes femmes qui aimeraient que leur mère se conduise de cette façon.

Mais elle a quand même appris que son père ne la voulait pas.

Vous interprétez le dossier comme notre auditrice, et vous avez tort tous les deux ! Le père ne refusait pas cette enfant-là, il refusait les enfants en général. Probablement parce que son histoire lui rendait, comme à beaucoup d'hommes d'ailleurs, l'idée de la paternité difficile et angoissante. Mais il n'a rien fait pour que la mère n'ait pas cette enfant. Et il a même eu un autre enfant après. Je crois vraiment qu'il faut que notre auditrice explique cela à sa fille. Et je crois que cela va aider cette jeune femme, parce que cela va lui permettre de comprendre des angoisses qu'elle a sûrement ressenties quand elle était bébé et petite fille. Et qu'elle ne pouvait pas, à l'époque, comprendre.

Et si le mari de notre auditrice est en colère ?

Mais il n'a pas de raison d'être en colère ! Il peut l'être dans un premier temps. Mais il faut que notre auditrice lui parle et tienne bon. Et, s'il continue dans sa colère, il faut qu'elle lui tienne tête. Elle n'est pas une petite fille. Et son mari n'est pas Dieu le père. Et, s'il n'est pas d'accord avec elle, ce n'est quand même pas la fin du monde. Il faut que cette dame apprenne à résister.

ENFANTS TÉMOINS D'UNE SCÈNE TRAUMATISANTE

La mère de Maria, qui a 77 ans, a fait dernièrement un AVC, un accident vasculaire cérébral. Elle était à ce moment-là avec ses deux petites-filles jumelles de 9 ans, elles ont donc été témoins d'une scène plutôt traumatisante. D'autant que leur grand-père a dû les laisser seules le temps d'accompagner sa femme à l'hôpital. Maria nous écrit qu'elle est très inquiète pour l'une de ses filles, dont elle craint qu'elle ait vécu un traumatisme psychique.

Je crois qu'il faut que notre auditrice se rassure : sa fille a vécu un moment très traumatisant, mais il n'y a pas lieu de le dramatiser.

Mais c'est terrible pour un enfant de voir sa grand-mère convulser.

C'est terrible à tous les âges, et plus encore pour un enfant. Notre auditrice nous dit que sa mère a convulsé et que sa fille a dit que sa grand-mère parlait en bavant comme un bébé. C'était donc très impressionnant, d'autant qu'ensuite les petites filles ont dû rester seules. Donc, notre auditrice a raison : c'est pour sa fille un événement traumatisant. Mais il n'y a pas de raison pour qu'il laisse les séquelles qu'elle redoute.

Qu'est-ce qui vous fait penser cela ?

D'abord, ces enfants étaient deux, du même âge, et elles se sont sans doute soutenues l'une l'autre. Ensuite, elles ont cherché de l'aide en téléphonant à des membres de leur famille. Ce qui prouve que ce sont des petites filles autonomes et capables de réagir. Et, surtout, la fille de notre auditrice a parlé, et elle continue à parler de ce qui est arrivé ce jour-là. C'est-à-dire qu'elle n'est pas écrasée par les images d'une scène traumatique qui reviendraient sans cesse la hanter sans qu'elle puisse rien en dire. Elle a mis des mots et elle continue à mettre des mots sur ce qu'elle a vécu.

En définitive, que peut faire notre auditrice pour l'aider ?

Je crois que ce qu'elle fait est vraiment très bien. Elle écoute sa fille, elle parle avec elle, c'est parfait. Ce qu'elle pourrait peut-être faire en plus, c'est demander au pédiatre de sa fille ou à son médecin traitant d'expliquer à cette enfant ce qu'est un AVC. Pour que cette petite fille sorte des images terrifiantes et comprenne, au-delà de ces images, la réalité.

SECRET AUTOUR D'UNE NAISSANCE

À 75 ans, Germain ne se remet toujours pas de la révélation faite, il y a douze ans, par sa mère. Comme il nous l'écrit, elle lui a véritablement « balancé à la figure » qu'il était la cause de son mariage. Autrement dit, que sa naissance n'était pas vraiment souhaitée. Cette révélation plutôt brutale a bouleversé Germain. Et, nous dit-il, continue de le bouleverser.

J'ai trouvé le message de ce monsieur très émouvant, parce qu'il montre le pouvoir incroyable que les parents peuvent avoir sur leurs enfants et la façon dont ces enfants peuvent, même à un âge avancé, rester prisonniers de ce pouvoir.

Pourquoi la révélation de cette mère aurait-elle à ce point bouleversé notre auditeur ?

Je crois que, avant de se poser cette question, il faudrait s'en poser une autre. Qui est de se demander si ce qu'a dit cette mère est vrai. Parce que, quand même, voilà une femme qui attend que son fils ait 63 ans, et en plus que ce soit le jour de son anniversaire, c'est-à-dire la célébration de sa naissance, pour lui balancer, il n'y a pas d'autre mot : « C'est à cause de toi que je me suis mariée ! » Ce qui signifie en clair : « Je n'aimais pas l'homme que j'ai épousé, mais j'ai été contrainte de l'épouser, et donc de gâcher ma vie, parce que toi, mon fils, tu as eu la mauvaise idée d'être conçu et de naître. » C'est complètement fou, et c'est d'une violence incroyable. Et c'était quand même manifestement fait pour culpabiliser notre auditeur.

Et si c'était vrai qu'elle se soit vraiment mariée parce qu'elle était enceinte ?

Eh bien, si c'est vrai, cela veut dire que cette femme a fait, dans sa vie, un choix, et même deux : elle a choisi de coucher avec le père de notre auditeur, parce que, de toute évidence, il ne s'agissait pas d'un viol. Et, quand elle s'est découverte enceinte, elle a décidé de garder son enfant. Elle a donc fait ce qu'elle pensait devoir faire. C'est sa responsabilité, et en aucun cas celle de notre auditeur, qui n'a pas demandé à naître.

Et pourquoi cette mère aurait-elle parlé de cette façon à son fils ?

Je n'en sais rien, évidemment. Mais ce n'est pas anodin. C'est comme si, étant elle-même très âgée et se sentant proche de la mort, elle avait eu besoin de gâcher la dernière partie de la vie de son fils, qui allait lui survivre. Parce que, si elle lui a raconté cela, c'est qu'elle savait qu'il la croirait sur parole. Et elle avait raison, d'ailleurs. Ce qui signifie que cet incident pénible doit être révélateur du type de relations que cette mère a eues toute sa vie avec son fils. Et ce sont peut-être d'ailleurs ces retrouvailles avec des relations difficiles qui, au-delà même de la supposée révélation, bouleversent notre auditeur.

ORIENTATION PROFESSIONNELLE ET RÉALITÉ

Le fils d'Anne-Sophie a 15 ans et, depuis longtemps, il rêve d'être conducteur de train. Malheureusement, il a des problèmes de vue. Anne-Sophie nous dit qu'elle s'est renseignée auprès d'un ophtalmologue et de la SNCF. Conclusion : impossible de conduire un train si la vue n'est pas parfaite. Anne-Sophie est donc désemparée. Elle ne sait comment l'annoncer à son fils sans le décourager.

Je crois que l'on peut comprendre les craintes de notre auditrice. Parce que voir le rêve qu'il avait depuis si longtemps se heurter à la réalité et se briser va être douloureux pour ce garçon.

Comment cette mère peut-elle lui annoncer cette mauvaise nouvelle ?

Je crois qu'il faudrait d'abord qu'elle soit sûre de ses informations. Parce qu'elle dit qu'elle a eu du mal à obtenir que la SNCF lui donne les critères d'embauche pour les conducteurs de train. Il serait sans doute bon qu'elle se fasse aider par le collège de son fils, ou par un service d'orientation, pour réussir à frapper à la bonne porte et avoir des informations vraiment sérieuses et fiables.

Et s'il s'avère quand même que ce garçon ne peut pas être conducteur de train ?

Je crois que, si c'est le cas, il faudra le lui dire, en lui précisant bien que son problème de vision ne fait pas de lui un être diminué et dévalorisé. Nous avons tous un corps dont certaines fonctions marchent très bien, d'autres moins bien, et d'autres encore beaucoup moins bien. C'est la vie, et il faut supporter de « faire avec », même si ce n'est pas facile. Ce garçon ne voit peut-être pas assez bien pour être conducteur de train, mais il voit assez bien pour faire beaucoup d'autres métiers qui peuvent aussi l'intéresser. Et il a surtout, puisqu'on nous dit qu'il est un excellent élève, une intelligence en pleine forme. Et ça, c'est un capital sur lequel il peut compter, il faut le lui rappeler.

Par ailleurs, que peut faire de plus sa mère ?

Il faut bien sûr écouter ce jeune homme pour qu'il puisse parler de son chagrin et de sa déception : ce n'est pas facile de devoir faire, à 15 ans, le deuil d'un projet ! Il faut l'aider à trouver un autre métier, c'est-à-dire l'aider à réfléchir, puis à se renseigner. Et puis, rappel habituel : ce garçon a sûrement un père. Ce serait donc bien que notre auditrice ne prenne pas seule en charge l'avenir de son fils et que son père s'en charge aussi. C'est très important pour ce garçon, dans ce moment difficile, d'avoir le soutien de son père.

BLOQUÉE DANS SES DÉSIRS ET SON ÉVOLUTION

Isabelle est ingénieure. Sa carrière professionnelle a débuté il y a dix ans. Et, depuis, elle occupe toujours le même poste. Aujourd'hui, elle est en congé parental et, nous dit-elle, voudrait en profiter pour changer de travail. Mais elle n'ose pas. Elle trouve toujours de bonnes raisons pour ne pas bouger : mari, enfants, trajets, etc. Isabelle nous précise que c'est pareil pour tout ce qu'elle voudrait entreprendre. Même planter un clou, ajoute-t-elle avec beaucoup d'humour. Alors, que faire ?

Ce courriel de notre auditrice est vraiment très intéressant et très parlant. Parce qu'elle se décrit comme un personnage immobilisé à un endroit et qui, quand il voudrait tendre la main ou avancer un pied, sentirait une force qui l'en empêche.

D'où pourrait venir une force comme celle-ci ?

Évidemment, de son histoire. La vie du « petit d'homme » consiste d'abord à prendre conscience de son existence comme être séparé de sa mère. Puis à passer du statut de petit wagon tiré par la locomotive papa-maman à celui de locomotive autonome, capable d'aller là où il (ou elle) le souhaite. Mais le problème majeur, c'est que le petit humain ne fait pas ce chemin seul. Il le fait avec ses parents. C'est-à-dire en fonction du désir de ses parents. Il ne peut avancer que si ses parents désirent profondément qu'il avance et l'aident à le faire.

Il peut arriver que des parents n'apportent pas cette aide ?

Bien sûr ! Ils peuvent être dans l'impossibilité d'aider leurs enfants, et ils peuvent même leur interdire inconsciemment d'avancer. Et ce n'est jamais parce qu'ils sont mauvais ou méchants. C'est toujours à cause de ce qu'ils ont vécu eux-mêmes. Une mère ou un père peuvent être fous d'angoisse à l'idée que leur enfant puisse échapper à leur contrôle. Ils peuvent ne pas pouvoir reconnaître qu'il est devenu capable de faire des choix pour lui, et être de ce fait dans l'incapacité de lui dire, pour certaines choses : « Allez, vas-y ! C'est toi qui décides, on te fait confiance. » Cela bloque l'enfant. Cela l'immobilise. Parce que, comme il sent que ses parents ne lui font pas confiance, il finit par se penser incapable d'avancer.

Que peut faire notre auditrice ?

Je crois qu'il faudrait qu'elle aille parler à un professionnel. Elle dit qu'elle a vu un psychiatre pendant deux ans, que cela n'a pas avancé et qu'elle a donc renoncé à chercher les raisons de son attitude. Je crois qu'elle a tort. Quand on ne trouve pas avec un « psy » les réponses que l'on cherche, cela ne signifie pas que ces réponses sont introuvables. Cela signifie que cela n'a pas marché avec ce « psy »-là. Donc, il faut aller chercher de l'aide auprès d'un autre.

ŒIL POUR ŒIL, DENT POUR DENT ?

Mathieu et Julie, deux de nos auditeurs, ont des jumeaux de 2 ans et demi. Lors d'une réunion de famille, l'un des deux a frappé sa grand-mère. Elle a répliqué en lui rendant sa tape. Il est alors entré dans une grande colère et s'est mis à hurler. Mathieu et Julie nous racontent qu'il a été très difficile de le calmer. Qu'en pensez-vous ?

Le courriel de ces parents pose toute une série de problèmes. Ils disent d'abord que ce petit garçon continue à taper malgré leurs explications.

Pourquoi continue-t-il à taper ?

Parce que les explications ne suffisent pas. Si les gendarmes se contentaient d'expliquer aux automobilistes que ce n'est pas bien de brûler les feux rouges, ceux-ci continueraient tranquillement à les brûler. Il en va de même pour les enfants. On doit leur expliquer la règle une fois, deux fois, éventuellement trois. Mais il n'y a pas à aller au-delà. Une fois que la règle lui a été dite, on doit considérer que, si l'enfant la transgresse, c'est en sachant ce qu'il fait. On doit donc le punir. Parce que, si on ne le punit pas, cela ne s'arrêtera jamais.

Pourquoi ce petit garçon s'est-il mis en colère quand sa grand-mère lui a rendu sa tape ?

Donner une tape à un enfant pour lui apprendre à ne pas taper est une absurdité. Une absurdité antiéducative, parce qu'elle relève du « œil pour œil, dent pour dent », et ne permet pas à l'enfant de comprendre les règles. Ce petit garçon s'est mis en colère parce qu'il est encore probablement dans la toute-puissance infantile : il se croit le plus fort du monde, et un adulte lui a montré qu'il n'était pas le plus fort. Mais encore une fois c'est antiéducatif : parce que, chez les civilisés, on n'est pas dans la loi de la jungle, où l'on gagne si l'on est le plus fort. Il y a des lois.

En définitive, que peuvent faire ses parents ?

Je l'ai dit : expliquer les règles. Chez les humains, on ne règle pas ses comptes à coups de griffes et de dents comme chez les animaux. On parle. Si ce petit garçon veut dire à sa grand-mère « je t'aime », ou au contraire « tu m'embêtes », il doit le lui dire avec des mots. Ses parents disent d'ailleurs que, dans sa colère, il parlait un charabia incompréhensible. C'est sans doute sa façon de dire que ce qu'on lui raconte et ce dans quoi on le fait vivre est, pour lui, du charabia, que cela n'a aucun sens. Et il a raison, parce que ce n'est pas logique. Il faut donc lui dire qu'il est interdit de frapper les autres, et que c'est interdit pour tout le monde, même pour les adultes (que sa grand-mère n'aurait donc pas dû le frapper). Que si, dehors, une grande personne frappe quelqu'un, on appelle la police et elle va en prison. Et il faut le prévenir que, s'il recommence à taper, il sera puni. Et il faudra maintenir la punition même s'il n'est pas content. Parce que, de même que les contraventions n'ont pas pour but de faire plaisir aux automobilistes, les punitions ne sont pas faites pour rendre les enfants contents.

PARLER À UN BÉBÉ DE SON OPÉRATION À VENIR

Marie-Christine est la grand-mère d'un petit garçon de 5 mois. C'est un bébé très éveillé, nous dit-elle, mais il a eu une naissance assez difficile, et il va devoir subir une chirurgie plastique du crâne. Son père et sa mère sont très angoissés, mais ils refusent de lui dire qu'il va être opéré. Marie-Christine se demande si, en effet, on peut expliquer une opération à un bébé.

Notre auditrice raconte une chose très émouvante : elle dit que ce bébé communique et rit beaucoup avec ses parents. Mais que, depuis quelque temps, il s'arrête brusquement, plisse son menton et se met tout à coup à pleurer sans raison apparente.

Notre auditrice a l'impression qu'il sent l'angoisse de ses parents et qu'il faudrait lui parler.

Je crois que notre auditrice a raison. Ce bébé de 5 mois sent forcément l'angoisse de ses parents. Et il sent forcément qu'il en est l'objet. Et c'est problématique de le laisser dans le vide. Parce qu'il peut tout imaginer. Il peut imaginer par exemple qu'il a fait quelque chose de mal et que ses parents sont malheureux par sa faute. Il faudrait donc que ses parents lui expliquent ce qui va se passer.

Donc, c'est important qu'il sache ?

C'est essentiel. Il va aller à l'hôpital, c'est un lieu qu'il ne connaît pas. La lumière, les bruits, les voix sont différents de ce qu'il connaît chez lui. Il y a là des gens qu'il n'a jamais vus et il va être séparé de ses parents. Il peut donc avoir l'impression que ses parents l'abandonnent et le livrent à des gens qui vont faire ce qu'ils veulent avec lui. C'est terrifiant ! Il faut lui expliquer l'hôpital, qui sont les médecins et les infirmiers, et les lui présenter. Il faut lui expliquer l'opération, l'anesthésie, son réveil, le moment où il va retrouver ses parents. Et, en plus, notre auditrice nous dit qu'à sa naissance il est resté hospitalisé huit jours, il faut lui rappeler ce qui s'est passé à ce moment-là (et à quoi il pense peut-être quand il pleure).

Quel pourrait être le risque si on ne parle pas à cet enfant ?

Le risque est de créer un problème en plus du problème initial. De créer une expérience de solitude, de peur, voire de terreur, que l'on pourrait éviter. Si l'on parle à un bébé, il sait ce qu'il va se passer. Il n'est pas pris par surprise. Et, grâce aux mots qu'ils lui ont dits, il garde ses parents à l'intérieur de lui. Il n'est pas tout seul. Les parents de ce bébé ont sans doute peur de lui communiquer leur angoisse. Ils peuvent tout à fait lui dire qu'ils sont angoissés, parce que tous les parents sont angoissés quand leur enfant est malade. Et que ce n'est pas lié à la gravité de sa maladie, mais à l'amour qu'ils lui portent.

MON ENFANT PIQUE DES CRISES

Delphine a trois enfants. Le deuxième a 8 ans. Il a toujours été timide, nous écrit-elle, et a toujours manqué de confiance en lui. Elle précise qu'il travaille très bien à l'école et n'est jamais puni. Mais, lorsqu'il est chez lui, à la moindre contrainte il fait des crises, claque les portes et dit des gros mots. Delphine ajoute que, depuis peu, il dit : « Je vais me tuer. » Comment réagir à cela ?

Je crois que la première question n'est pas de se demander comment réagir. C'est de se demander pourquoi ce petit garçon fait des crises pareilles.

Mais sa maman nous dit qu'il a toujours fait ça.

Il a toujours fait des crises, elle insiste là-dessus, et elle ajoute une chose importante : elle dit que, bébé et jeune enfant, il faisait des terreurs nocturnes. Cela veut donc dire que, depuis sa naissance, cet enfant est habité par une très grande angoisse. Et ce que je trouve assez incroyable, c'est que ses parents, qui sont manifestement aimants et attentifs, essaient depuis toujours de régler le problème au coup par coup, au lieu de s'interroger sur ses causes, sur ce qui le provoque.

D'où pourrait venir une telle angoisse ?

Je ne le sais pas, parce que je ne connais pas cet enfant. On constate qu'il a d'abord manifesté de l'angoisse, de la peur et des terreurs nocturnes. Et qu'il manifeste aujourd'hui de la colère, du désespoir et une difficulté à vivre. Il n'a pas confiance en lui, il est timide, c'est douloureux pour un enfant. Donc, il faudrait interroger son histoire. Comment s'est passée la grossesse ? la naissance ? Un enfant, après une naissance difficile, peut garder en lui de la peur. Il faudrait savoir comment se sont passées ses huit années de vie, qui s'est occupé de lui et comment. Il faudrait savoir quelle place il occupe pour ses parents, ce qu'a été l'histoire de chacun de ses parents, et celle des générations précédentes. Quels événements ont pu marquer sa famille pendant que sa mère l'attendait, ou après. Il y a vraiment une enquête à faire.

Donc, vous pensez en définitive qu'il doit voir un « psy » ?

Je crois que ce serait une bonne chose que cette enquête soit faite par ses parents et lui, avec l'aide d'un « psy ». Ce qui veut dire qu'il ne faut pas qu'ils voient un « psy » qui reçoit les enfants tout seuls comme s'ils étaient des adultes, mais un « psy » qui travaille aussi avec les parents des enfants, ce qui permet de comprendre l'histoire familiale.

JALOUSIE À LA NAISSANCE D'UNE PETITE SŒUR

Tous les soirs depuis un mois, la fille d'Anaïs et Jules, qui a 5 ans, se plaint d'avoir mal au ventre. Puis, nous précisent ses parents, elle se réveille quinze fois par nuit, elle pleure, sans jamais être capable de dire pourquoi. Elle a une petite sœur de 6 mois, et ses parents nous disent qu'ils font bien la part des choses.

Je ne sais pas ce que veut dire, pour ces parents, « faire la part des choses ». Je suppose qu'ils veulent dire qu'ils ne délaissent pas leur fille pour le bébé. Mais ce n'est pas parce qu'une situation est claire pour les adultes qu'elle l'est pour les enfants.

Vous pensez que les problèmes de cette petite fille pourraient avoir un rapport avec la naissance de sa petite sœur ?

Je n'en sais rien, mais si les maux de ventre de cette petite fille n'ont pas de cause organique, c'est une hypothèse que l'on ne peut pas écarter. Je ne sais pas si on lui a parlé, avant la naissance, de ce qui allait se passer. Et si on l'a écoutée. Une nouvelle naissance est toujours une épreuve pour un enfant. Il a peur de perdre sa place et, de toute façon, il doit trouver une nouvelle place. Je le rappelle toujours : Françoise Dolto expliquait que la « crise de jalousie » de l'enfant est en fait une crise d'identité. Qui est compréhensible. Car on a toujours valorisé ses progrès, ses efforts pour devenir grand. Et, tout d'un coup, il voit ses parents s'émerveiller devant un bébé qui le renvoie à une image de lui-même quand il était beaucoup plus petit. Il ne comprend plus rien.

Donc, ses réactions seraient des réactions d'angoisse ?

Elle cherche peut-être sa place en pleurant la nuit, comme le font les bébés. Elle dit peut-être sa peur d'être moins aimée. Et puis elle fait peut-être des cauchemars. Ce qui expliquerait le mal au ventre. Certains enfants ont peur de la nuit à cause des cauchemars.

Les cauchemars peuvent être liés à sa sœur ?

Elle peut, dans ses cauchemars, exprimer une agressivité qui l'effraie. Ou une culpabilité à cause de sentiments négatifs inconscients qu'elle éprouve pour sa sœur. Ces sentiments sont absolument normaux, mais ils peuvent faire peur. Et puis elle peut aussi revivre des choses qui lui sont arrivées à elle entre 0 et 6 mois. Je crois qu'il faudrait proposer à cette petite fille de dessiner ce qu'elle ressent. Et, si les symptômes persistent, demander l'aide d'un professionnel.

RELATIONS INCESTUEUSES DANS LA FRATRIE

Patricia a 40 ans et une fille de 10 ans. L'an dernier, à l'anniversaire des 9 ans de sa fille, un secret enfoui en elle a brutalement ressurgi : lorsqu'elle avait 9 ans, sa sœur de 14 ans a eu des attouchements sur elle. Cela a duré, et elle n'a rien pu dire. À l'adolescence, Patricia allait très mal et elle a été anorexique. Aujourd'hui, elle craint pour sa fille et voudrait la mettre en garde par rapport à sa tante. Mais elle ne veut pas tout lui avouer.

Ce message est très important, parce qu'il montre la gravité de l'inceste entre frères et sœurs et les conséquences qu'il peut avoir.

Notre auditrice a parlé à sa mère il y a quelques semaines, et sa mère lui a dit : « Ce n'est pas grave, ça fait partie de la découverte de la sexualité. »

Mais en aucun cas ! La découverte de la sexualité est positive quand elle se fait dans ce que l'on pourrait appeler le cadre des lois humaines. C'est-à-dire entre enfants du même âge, sans que l'un force l'autre, et pas en public. Et surtout entre enfants qui ne sont pas de la même famille, sinon il s'agit de relations incestueuses. Notre auditrice n'a pas découvert la sexualité. Elle a vécu une relation incestueuse imposée par une sœur de cinq ans de plus qu'elle.

Ce genre de problème arrive souvent dans les familles ?

C'est en tout cas un problème qui peut arriver. Et c'est d'ailleurs pour cela qu'il faut informer très tôt les enfants de ce qu'est la sexualité. Et leur expliquer en même temps tout de suite l'interdit de la sexualité entre adultes et enfants, et l'interdit de la sexualité entre gens de la même famille, y compris les frères et sœurs (cousins, cousines, etc.). Et il faut bien comprendre que, quand des relations incestueuses ont lieu dans une fratrie, on ne peut pas les comprendre en prenant en compte seulement les enfants. Ces relations ont toujours un rapport avec les parents.

Vous voulez dire que les parents y sont pour quelque chose ?

Oui, consciemment ou inconsciemment. Et là on le voit très bien. Notre auditrice, qui a été quand même une adolescente en souffrance, qui a été anorexique (c'est grave, l'anorexie !), va parler à sa mère, et sa mère lui dit : « Oh, j'ai vécu la même chose avec ma sœur, ce n'est pas grave ! » Si l'on pense qu'à notre époque des centaines de choses ont été écrites sur ce sujet, on est obligés de se dire que cette femme n'est pas vraiment innocente.

Comment notre auditrice peut-elle protéger sa fille ?

Je crois qu'il n'y a vraiment que la vérité qui protège les enfants. Quand elle le pourra, il faudra que notre auditrice explique à sa fille ce qui s'est passé pour elle, enfant. En précisant que ses parents n'ont pas su la protéger. Et n'ont pas su, non plus, protéger sa sœur en lui expliquant les interdits. Cela permettra à cette petite fille de se protéger elle-même. Et surtout de parler si quelque chose lui arrive.

PASSAGE À LA VIE PROFESSIONNELLE

Juliette est étudiante en master. Elle a toujours eu de très bons résultats, mais, là, elle ne parvient pas à finir son mémoire de fin d'études. Assez lucide, elle pense qu'elle fait un blocage, un blocage face à l'entrée dans la vie professionnelle. Pensez-vous que Juliette puisse avoir peur de quitter le monde étudiant ?

J'ai eu envie de répondre à cette jeune femme, parce que j'ai été frappée par la façon dont elle s'est déjà mise au travail sur elle-même, avant de nous écrire, pour essayer de comprendre son problème.

Elle dit qu'elle pense qu'elle fait un blocage. Cela vous semble possible ?

C'est une hypothèse qui me semble juste. Cette jeune femme nous dit qu'elle a toujours été une bonne élève. Qu'elle a fait une prépa très difficile qui lui a demandé beaucoup d'efforts. Elle pense qu'elle a choisi le bon métier. Et elle a l'exemple, dit-elle, d'amis qui ont rendu leur mémoire et qui ont aujourd'hui de très bons postes. Le problème ne semble donc pas lié à la réalité.

Elle dit qu'elle a peur d'être perdue dans le monde du travail.

Oui, et elle remarque elle-même que c'est bizarre, parce qu'elle a l'habitude du changement. Elle a changé plusieurs fois de fac, de ville, et ça s'est toujours très bien passé. Mais elle justifie sa peur actuelle d'une façon qui me semble intéressante. Elle dit qu'elle pense que ça s'est bien passé auparavant pour elle parce qu'elle était avec des gens de son âge, qui avaient les mêmes goûts qu'elle. Comme si, en fait, elle redoutait le monde du travail parce qu'elle le vit comme un monde d'adultes.

Et il vous semble important qu'elle pense cela ?

Bien sûr ! Parce que cela pose quand même la question de savoir pourquoi elle aurait peur de se sentir une adulte au milieu d'autres adultes. Et, d'ailleurs, alors qu'elle a 23 ans, elle ne nous parle pas du tout de sa vie privée. Elle ne nous dit pas par exemple si elle a un compagnon, ce qui, à son âge, serait normal. Je crois qu'il faudrait donc savoir quels ont été ses rapports avec ses parents, si ses parents avaient vraiment un projet de vie pour elle, s'ils ont vraiment compris qu'elle est aujourd'hui devenue une adulte comme eux et que c'est normal. En fait, on a l'impression qu'entre l'enfance et la vie adulte il y a, pour notre auditrice, une frontière, et que cette frontière est fermée. Il faudrait essayer de savoir pourquoi elle l'est.

« OÙ J'ÉTAIS AVANT MA NAISSANCE ? »

Sarah et Thomas ont un fils de 6 ans et une fille de 3 ans. Et cette petite fille leur a posé une question somme toute assez banale : « Où j'étais quand la maison a été construite ? » En fait, elle n'était pas née. Elle n'était même pas conçue. Sarah et Thomas ont essayé de le lui expliquer. Mais elle semble ne pas comprendre et reste triste. Qu'en pensez-vous ?

Nos auditeurs qualifient la question de leur fille d'existentielle. Je trouve que c'est surtout une question particulièrement intelligente.

En quoi cette question est-elle particulièrement intelligente ?

Cette enfant est installée dans une vie avec ses parents. Dans un lieu qu'elle connaît et qui est sa maison, et elle a conscience de son existence. Qu'elle se demande si elle a toujours été là est logique et légitime, mais c'est aussi une preuve d'intelligence. Parce que, si on ne le lui explique pas, un enfant ne peut pas comprendre que sa vie a commencé un jour et que, de la même façon, elle se terminera un jour.

Comment s'y prendre pour lui expliquer tout cela ?

Je crois que cela passe par lui expliquer comment la vie peut apparaître et ce qu'il faut pour qu'elle apparaisse. Pour qu'une plante existe, par exemple, il faut planter une graine. Pour qu'un être humain existe, il faut qu'un ovule et un spermatozoïde se rencontrent. C'est-à-dire qu'un homme et une femme se rencontrent. Et qu'ils s'aiment assez pour avoir une relation sexuelle qui permette cette rencontre, cela s'appelle la conception. Et ensuite il faut neuf mois dans le ventre d'une mère, et la sortie de ce ventre, qui s'appelle la naissance. Il faut expliquer qu'avant sa conception un être humain n'existe pas. Et cela, un enfant peut le comprendre. Mais il ne peut le comprendre, bien sûr, que s'il a eu des informations sur la sexualité.

Ses parents ne disent pas quelles explications ils lui ont déjà données. Ils disent simplement que cette enfant reste triste.

Elle peut rester triste même s'ils lui ont expliqué tout cela. Parce qu'il faut bien se rendre compte qu'expliquer sa conception à un enfant, c'est aussi lui signifier sa place. C'est-à-dire poser clairement que ce n'est pas à cause de lui que ses parents sont ensemble. Que c'est le contraire, que c'est parce que ses parents étaient ensemble qu'il a été conçu. Et cela peut ne pas lui plaire. Parce que les enfants petits imaginent qu'ils sont le centre de tout, la cause de tout et les maîtres de tout, et tiennent beaucoup à cette croyance.

PARLER DE SEXE À TABLE

Les fils de Violaine ont 7 et 10 ans. Ils adorent, nous dit-elle, parler de sexe à la maison, et notamment à table, où ils tiennent ce qu'elle appelle « des discours débiles de cour de récréation ». Violaine nous précise que leur père trouve cela normal. Mais que, elle, estime que ses fils ne devraient pas parler de sexe devant elle. Que penser de tout cela ?

Je ne vais peut-être pas faire plaisir au père de ces deux garçons, mais je suis d'accord avec notre auditrice.

Pourquoi ne faudrait-il pas qu'ils parlent de sexe devant leur mère ?

Je crois que, pour comprendre, il faudrait retourner la question : pourquoi ces deux garçons parlent-ils en permanence de sexe ? Et pourquoi en parlent-ils de préférence devant leurs parents, et notamment devant leur mère ? C'est bizarre, tout de même ! Il est normal que des enfants soient informés de la sexualité. Il est normal qu'ils en parlent avec leurs parents quand ils se posent des questions sur le sujet, et il est normal qu'ils en parlent avec leurs copains. Mais, même entre copains, ils ont en général d'autres sujets de conversation. Et à table, à la maison, on peut quand même parler d'autre chose que de sexe.

Pourquoi, alors, en parlent-ils autant ?

Je ne suis pas sûre que l'on puisse parler de paroles, même si ces deux garçons emploient des mots. Leur mère dit en effet qu'ils emploient un vocabulaire plutôt cru : ils ne parlent pas, par exemple, d'érection, ils parlent de *bander*. Et ils le font avec une certaine jouissance, un peu comme s'ils exhibaient devant leurs parents, et surtout devant leur mère, par le biais des mots, des sexes en érection. Et c'est problématique. Parce que l'enfant (qui, petit, se promène volontiers tout nu pour séduire les adultes, et Françoise Dolto appelait cela, très joliment, des « roueries séductrices ») doit, grâce à l'éducation, apprendre la pudeur. Donc, laisser ces garçons se livrer à ce genre d'exhibition verbale est très destructeur pour eux.

En quoi est-ce destructeur ?

D'abord parce que ce genre de discours entraîne, chez des garçons de cet âge, une érotisation permanente, une excitation permanente. Ensuite parce qu'ils tiennent ce discours devant leurs parents, avec qui la sexualité leur est interdite. Et surtout parce que, si des adultes laissent faire cela, les enfants pensent toujours que c'est parce que cela leur fait plaisir, parce qu'ils sont séduits, eux, les adultes, par ces exhibitions. Donc, quand les enfants continuent, ce n'est pas seulement parce qu'ils y trouvent une jouissance. Mais parce qu'ils ne veulent pas priver les adultes de ce qu'ils pensent être, pour eux, un plaisir. Et ils y perdent leurs vraies questions. Ces deux garçons ont peut-être de vraies questions à poser à leurs parents. Et un grand besoin de faire entendre, notamment à leur mère, qu'ils ne sont plus des bébés, mais des garçons qui grandissent et avancent vers la vie d'homme.

ENFANT AGITÉ ET DÉSOBÉISSANT

Aurélie a un petit garçon de 4 ans. Elle nous écrit qu'elle le « gère » seule depuis sa naissance, car le père de son fils a, semble-t-il, beaucoup de travail. À l'école, les enseignants le trouvent très agité. Et, à la maison, Aurélie ne parvient pas à se faire obéir. Elle nous dit qu'elle n'en peut plus.

Je crois surtout que notre auditrice a une conception de l'éducation, qui vient sans doute de ce qu'elle a elle-même vécu, mais qu'elle devrait interroger. Si j'en crois ce qu'elle écrit, l'éducation, pour elle, consiste à donner des ordres à un enfant et à le faire obéir. Or l'obéissance bien sûr est importante. Mais à condition de bien faire comprendre à l'enfant que ce n'est pas à l'adulte qu'il obéit, mais aux règles que cet adulte lui impose, et que cet adulte lui-même doit respecter. Donc, éduquer suppose de parler. Notre auditrice nous dit qu'elle essaie de faire obéir son fils et qu'il refuse. Et qu'elle multiplie les punitions, les privations de dessert, le coin, etc., au point que, dit-elle, il semble tout à fait blasé. On a donc l'impression qu'ils vivent tous les deux une sorte de guerre sans fin.

Mais vous dites toujours que c'est essentiel de mettre des limites aux enfants ?

Mais bien sûr que je le dis. Et je le redis. Mais cela ne veut pas dire que les rapports parent-enfant doivent se limiter à des rapports de chef à subordonné. L'amour sans éducation n'a pas de sens. Mais l'éducation sans amour n'en a pas non plus. La vie de cet enfant me semble terrible. Sa mère dit qu'elle a du mal à le « gérer ». Je sais bien que gérer est un mot à la mode. Mais on « gère » un compte en banque ou on

« gère » un problème, on ne « gère » pas un enfant. Et elle dit que le père ne s'en occupe pas du tout parce qu'il travaille.

Et ça vous fait penser à une vie terrible pour cet enfant ?

Bien sûr ! On ne le frappe pas et on ne l'affame pas. Mais ce qu'il vit est vraiment très dur. Il doit penser qu'il est pour son père une quantité négligeable, et pour sa mère un problème insoluble. Donc, il n'a pas de vraie place. Et c'est sans doute pour cela qu'il s'agite à l'école et ne tient pas en place. Et, au fond, à la maison, il fait un peu comme sa maman : il joue le rapport de force. Je crois que ces deux parents devraient consulter un professionnel pour essayer de comprendre ce qu'ils ont vécu eux-mêmes dans leur enfance et interroger leur façon actuelle d'être parents.

DÉPRESSION HÉRÉDITAIRE ?

Nadia a vécu toute son enfance avec une mère dépressive. Et, nous écrit-elle, son mari est actuellement suivi par un psychiatre pour dépression. Nadia nous précise qu'elle n'est pas dépressive, parce que, à 30 ans, elle a fait une thérapie. Toutefois, elle craint pour ses enfants.

Notre auditrice parle même de « spirale de la dépression », comme si elle avait peur que ses enfants soient aspirés par cette spirale.

Cela semble logique qu'elle ait peur, non ?

C'est logique, mais dans une logique qui n'est pas la bonne. Notre auditrice a eu une mère qui était en souffrance. Sur cette souffrance, on a posé le mot « dépression ». Et notre auditrice, comme tout enfant ou adolescent, a sans doute cru qu'il s'agissait d'une maladie de la tête, comme il existe des maladies du corps. Et comme, aujourd'hui, on a diagnostiqué chez son mari la même supposée maladie, elle a peur pour ses enfants, avec l'idée plus ou moins consciente que cette maladie pourrait se transmettre. Mais ce n'est pas vrai.

Pourquoi ?

Ce qu'on appelle la « dépression », c'est une grande souffrance, mais ce n'est pas une maladie au sens où on l'entend souvent. La dépression, c'est une perte de l'envie de vivre, une diminution du désir de vie. On n'a plus envie de rien, on ne croit plus à rien, on n'imagine plus l'avenir. On est épuisé moralement et physiquement, on n'a plus d'énergie. Cette perte du désir de vivre a en général trois sortes de causes. D'abord des causes actuelles : des insatisfactions dans sa vie personnelle ou sociale. Ensuite, deuxième niveau, une atteinte portée par ces problèmes actuels à un désir de vie qui n'était, peut-être, déjà pas très solide. Un enfant, en effet, a un désir de vie dès sa naissance, mais il ne peut pas le soutenir seul. Il a besoin de s'appuyer sur ce que ses deux parents veulent pour lui, sur le projet de vie qu'ils ont pour lui. D'autant que – et c'est le troisième niveau – il porte inconsciemment, comme ses parents eux-mêmes, le poids de toutes les souffrances des générations qui l'ont précédé. Tout se passe comme si nous naissions, tous, avec un sac à dos. S'il est trop lourd, il peut nous faire chuter, et c'est la dépression. Et, dans ce cas, les médicaments peuvent aider, bien sûr, mais ils ne suffisent pas. Il faut faire un travail analytique pour vider ce sac à dos et se débarrasser des problèmes qui ne nous appartiennent pas.

Comment notre auditrice peut-elle protéger ses enfants ?

En leur expliquant cela, avec ses mots à elle. Elle a fait une thérapie à 30 ans pour « vider son sac », dans tous les sens du terme. Elle peut expliquer à ses enfants ce qu'elle y a trouvé, qui aurait pu la faire chuter. Et cela lui permettra de leur parler de l'histoire de leur père et de ce qui est lourd pour lui. C'est toujours ce qui n'est pas dit qui se répète, de génération en génération. Quand les choses sont dites, elles n'ont plus besoin de se répéter.

TROUBLES DU LANGAGE

Le fils de Chloé a 9 ans. Il fait des colères terribles et s'en prend régulièrement à sa petite sœur. Chloé nous dit que c'est parce qu'il n'a pas d'amis. Mais elle nous précise aussi qu'il a un problème de langage et qu'il est suivi en orthophonie. Chloé se sent démunie.

Ce message a retenu mon attention, car il est une fois de plus révélateur de la façon dont les enfants sont pris en charge aujourd'hui.

En quoi est-ce révélateur ?

Ce garçon a 9 ans. Et, manifestement, il souffre. Et il souffre même tellement que, par moments, il « pète les plombs », comme l'on dit, et tape sur tout ce qui bouge, en l'occurrence sa petite sœur. Et il dit sa souffrance ; il dit qu'il n'a pas d'amis. Qu'il n'en a ni chez lui ni à l'école. C'est-à-dire qu'il est seul, rejeté, exclu de la communauté des enfants de son âge, et qu'il vit cela tous les jours, 24 heures sur 24. C'est terrible !

Sa mère dit qu'il est rejeté parce qu'il parle mal.

Oui, elle dit que ses problèmes de langage sont sûrement une cause de rejet, parce qu'ils le font passer pour plus « bébé » que les autres. Et comme sa petite sœur, elle, parle très bien, on peut comprendre que cela lui semble injuste et le mette en rage. Mais ce qui est fou, c'est que, pour ses troubles, ce garçon est suivi seulement en orthophonie. C'est-à-dire par quelqu'un dont le métier est de rééduquer des enfants qui ont des troubles du langage. Ce qui est très important et très utile, mais à condition que l'on traite aussi les causes de ces troubles du langage. Ce qui relève d'une thérapie. Or, là, personne ne semble s'être demandé pourquoi ce garçon de 9 ans, manifestement intelligent, parle comme un plus petit. Ça veut dire quoi ? Qu'il ne se sent pas le droit de grandir ? qu'il y a dans son histoire ou dans celle de ses parents des choses qu'il ne faut pas dire ? Il faudrait quand même savoir !

Que peut faire notre auditrice ?

Je crois qu'il faudrait consulter un « psy » qui travaille avec les enfants et leur famille. Pour essayer de comprendre ce qui se passe. Et puis il faudrait aussi que le père de ce garçon, dont on ne nous parle absolument pas, se manifeste. Parce que ce garçon a sans doute le plus grand besoin d'un appui paternel.

MÈRE MALTRAITANTE

La mère d'Élise lui a fait vivre une enfance très dure. Aujourd'hui, Élise est mariée. Elle a un enfant. Mais, nous écrit-elle, sa mère continue à ne lui manifester aucune affection. Et elle ne comprend pas. Sa mère lui a en effet toujours dit qu'elle l'avait désirée et qu'elle avait même suivi des traitements médicaux pour être enceinte. Alors, que penser de tout cela ?

J'ai trouvé ce témoignage formidable, parce qu'il montre à quel point il y a, dans le domaine des relations parent-enfant, un piège des mots.

Un piège des mots ?

La mère de notre auditrice lui a toujours dit qu'elle avait désiré un enfant. Mais « désirer un enfant », cela peut avoir mille sens. Et il en va de même lorsqu'on parle d'« aimer un enfant ». Cela ne dit pas comment on l'aime. Et « désirer un enfant » ne dit en aucun cas ce que l'on désire, inconsciemment, lorsqu'on désire un enfant. Or, dans le cas de notre auditrice, la question se pose. Elle a eu en effet une enfance terrible. Sa mère a quitté son père quand elle avait 18 mois. Plus tard, elle la confiait tous les jours, dit-elle, à des gens méchants. Et puis sa mère a rencontré un nouveau compagnon qui passait son temps à rabaisser l'enfant qu'elle était et à la frapper. Sa mère ne la défendait pas et disait même qu'elle aurait voulu ne pas l'avoir. Et, d'ailleurs, elle s'en débarrassait dès qu'elle le pouvait en l'envoyant à droite et à gauche. Ensuite, cette mère s'est prise d'affection pour les enfants que son compagnon avait d'un premier lit. Elle a acheté une maison avec lui, et ce sont eux qui vont en hériter, notre auditrice n'aura rien. Cela fait quand même beaucoup !

Notre auditrice dit qu'elle a fait plusieurs années d'analyse et qu'elle a compris que sa mère répétait ce qu'elle avait vécu.

Oui, mais cela aussi, c'est un piège. Parce qu'il est important de savoir ce que les parents ont vécu et ce qu'ils répètent. Il est important de le savoir à condition de ne pas se servir de cette idée de répétition pour les excuser. Parce que la répétition n'est pas un déterminisme. On n'est pas obligé de faire souffrir parce que l'on a souffert. Et quand on fait souffrir un enfant, si l'on n'est pas délirant – et la mère de notre auditrice n'était pas délirante –, on sait ce que l'on fait. L'analyse sert souvent à excuser les parents. Et, vraiment, elle n'est pas faite pour cela !

Vous pensez que notre auditrice excuse sa mère ?

En tout cas, elle semble continuer à croire que cette mère pourrait changer. Et elle continue à attendre ce changement. Alors qu'il est clair que cette mère n'a aucune envie de changer, parce qu'elle est très contente comme cela. Et, continuant d'attendre un amour qui ne viendra pas, notre auditrice n'arrive même pas à éprouver une colère qui serait légitime étant donné le mal qui lui a été fait. Je crois que cela mériterait vraiment qu'elle y réfléchisse.

BAISER SUR LE SEXE

Lucie a un fils de 11 mois et nous confie le choc qu'elle a ressenti lorsqu'elle a découvert les pratiques étonnantes de sa belle-famille, dans laquelle on embrasse le sexe de l'enfant lorsqu'il est petit. Pour éviter tout conflit, Lucie, au début, n'a rien dit. Mais, assez rapidement, elle a fait part de son indignation et de son refus. Ce qui n'empêche pas sa belle-mère de continuer. Lucie voudrait savoir ce que vous en pensez et comment s'opposer à de telles pratiques.

Je pense très clairement que cette pratique est une pratique que l'on peut dire perverse. Car c'est une pratique qui met l'autre, en l'occurrence cet enfant de 11 mois, en position d'être, dans la relation, un objet. Et un objet dont on jouit sans tenir compte de son désir. Et c'est évidemment destructeur pour lui. Et les conditions dans lesquelles cela se passe sont perverses également. Parce que les baisers sur le sexe sont présentés comme une coutume familiale. C'est un « emballage cadeau » commode, mais cela ne tient pas debout. Parce que l'on ne peut pas ériger en coutume familiale un acte qui est proscrit par la loi. Or les baisers sur le sexe sont des actes d'ordre sexuel, et la sexualité entre adultes et enfants est interdite par la loi. Et la belle-mère de cette dame le sait parfaitement, puisqu'elle dit clairement qu'elle sait bien que n'importe quel « psy » s'opposerait à cela. Et elle le dit tout en continuant à le faire, ce qui n'est pas vraiment anodin.

Notre auditrice dit que, dans sa belle-famille, ce geste est considéré comme un geste affectueux.

Si c'est simplement un geste affectueux, pourquoi est-il limité aux enfants petits ? Pourquoi est-ce que cette belle-mère n'embrasse pas sur le sexe le facteur, la boulangère ou ses amis ? En fait, c'est toujours la même chose : on s'autorise avec un enfant ce que l'on ne s'autoriserait jamais avec un adulte. Et c'est toujours sous couvert de naturel, d'innocence, de plaisanterie ou d'affection. Un baiser sur le sexe d'un enfant est une violence, parce que, le sexe étant une zone érogène, il provoque chez l'enfant des sensations violentes qui lui sont imposées de l'extérieur et qu'il ne peut pas « gérer ». On retrouve cette souffrance dans de très nombreuses thérapies d'enfants.

Que peut faire la maman de cet enfant ?

Je crois d'abord qu'il faut qu'elle se rende compte que le discours sur le geste affectueux, la coutume familiale, etc., est en fait un discours mensonger et manipulateur. Il faut que son mari et elle posent un interdit très ferme. Et qu'ils parlent à leur enfant pour lui expliquer ce qui se passe et lui dire que, désormais, ils vont le protéger. Et je crois qu'ils ne devraient plus le confier à la belle-famille quand ils ne sont pas là. Un enfant de 11 mois ne peut pas se défendre. On ne peut donc pas le livrer à des gens qui n'ont aucun repère et qui risquent de faire n'importe quoi avec lui.

JE NE PEUX PAS OFFRIR À MES ENFANTS LES MÊMES VACANCES QUE LEUR PÈRE

Alice, divorcée, a des enfants de 8 et 10 ans. Ils vont passer la moitié des vacances avec leur père en Australie, et on imagine leur enthousiasme. Alice nous écrit qu'elle est beaucoup moins fortunée et qu'elle ne pourra, elle, que leur offrir quinze jours en Bretagne chez leurs grands-parents. Évidemment, les enfants font des comparaisons, et Alice en souffre beaucoup.

Notre auditrice dit que ses enfants font « évidemment » des comparaisons. Or cela ne me paraît pas du tout aussi évident qu'elle le dit.

Pourquoi donc ?

Parce que ces comparaisons sont le signe que ces enfants ont besoin qu'on leur explique un certain nombre de choses. En premier lieu, que l'amour des parents et la qualité de cet amour ne peuvent pas se mesurer en prenant pour critère ce qu'ils offrent comme cadeaux ou comme vacances. On peut ne pas aimer ses enfants, ne pas se soucier de les éduquer, ne pas se préoccuper du tout de leur avenir, et cependant leur faire des cadeaux somptueux parce qu'on en a les moyens. Et que, de cette façon, on s'achète une bonne conscience ou ce qu'on croit être une bonne image de parent. Je ne dis évidemment pas que l'ex-mari de notre auditrice n'aime pas ses enfants, je dis juste que les vacances de rêve ne sont pas un critère. Et qu'il faut que les enfants le comprennent.

Vous voulez dire qu'il s'agit pour les enfants de remettre l'argent à sa place ?

C'est tout à fait cela. À sa place par rapport à l'amour parental. Mais à sa place aussi par rapport à la valeur intrinsèque des gens. Il faut que les enfants comprennent comment fonctionne notre société. Aujourd'hui, des milliers de gens, jeunes et moins jeunes, qui ne manquent ni d'intelligence, ni de compétences, ni même de diplômes, manquent d'argent. Parce qu'ils sont sous-payés. Ou, pire encore, sans travail. Il faut que les enfants comprennent que l'argent n'est pas une valeur en soi. Et qu'il dépend du monde dans lequel nous fonctionnons. Et que ce monde n'est pas un monde de Bisounours.

Il faudrait donc que notre auditrice explique tout cela à ses enfants ?

Bien sûr. Mais il faudrait surtout qu'elle sorte de sa culpabilité. Offrir des voyages à ses enfants quand on peut le faire, c'est formidable. Mais, quand on n'a pas les moyens de partir, leur faire découvrir le monde par des livres ou des DVD, c'est formidable aussi. Et ce qui est plus formidable encore que les voyages de rêve, c'est de leur apprendre à rêver même en restant dans leur chambre. Parce que, contrairement aux voyages, qui ont forcément une fin, cette capacité-là est une capacité qu'ils garderont toute leur vie.

SACRIFIER SA VIE À SES PARENTS ?

Depuis deux ans, la femme de Jean-Pierre ne veut plus partir en vacances. Jean-Pierre nous explique que, depuis deux ans, son beau-père a de gros ennuis de santé. Mais faut-il pour autant s'interdire toutes vacances ? Jean-Pierre et sa femme finissent par se disputer, et il craint pour leur couple. Pourquoi la femme de Jean-Pierre agit-elle ainsi ?

Je ne sais évidemment pas pourquoi la femme de notre auditeur réagit de cette façon, parce que je ne l'ai pas écoutée. Mais on peut faire des hypothèses.

Quel type d'hypothèses ?

Notre auditeur dit que le père de sa femme est malade depuis deux ans. Ce monsieur n'est donc pas dans la situation d'un homme en fin de vie, dont la mort pourrait être imminente, ce qui justifierait de ne pas s'éloigner. Il est donc probable que la femme de notre auditeur est habitée par une angoisse et peut-être même une culpabilité qui ne sont pas liées à la réalité, mais qui renvoient probablement à la nature de la relation qui l'unit depuis toujours à ses parents. Et je dis bien : à ses parents. Parce qu'il n'est question là que de son père. Alors que, si elle se sent obligée de rester au chevet de ce père, c'est sans doute aussi parce que sa mère n'intervient pas.

Quand vous parlez de nature de la relation, que voulez-vous dire exactement ?

C'est toujours la même chose. Ou bien les parents ont conscience que l'amour pour leurs enfants suppose qu'ils ne les gardent pas pour eux, mais qu'au contraire ils les aident à s'éloigner d'eux, à partir vivre leur vie. Ou bien ils n'en ont pas conscience, et cela donne des situations où l'enfant se sent en dette toute sa vie (« avec tout ce qu'ils ont fait pour moi... ») et essaie de rembourser cette dette à ses parents en leur sacrifiant sa vie. Et, quand c'est le cas, c'est évidemment encore plus prégnant lorsque les parents vieillissent. Alors qu'il est dans l'ordre des choses que les enfants soient dans la force de l'âge quand leurs parents déclinent.

Que peut faire notre auditeur ?

Je crois qu'il faudrait d'abord qu'il réfléchisse à ce qu'il sait dc l'histoire de sa femme et des relations à ses parents. Cela l'aiderait certainement à comprendre ses réactions. Et je crois qu'il faudrait qu'il essaie de lui parler en situant les choses au bon niveau et en lui demandant d'y réfléchir pour qu'elle comprenne bien que l'on n'est pas dans le registre de la simple scène de ménage, mais dans celui d'une réflexion sérieuse sur sa vie à elle, aussi bien que sur celle de leur couple.

PREMIÈRES VACANCES
EN FAMILLE RECOMPOSÉE

Charlotte a deux enfants de 8 et 10 ans. Elle vit depuis un an et demi avec un homme qui lui aussi a des enfants, mais de 12 et 14 ans. Pour la première fois, ils vont partir tous ensemble en vacances. Charlotte craint une réaction négative de ses enfants et nous écrit qu'elle ne sait pas comment les préparer. Elle craint aussi qu'en définitive son compagnon ne supporte pas cette ambiance.

Cette question de notre auditrice me semble compliquée, parce qu'il y a un certain nombre de paramètres qui ne me semblent pas très clairs.

Lesquels, par exemple ?

D'abord, la position du compagnon de notre auditrice. Organiser des vacances comme celles qu'elle projette suppose que, dans le couple, on soit d'accord pour les mettre en place. Parce qu'il faut pouvoir faire face ensemble aux difficultés éventuelles. Et puis parce que, si les enfants sentent des dissensions (et, quand il y en a, ils les sentent toujours), la première chose qu'ils vont faire, c'est d'en jouer. C'est de bonne guerre.

Soit. Mais par rapport aux enfants ?

Les enfants, il faut les écouter et se soucier de leur bien-être. Mais il faut les laisser à leur place d'enfants. Ce ne sont pas les enfants qui décident du lieu où la famille va passer ses vacances. Ni des gens avec lesquels elle va les passer. Notre auditrice a un nouveau compagnon, c'est sa vie d'adulte. Et cela non plus, ses enfants n'en décident pas. Donc, on explique les vacances aux enfants, on en parle. Mais il n'est pas question qu'ils refusent de partir. D'autant que, quand les enfants manifestent ce genre de refus, c'est en général soit parce qu'ils ont le désir inconscient de régenter la vie de leurs parents, soit parce qu'ils pensent, de cette façon, protéger l'ancien conjoint.

Mais il faut préparer les enfants ?

Bien sûr ! Il faut que les enfants se soient déjà rencontrés. Il faut qu'ils aient déjà passé du temps ensemble. Il ne s'agit pas de partir une ou deux semaines ensemble sans s'être jamais rencontrés. Mais, une fois que les enfants de l'un connaissent ceux de l'autre, on ne peut pas faire dépendre les vacances de la sympathie qu'ils vont éprouver ou non les uns pour les autres. Parce que, de toute façon, les relations ne peuvent pas se créer du jour au lendemain. Il faut toujours du temps. Et puis, s'ils ne s'apprécient pas vraiment, ils peuvent de toute façon passer l'essentiel du temps avec leurs fratries respectives.

NE PAS VOIR ASSEZ SES ENFANTS
PENDANT LES VACANCES

Lætitia part ce mois-ci, en famille, dans un club de vacances. Ses enfants de 10 et 14 ans sont ravis, ils vont aller au club enfants. Le mari de Lætitia trouve cela très bien. Elle, beaucoup moins. Elle nous explique qu'elle travaille toute l'année, voit donc assez peu ses enfants, et que ce sera finalement pareil pendant les vacances. Alors, que penser de tout cela ?

Je crois que le message de notre auditrice montre une fois de plus que la vie de parent est vraiment une vie difficile.

Vous pensez que les craintes de notre auditrice sont légitimes ?

Mais bien sûr qu'elles sont légitimes. Quand on aime quelqu'un, on a envie d'être avec lui (ou elle) le plus souvent possible. Donc, il est parfaitement normal que notre auditrice ait envie d'être avec ses enfants. Le problème, c'est qu'être père ou mère et aimer ses enfants, c'est faire en sorte qu'ils se construisent le mieux possible, ce qui suppose qu'ils apprennent à se séparer, de plus en plus, de leurs parents pour devenir de plus en plus des êtres autonomes, capables, sur tous les plans, de vivre sans eux. Donc, aimer ses enfants, c'est supporter qu'ils aillent aimer ailleurs, des choses, des gens, etc. C'est terriblement difficile à accepter pour tous les parents. Et on ne le dit pas assez.

Si je comprends bien, notre auditrice doit se résoudre à ne pas voir ses enfants de toutes les vacances ?

Mais il ne s'agit pas de cela ! La vie de parent est difficile, c'est vrai, mais il n'y a pas lieu de transformer l'aventure en calvaire. Le problème n'est pas à poser en termes de tout ou rien. On peut négocier. Il peut y avoir des temps où les enfants sont avec leurs copains, font des activités, etc. Et d'autres temps où ils peuvent partager des choses avec leurs parents, des visites, des excursions par exemple.

Mais notre auditrice sera quand même souvent sans eux.

C'est vrai. Elle sera sans eux, mais elle sera avec son mari. Et la plage en amoureux peut quand même avoir quelques avantages ! Et elle pourra aussi, tout comme ses enfants, se faire des amis dans le club. À condition bien sûr qu'elle en ait envie. Et c'est peut-être là qu'est le problème. Parce que, pour supporter que ses enfants vivent leur vie, il faut avoir une vie à soi. Une vraie vie avec des gens de son âge avec qui l'on a envie d'être. Et c'est là que la boucle se boucle. Parce que, pour s'autoriser, adulte, à avoir une vie à soi, il faut avoir été autorisé, enfant, à vivre une vie d'enfant sans ses parents, avec des enfants de son âge.

ANNONCE DU DIVORCE

Emmanuelle et Philippe ont décidé de se séparer. Mais, nous écrivent-ils, ils sont obligés de continuer à vivre ensemble tant que leur maison n'est pas vendue. Ils vous demandent s'ils doivent annoncer dès maintenant à leurs jeunes enfants leur séparation, ou s'il est préférable d'attendre que leur maison soit vendue, et leur séparation effective.

Ce genre de situation est très pénible, pour les parents comme pour les enfants. Parce que, devant déjà supporter les difficultés de la séparation (c'est toujours douloureux), ils doivent supporter en plus les complications dues aux difficultés matérielles, qui sont, à notre époque, de plus en plus nombreuses.

Quel est le meilleur moment pour annoncer la séparation aux enfants ?

Je crois qu'il serait important de le faire dès maintenant. Parce que les enfants sentent forcément déjà qu'il se passe quelque chose dans le couple de leurs parents. Je le dis chaque fois, mais je peux le redire là : les enfants savent tout. Ils perçoivent toujours ce qui se passe autour d'eux. Et peuvent donc, si on ne le leur explique pas clairement, imaginer n'importe quoi. Par exemple, que c'est à cause d'eux que leurs parents se disputent. Ou d'autres choses qui seront en général beaucoup plus dramatiques que la réalité.

Mais cela ne va pas être perturbant pour eux de voir leurs parents vivre encore ensemble alors qu'ils parlent de séparation ?

Mais cela se passe en général de cette façon. Parce que les parents annoncent à l'avance leur séparation aux enfants. Ils ne se contentent pas, et heureusement, de les en prévenir la veille. Et c'est une bonne chose. Parce que ce délai entre l'annonce de la séparation et sa réalisation permet aux parents de parler avec leurs enfants. C'est-à-dire d'abord de les écouter pour essayer de comprendre ce qu'ils ont compris ou non et comment ils ressentent les choses, ce qui est très différent d'un enfant à l'autre. Et puis cela leur permet de savoir quelles questions les enfants se posent, de leur donner des explications et de veiller surtout à ce qu'ils restent à leur place d'enfants. C'est-à-dire à ce qu'ils ne se mêlent pas des querelles du couple.

On sait quand même que le divorce fait souffrir les enfants.

Il peut les faire souffrir momentanément, parce que c'est un grand changement dans leur vie. Mais il peut aussi les soulager, parce que, on l'oublie trop souvent, avoir des parents qui ne s'entendent plus peut être très angoissant pour des enfants. Et, de toute façon, l'épreuve du divorce n'est jamais destructrice pour les enfants s'ils sont accompagnés. Et, dans le cas des enfants de notre auditeur, il est évident qu'ils le sont.

ÉNURÉSIE NOCTURNE À 7 ANS

La fille de Marie-Julie a 7 ans et elle n'est toujours pas propre la nuit. Elle met encore des couches et, évidemment, cela la dérange beaucoup, notamment par rapport à ses amies. Marie-Julie vous demande comment aider sa fille sans la culpabiliser et, ajoute-t-elle, sans lui mettre la pression.

J'ai trouvé étonnante la façon dont notre auditrice pose sa question. Parce qu'elle serait légitime si sa fille avait 3 ans : « Comment l'aider sans lui mettre la pression, sans la culpabiliser, etc. ? » Mais le problème est que cette enfant n'a pas 3 ans, mais 7. Et que faire pipi au lit à 7 ans indique qu'elle a un vrai problème.

Que voulez-vous dire quand vous dites qu'elle a un vrai problème ?

Je veux dire que cette petite fille n'est pas seulement « pas très en avance » ou « un peu en retard », mais qu'elle exprime par son symptôme une difficulté sérieuse. Et ce qui me fait dire qu'elle est sérieuse, c'est que faire pipi au lit à 7 ans provoque chez un enfant une dévalorisation importante, un problème dans sa relation aux autres et une grande souffrance. Il faut donc comprendre le sens de la difficulté qu'elle exprime, et il est sûrement complexe. Pourquoi en effet cette enfant, qui, le jour, quand elle contrôle son corps, est propre comme les enfants de son âge, redevient-elle, la nuit, quand elle ne contrôle plus les choses, un bébé ? Il y a là sans doute une peur inconsciente.

Une peur inconsciente de grandir ?

C'est vraiment difficile à dire, car nous n'avons aucune indication sur cette enfant. Il peut s'agir d'une peur de grandir, soit à cause de ce qu'elle vit (elle peut avoir peur, par exemple, de dépasser un frère ou une sœur), soit à cause de ce que ses parents ont vécu. Un parent qui a vécu à un âge x un événement douloureux peut avoir peur inconsciemment que son enfant atteigne cet âge. Mais il peut s'agir aussi d'une peur inconsciente de devenir une jeune fille, une femme. C'est souvent le cas quand l'enfant, parce que certaines limites ne sont pas clairement posées, éprouve une peur inconsciente de l'inceste.

Que peut faire sa maman ?

Je crois d'abord qu'il faut qu'elle parle avec sa fille de son avenir de femme, en lui expliquant ou réexpliquant la sexualité. Ensuite, qu'elle s'occupe seule, avec elle, des histoires de couches, parce que apparemment le père s'en occupe aussi, et ce n'est pas sa place : c'est une affaire de femmes. Et puis je crois qu'il faut que ces deux parents aillent, au plus vite, consulter un professionnel avec leur fille. On ne peut pas la laisser seule aux prises avec ce symptôme. Elle est vraiment en grande souffrance.

CHACUN SA RENTRÉE

Le fils d'Agnès a 3 ans et va connaître sa première rentrée scolaire. Agnès va, elle aussi, faire sa rentrée, car elle s'était arrêtée de travailler à la naissance de son fils. Elle nous fait part de ses craintes de se séparer de son fils, mais aussi de retrouver le monde de l'entreprise, quitté il y a plus de trois ans.

Si j'ai bien compris, notre auditrice et son petit garçon vont faire tous les deux leur rentrée des classes. Je crois qu'il va falloir que le conjoint de notre auditrice se mobilise en tant que mari et en tant que père pour les aider...

Vous pensez que le petit garçon, lui, peut être angoissé par cette rentrée ?

La première rentrée à l'école peut être l'objet d'inquiétude, comme toutes les premières fois qu'un enfant est amené à vivre, parce qu'il lui faut affronter l'inconnu. Mais cela ne devrait pas aller au-delà de l'inquiétude. Et, même par rapport à cette inquiétude, on peut l'aider. En parlant avec lui, en lui expliquant comment fonctionne l'école, en discutant avec lui de ses craintes, et en l'emmenant visiter l'école pour qu'elle cesse d'être un lieu imaginaire et devienne un lieu bien réel dont on n'a pas de raison d'avoir peur.

Mais il existe tout de même des enfants qui restent angoissés par cette séparation.

Bien sûr, et il faut les aider. Parce que l'angoisse est le signe que la situation présente fait résonner des angoisses anciennes. Cette séparation de la première rentrée peut faire par exemple revivre à l'enfant des séparations qu'il a déjà vécues et qui ont été douloureuses, une naissance difficile, une hospitalisation précoce, un deuil. Mais c'est aussi très souvent lié à l'angoisse de leur père ou de leur mère, qu'ils ressentent. Voir son enfant partir à l'école quand on a soi-même de mauvais souvenirs de l'école, ou quand on a eu des parents angoissés ou vécu des séparations douloureuses, cela peut être très difficile. Et, dans ce cas, il faut aider les parents.

Et puis il y a aussi notre auditrice qui a peur de reprendre son travail.

Ses inquiétudes me semblent normales. Parce que l'entreprise était pour elle un lieu familier et que cette familiarité s'est estompée du fait de son congé. Mais je crois qu'elle va à la fois retrouver des choses qu'elle connaît et, comme son fils d'ailleurs, s'adapter à de nouvelles situations et tisser de nouvelles relations. Et tout va rentrer dans l'ordre. Parce que l'entreprise, c'est un peu comme le vélo : une fois que l'on a appris à y vivre, on n'oublie plus jamais.

ENFANT SANS REPÈRES

Le fils d'une des amies de Rachel, un enfant adopté de 12 ans, a envoyé à Rachel un texto à partir du portable de son père. Ce texto lui demandait de l'appeler immédiatement à la suite du décès de ses enfants. On imagine l'angoisse de Rachel. Or il ne s'agissait que d'une très mauvaise blague. Depuis, elle en veut énormément à ce garçon. Il fait, nous dit-elle, n'importe quoi, alors qu'il a des parents merveilleux.

J'ai trouvé très intéressante cette idée d'un enfant qui ferait n'importe quoi alors qu'il aurait des parents merveilleux...

C'est vrai, quand même, qu'il fait n'importe quoi. Envoyer un texto pareil, c'est quand même grave ?

C'est non seulement grave, mais très grave. C'est un acte prémédité, élaboré, qui consiste à jouer de façon très sadique avec l'angoisse d'un autre. Un garçon de 12 ans qui fait cela, c'est vraiment très inquiétant. Mais on ne peut pas s'en sortir en posant que cet enfant serait « mauvais » alors qu'il aurait des parents merveilleux.

Si je comprends bien, ces parents merveilleux, vous en doutez un peu ?

Les parents merveilleux, cela n'existe évidemment pas. Les psychanalystes merveilleux non plus, d'ailleurs, je vous rassure ! Mais, dans le cas dont on nous parle, les parents semblent avoir de vrais problèmes avec l'éducation de leur fils. Notre auditrice nous dit que, depuis l'âge de 10 ans, ce garçon frappe sa mère et la traite – je vous rapporte ses propos – de « pute » et de « salope ». C'est très grave ! Comment ces parents peuvent-ils le laisser faire cela ? Est-ce qu'ils entendent que leur fils est en danger ? Ce n'est pas sûr. Parce que, après le texto de leur fils, ces parents merveilleux se sont contentés d'envoyer à notre auditrice un autre texto avec pour seul texte : « Désolés. » C'est quand même un peu léger, non ?

Notre auditrice semble penser que les problèmes de ce garçon proviennent du fait qu'il a été adopté.

C'est une hypothèse que l'on retrouve souvent quand un enfant adopté a des problèmes, mais qui n'est pas juste. Parce que soit elle véhicule l'idée que l'enfant serait « mauvais » parce qu'il viendrait d'une « mauvaise » famille d'origine (comme si les qualités humaines étaient génétiques, alors qu'elles proviennent de l'éducation). Soit cette idée d'un enfant mauvais s'appuie sur l'hypothèse que l'abandon de l'enfant aurait été traumatique et qu'elle l'aurait détruit. Or un abandon peut être traumatique (certains bébés, à 3 mois, ont déjà vécu des choses dramatiques). Mais on peut, dans ce cas, prendre l'enfant en charge et l'aider, et c'est aux parents adoptifs de le faire. Et, de toute façon, plus la vie d'un enfant a été douloureuse avant son adoption, plus il a besoin ensuite d'avoir une vie avec des repères éducatifs fiables. Ce que l'enfant dont on nous parle, de toute évidence, n'a pas. Et il faudrait y remédier d'urgence.

MON FILS A PEUR D'ÊTRE SEUL

Le fils d'Anaïs a 7 ans, mais il a toujours peur d'être seul. Même, par exemple, pour se doucher ou se brosser les dents. Anaïs nous fait part de ses interrogations. Ainsi, elle se demande si cette peur d'être seul ne serait pas due au fait qu'elle-même ressentait cette peur pour son fils, au point de souhaiter un second enfant, qu'elle a eu et qui a maintenant 5 ans. Qu'en pensez-vous ?

J'ai trouvé ce message très intéressant, parce qu'il montre la façon dont des parents peuvent interpréter les problèmes de leurs enfants à la lueur de leurs problèmes à eux, sans tenir compte de la réalité de l'enfant.

Vous pensez que ce n'est pas parce que cette mère a eu peur que son fils soit seul qu'il a peur aujourd'hui d'être, justement, seul ?

Je n'en sais rien. Parce que je n'ai écouté ni cette mère, ni son fils, ni le père, dont on ne nous dit d'ailleurs pas un seul mot. Mais je trouve la formulation de cette maman très étrange. Elle a eu, apparemment, peur que son premier fils soit seul. Pourquoi ? Est-ce qu'elle avait souffert elle-même, quand elle était enfant, de la solitude ? Elle a eu si peur qu'elle a voulu un second enfant, et elle parle de cette décision comme si elle l'avait prise absolument seule. Et elle semble aujourd'hui s'accuser d'avoir eu cette peur de la solitude pour son fils, peur dont elle pense qu'elle a provoqué sa peur à lui. C'est vraiment très étrange.

À quoi peut être due la peur d'un enfant d'être tout seul ?

À mille choses. Mais je ne suis pas sûre qu'il s'agisse chez ce garçon d'une peur d'être seul. Les exemples que sa mère nous donne concernent en effet tous, curieusement, la salle de bains : par exemple, il ne veut pas se doucher tout seul. Il peut donc s'agir d'un garçon qui veut continuer à avoir avec sa mère une proximité physique qui, à 7 ans, n'est vraiment plus de mise. Et, si c'est le cas, il aurait besoin que sa mère refuse. Et que son père intervienne en lui expliquant sa place de fils. Mais, évidemment, comme cette maman interprète les choses en fonction de ses problèmes à elle, elle ne peut pas le faire.

Elle demande ce qu'elle peut faire pour aider son fils.

Je crois qu'il faudrait que le père et elle comprennent vraiment ce qui se passe. Et une consultation pourrait être utile. Pour les peurs de ce garçon, mais aussi pour les problèmes de son frère, dont la présence est supposée générer de la peur chez l'aîné. Cela doit être très lourd pour ce deuxième enfant.

LÂCHER SON ENFANT, MÊME À 33 ANS

Marie-Sylvie et Julien ont un fils unique de 33 ans. C'est, nous disent-ils, un garçon sérieux, focalisé essentiellement sur son travail. Mais comptant peu d'amis. Or il vit avec une jeune femme qui, elle, a beaucoup d'amis et aime beaucoup faire la fête. Ses parents nous précisent que leur fils n'arrive pas à la suivre, et qu'il se déprécie. Ils en arrivent même à penser que cette relation ne lui convient pas. Qu'en dites-vous ?

Eh bien, je ne vais sûrement pas faire plaisir à nos auditeurs, mais, vraiment, la seule chose que je puisse leur dire, c'est que tout cela ne les regarde pas.

Ces parents voient leur fils malheureux, on peut quand même comprendre qu'ils veuillent l'aider ?

Oui, mais leur fils a 33 ans ! Il est donc majeur depuis longtemps, et il s'agit, de plus, de sa vie sentimentale et sexuelle. Ce n'est pas à ses parents de l'aider, parce que ce n'est pas aux parents de décider qui leur fils ou leur fille doivent mettre dans leur lit. En outre, il faut toujours, quand on est parent, se méfier des bons sentiments : sous couvert de rendre service à son enfant, en effet, c'est souvent à soi-même que l'on rend service. Parce que vouloir aider un enfant à l'âge où il est devenu assez grand pour s'aider lui-même, c'est pour les parents une façon de ne pas le lâcher. Et cela leur donne un prétexte pour ne pas s'occuper de leur propre vie.

Mais ils disent que leur fils souffre.

Cela semble évident qu'il souffre. Mais il faudrait se demander pourquoi. Aujourd'hui, ce jeune homme se reproche, disent-ils, d'être trop solitaire, trop triste, et d'avoir eu une adolescence trop sage. Et ce malheureux se reproche tout cela comme s'il pensait que c'est sa nature et que, donc, sa nature est mauvaise. Alors que c'est manifestement le produit de son éducation. Nos auditeurs nous disent que, quand il était petit, à l'école, il ne s'occupait que de la scolarité et n'avait pas de copains. Un enfant ne devient pas comme cela tout seul. Pour aller vers l'extérieur, un enfant doit se sentir autorisé à y aller. Si nos auditeurs n'arrivent pas à lâcher leur fils alors qu'il a 33 ans, on peut imaginer ce qu'a été leur attitude quand il avait 10 ans !

Les parents disent que leur fils a été séduit par sa compagne justement parce qu'elle faisait la fête.

Mais certainement ! Quand il l'a vue, il a dû voir la vie arriver et il a voulu se jeter dans cette vie. Seulement, de toute évidence, la vie, il n'y a pas droit. Alors il est allé parler à ses parents en attendant sans doute, inconsciemment, qu'ils lui donnent l'autorisation de vivre. Et, au lieu de cela, ses parents rejettent sa compagne (comme peut-être ils rejetaient ses copains quand il était petit). Je crois qu'il serait vraiment temps que nos auditeurs s'interrogent sur la relation qu'ils ont eue et qu'ils ont avec leur fils. C'est la seule chose qui puisse l'aider.

DIFFICULTÉS À QUITTER SA GRAND-MÈRE

Mireille est grand-mère. L'une de ses petites-filles de 4 ans semble, nous dit-elle, ne pas aimer ses parents. Par exemple, elle pleure quand sa grand-mère s'en va, et elle dit vouloir rester avec elle. Il est vrai que ses parents sont très occupés. Mais, nous précise Mireille, ils couvrent leurs enfants de cadeaux. Mireille voudrait savoir comment réagir.

Je crois qu'il faudrait, pour savoir comment réagir, savoir ce qu'exprime cette enfant par son comportement. Notre auditrice nous dit qu'elle n'aime pas ses parents : cela me semble un peu rapide.

Mais elle ne veut jamais quitter sa grand-mère.

C'est vrai. Mais cela ne veut pas dire qu'elle n'aime pas ses parents. Elle peut avoir du mal avec les séparations : il y a des enfants (et même des adultes) pour qui quitter quelqu'un, même une journée, est un drame. Cela renvoie toujours à des choses qu'ils ont vécues, et il faut comprendre lesquelles. Et puis elle peut penser aussi que sa grand-mère a besoin d'une relation exclusive avec elle, qu'elle ne peut l'aimer que si elle, la petite fille, n'aime personne d'autre. Et elle peut penser cela même si ce n'est pas vrai.

Elle semble aussi avoir du mal à retourner chez ses parents.

C'est l'interprétation de sa grand-mère. Mais il faut remarquer que cette enfant dit qu'elle veut rester chez sa grand-mère en sachant pertinemment qu'on ne le lui permettrait pas. Et on ne sait pas ce qu'elle dirait si on lui proposait de vivre tout le temps avec elle. Mais, s'il s'avère qu'elle ne veut pas retourner chez ses parents, il faudrait comprendre pourquoi. Qu'est-ce qui n'irait pas pour elle là-bas ? La grand-mère dit qu'ils sont très occupés, elle peut donc souffrir de leur absence. Mais elle dit aussi qu'ils couvrent leurs enfants de cadeaux. Cela peut signifier qu'ils se sentent coupables de leur absence et essaient de compenser. Ou que, étant donné leur propre enfance, ils pensent que des cadeaux peuvent remplacer leur présence. Mais, dans tous les cas, cela peut être lourd pour leurs enfants.

Alors, précision supplémentaire, cette petite fille a deux frères.

Elle est donc la seule fille, cela peut être difficile pour elle. Et puis elle est la deuxième, elle peut donc avoir eu du mal à supporter la naissance du troisième et se sentir exclue. Ou avoir du mal à n'avoir ni les privilèges d'un aîné ni ceux d'un petit. Je crois qu'il faudrait que notre auditrice parle avec cette petite fille pour comprendre ce qui se passe. Et lui propose éventuellement d'en parler avec elle et ses parents.

PEUR DES SOLS BRILLANTS

Julien a un neveu de 3 ans et demi dont il est très proche. Et il nous dit que ce petit garçon a peur des grands espaces, notamment – et c'est assez inattendu – lorsque le sol est brillant. Il veut qu'on vienne le chercher, qu'on le prenne par la main pour avancer. En fait, il est pris d'une peur panique. Julien vous demande s'il s'agit d'une phobie répertoriée et si vous pouvez lui en donner le sens.

Je crois que le problème n'est pas de savoir si cette phobie – si tant est qu'il s'agisse d'une phobie – est répertoriée ou non. Le problème est de savoir comment débarrasser ce petit garçon d'une peur qui doit être horrible pour lui.

Notre auditeur dit qu'il est paniqué dès que le sol brille, comme dans les supermarchés, par exemple.

Je crois que la première chose à faire serait d'en parler au pédiatre de cet enfant ou au médecin traitant pour qu'il puisse faire vérifier sa vue. Car il peut avoir des problèmes de vision qui modifient à certains moments sa perception de l'espace.

Mais le problème peut être aussi d'origine psychologique ?

Bien sûr. Mais il faut toujours, avant d'envisager des hypothèses psychologiques, vérifier la réalité du corps. S'agissant de causes psychologiques éventuelles, il faudrait d'abord savoir si ce petit garçon a ce genre de paniques avec tout le monde ou s'il les a seulement avec son oncle. Parce que cela peut être une façon pour lui d'exprimer une difficulté dans leur relation. S'il a la même peur avec tout le monde, il faut se demander ce qu'elle signifie. Cet enfant peut avoir un sentiment global d'insécurité qui peut s'accroître quand les repères sensoriels extérieurs changent, parce qu'il se sent alors perdu. Le sol brillant peut également être associé pour lui à un événement de sa vie. Certains enfants, par exemple, ont peur de certaines lumières ; et, en travaillant avec eux, on se rend compte qu'ils ont, lorsqu'ils étaient plus jeunes, ou même bébés, subi une opération, et que ces lumières qui les effraient ressemblent à celles d'un bloc opératoire. Sa peur peut être associée aussi à une angoisse de l'un de ses parents, ou à un événement de l'histoire familiale qu'il connaît inconsciemment, mais qui ne lui a pas été expliqué. Il peut vraiment y avoir beaucoup d'hypothèses.

Que peut-on faire pour aider ce petit garçon ?

Je crois qu'il faudrait que ses parents aillent consulter avec lui. On ne peut pas laisser un enfant en proie à une telle souffrance.

COMMENT DEVIENT-ON IMPOSTEUR ?

Nous avons tous en mémoire cette étonnante histoire de ce faux spécialiste aéronautique. Il était parvenu à se faire embaucher comme directeur de l'aéroport de Limoges[1]. Le mois dernier, il a été condamné à un an de prison ferme. Vous avez été plusieurs à nous écrire pour vous étonner de ces personnages qui se font passer pour ce qu'ils ne sont pas. Une attitude quelque peu mystérieuse...

Ce sont des cas qui fascinent toujours, parce qu'ils posent en fait la question de la façon dont un être humain peut accepter la réalité.

Que voulez-vous dire ?

Tous les êtres humains doivent apprendre dès leur enfance que la réalité ne correspond pas toujours – loin s'en faut – à ce qu'ils souhaiteraient. D'une part parce qu'elle a des limites face auxquelles on est impuissant : je ne peux pas voler comme un oiseau ou être le premier partout, tout le temps, etc. Et d'autre part parce qu'il existe des lois. On peut avoir tous les désirs, mais on ne peut pas tous les réaliser : on ne peut pas épouser ses parents, faire disparaître ses ennemis, etc. C'est interdit.

Comment un enfant en arrive-t-il à accepter cela ?

Il ne peut y arriver que si ses parents l'aident. Mais – il est très important de le comprendre – ses parents ne peuvent

---

[1]. En novembre 2011, Jean-Philippe Gaillard a réussi à se faire embaucher comme directeur de l'aéroport de Limoges en produisant de faux états de service et un faux diplôme en aéronautique. Il a été confondu trois mois plus tard. Il avait déjà été condamné pour des faits d'escroquerie et d'abus de confiance.

l'aider que s'ils sont eux-mêmes au clair avec ce problème. Ce qui n'est pas toujours le cas. Et aider l'enfant, cela veut dire, en l'occurrence, lui permettre de faire la différence entre ce qui est vrai « pour de vrai », la réalité, et ce qui est vrai seulement « dans la tête », c'est-à-dire son imaginaire. Imaginaire qui a un intérêt, car ce que l'on ne peut pas faire « en vrai », on peut en faire, par exemple, des jeux : « On dirait qu'on serait des cow-boys. » Et plus tard – pourquoi pas ? – des œuvres de fiction.

Et les hommes comme notre directeur d'aéroport ?

Il semble être passé directement du « On dirait que je serais directeur d'aéroport » à « Je suis directeur d'aéroport ». En mélangeant le rêve et la réalité et en manipulant tout le monde.

Et il croyait à ce qu'il racontait ?

Il faudrait l'avoir écouté pour répondre. Ce que l'on peut dire, c'est que, s'il y avait cru complètement, il aurait été délirant. Or il ne l'était pas. Et que, s'il n'y avait pas cru du tout, il n'aurait sans doute pas imposé aussi bien sa fiction aux autres. On est donc sûrement entre les deux : il y croyait, et en même temps il n'y croyait pas. Il était sans doute comme coupé en deux, clivé. Et l'on peut, à cet égard, rappeler que Freud évoque ce type de clivage à propos d'un autre problème : le fétichisme. Il dit que certains petits garçons, quand ils découvrent le sexe des femmes, ne peuvent pas du tout supporter que, dépourvu de pénis, il ne soit pas comme le leur. Cela leur est insupportable. Mais, en même temps, ils ne peuvent pas non plus continuer à voir sur ce sexe un organe (ce pénis que Freud nomme, là, « phallus ») qui n'y est pas, parce que ce serait du délire. Alors ils se coupent en deux : une partie d'eux admet le manque de pénis, l'autre le refuse. Et, du fait de ce clivage, ces petits garçons auront, devenus grands, besoin que la femme porte, dans les rapports sexuels, quelque chose qui pour eux évoquera ce phallus : c'est le fétiche. On peut penser que ce processus psychique que Freud nomme le « clivage du moi » pourrait s'appliquer dans d'autres domaines que la sexualité.

COMMENT UN ENFANT DEVIENT-IL AGRESSIF ?

Julien a un fils de 6 ans. Il souhaiterait lui faire faire du judo. Autour de lui, beaucoup de ses amis, en voyant le dynamisme et l'énergie de son petit garçon, le lui conseillent. Mais le père de Julien lui dit que ce n'est pas une bonne idée, qu'un sport de combat comme le judo va rendre son petit-fils agressif à l'école. Qu'en pensez-vous ?

C'est une opinion que je ne partage pas du tout. Ce n'est pas en faisant du judo qu'un petit garçon peut devenir agressif. Au contraire.

Comment un petit garçon peut-il devenir agressif ?

Il le devient en général parce qu'il est élevé dans la violence. Il peut s'agir d'une violence physique entre ses parents ou envers lui, ou envers un membre de sa fratrie. Ou d'une violence morale : voir ses parents s'injurier, ou être soi-même harcelé ou dévalorisé par eux, est une violence. Mais un enfant peut aussi devenir violent du fait d'un manque d'éducation. Un enfant petit est naturellement agressif. Parce qu'il ne tient compte que de ses envies et en aucun cas de l'existence des autres. Si un autre enfant le gêne ou possède un objet qu'il convoite, il l'agresse. Il faut donc que ses parents lui parlent pour lui expliquer qu'une telle conduite est interdite pour tout le monde, adultes comme enfants. Il faut qu'ils lui imposent de respecter cet interdit. Et qu'ils le punissent s'il le transgresse. Cela permet à l'enfant de contrôler peu à peu son agressivité et d'apprendre à s'exprimer par la parole au lieu de le faire par les coups.

Le judo ne peut donc pas rendre agressif ?

Mais non, au contraire ! Parce que le judo, comme tous les sports de combat, est régi par des règles qui sont aussi importantes que les techniques de lutte. On n'apprend pas, dans un cours de judo, la meilleure façon de casser la figure à ses copains. On apprend à canaliser son énergie pour la transformer en une force que l'on emploiera dans certains cas et pas dans d'autres. C'est formidable !

Pourquoi pensez-vous que le grand-père de cet enfant s'y oppose ?

Je ne le sais pas, parce que je ne l'ai pas écouté. Mais ce qui est clair, c'est que ce monsieur s'occupe quand même de ce qui ne le regarde pas. Son fils, notre auditeur, me semble assez grand pour savoir ce qu'il doit faire avec son petit garçon. Il a passé l'âge que son papa décide pour lui, surtout quand il s'agit de son enfant.

ALLER SUR LES TOMBES

Jeudi prochain, c'est la Toussaint. Nombreux sont ceux qui iront se recueillir sur la tombe de leurs proches. C'est en tout cas ce que souhaitent faire Julie et Jérôme en compagnie de leurs trois enfants de 11, 13 et 16 ans. Ils nous ont écrit que, catholiques mais non pratiquants, ils tiennent beaucoup à ce recueillement. Mais leurs enfants refusent de les accompagner, en leur disant que cela ne sert à rien. Julie et Jérôme se demandent s'ils doivent les obliger à venir avec eux.

Je crois qu'« obliger » au sens d'imposer sans explications, à propos d'un tel sujet, n'a pas de sens. Je crois qu'il faut parler, expliquer, susciter la discussion, et voir ensuite ce qu'il y a lieu de faire. Et il faut, je pense, s'y prendre à l'avance, car les problèmes sérieux ne se discutent pas sur le pas de la porte. Il faudrait donc que ces parents discutent avec leurs enfants un mois ou deux avant le voyage. Et qu'ils partent, pour ce faire, de ce que disent les enfants et qui me semble important : ils ne voient pas « à quoi ça sert ». Cela me semble important, parce qu'il est sûrement vrai qu'ils ne comprennent pas le sens de ce voyage.

Comment peut-on le leur faire comprendre ?

En leur faisant percevoir une dimension qu'ils ne prennent probablement pas en compte et qui est celle du symbolique, du sacré. Et quand je parle du sacré, je ne parle pas seulement du religieux. On peut considérer le respect des morts et leur mémoire comme sacrés sans croire en Dieu pour autant. Je pense qu'il faut repartir avec ces enfants de la réalité : quand quelqu'un meurt, on fait un enterrement (ou une crémation), et son corps disparaît. Si l'on en restait là, il n'y aurait pas beaucoup de différence avec ce qui se passe pour les animaux. Or ce qui différencie un animal mort d'un humain mort, c'est que, quand un être humain meurt, on peut continuer à faire vivre quelque chose de lui en se souvenant de ce qu'il était, en parlant de lui, en transmettant son souvenir. Et aller se recueillir sur les tombes a à voir avec ce souvenir.

Cela ne va pas leur sembler un peu philosophique, un peu abstrait ?

Non, et surtout pas si chacun des parents peut parler en son nom. Et dire sur quelle tombe il veut aller et ce que cela représente pour lui. Ensuite, les enfants viendront ou pas, c'est aux parents d'en décider. Mais ils ne pourront en tout cas plus dire que « ça ne sert à rien ». Et puis je crois qu'il y a une chose que l'on peut dire aussi aux enfants. C'est qu'avoir des tombes sur lesquelles se recueillir est un privilège. Un privilège que beaucoup de gens n'ont pas. Ceux dont les familles sont mortes dans les camps nazis ou dans les marais du Rwanda, par exemple. Ceux dont les proches ont été emportés par un tsunami ou ensevelis par un tremblement de terre. Donc, on va sur les tombes ou on n'y va pas, c'est le choix de chacun. Mais, qu'on le fasse ou pas, on ne peut pas dire que cela n'a pas de sens.

COMMENT VAINCRE SA PHOBIE SOCIALE ?

Dans un mail quelque peu laconique, Mathieu nous demande s'il est possible de vaincre la phobie sociale, seul, quand celle-ci crée notamment des crises de panique et des évitements de plus en plus fréquents dans la vie amoureuse. Et il ajoute, entre parenthèses : peur de la critique, du jugement de l'autre, etc. Que pouvez-vous répondre à Mathieu ?

Il est très difficile pour moi de répondre à cet auditeur, parce qu'il ne me donne comme seules informations que des dénominations très vagues. « Phobie sociale », « crises de panique », c'est-à-dire des mots un peu « valises » derrière lesquels on peut mettre beaucoup de choses. Et il ne me dit rien de lui.

Ces mots désignent quand même des choses précises.

Ce n'est pas précis du tout. Prenons le terme « phobie sociale », par exemple. Que signifie-t-il ? Que l'on a peur quand on est hors de chez soi, dans le social, dans le monde extérieur ? Admettons. Mais quand on a peur dans le monde extérieur, on a peur de quoi ? Il y a mille réponses possibles. On peut avoir peur des autres quand ils sont en groupe, parce que l'on redoute de ne pas trouver sa place dans ce groupe. Mais on peut aussi être effrayé par les relations individuelles, avoir peur du regard de l'autre, de son jugement. Cela semble être ce que dit notre auditeur. Et puis on a peur comment ? Il y a mille formes de peur, qui vont de l'inhibition, pas très grave et que l'on peut dépasser, à la terreur, qui cloue sur place.

Quel est l'intérêt d'avoir tous ces détails ?

Ce ne sont pas des détails. Un symptôme, une peur par exemple, se présente toujours comme une sorte d'entité, de masse, dont on ne peut rien dire. On ne peut que l'énoncer : « J'ai peur. » Pour que l'on puisse travailler cette masse et la comprendre, il faut la fragmenter. La démonter, pièce par pièce, et retrouver l'origine de chacune de ces pièces. Par exemple : « Quand quelqu'un me regarde, je retrouve l'air exaspéré de mon père quand je lui donnais mon carnet de notes et que je savais qu'il allait encore me faire des reproches pendant une heure. » Nous avons tous en nous des blessures d'enfance et d'adolescence. Et ce sont ces blessures que nous projetons sur le présent, sur l'avenir, sur le monde.

Notre auditeur demande si l'on peut s'en sortir seul.

Pour certaines choses, oui. Et tant mieux. Pour d'autres, il faut une aide, parce que l'on n'y arrive pas. Mais, là non plus, il n'y a pas de règle générale. Chaque situation est particulière.

MON DIVORCE PEUT-IL DÉTRUIRE MON ENFANT ?

Lætitia est mariée et mère d'une petite fille de 3 ans. Elle nous écrit qu'elle a l'impression de ne plus aimer son mari. Et voudrait se séparer de lui. Mais elle ajoute : comme j'ai lu beaucoup d'ouvrages de psychologie, j'ai peur de faire du mal à ma fille. Et elle conclut : je crains que ma fille ne connaisse jamais la grammaire de l'amour conjugal. Qu'en pensez-vous ?

Je ne sais pas s'il existe une grammaire de l'amour conjugal. Mais, si c'est le cas, et si un enfant vit avec un couple qui ne s'aime plus, ce qu'il va apprendre, c'est la grammaire de l'amour conjugal malheureux, ce qui n'est pas forcément une bonne idée.

Notre auditrice nous dit qu'elle est influencée par ses lectures : cela vous semble possible ?

Bien sûr ! D'abord parce que l'on peut trouver dans les ouvrages de « psy » tout et le contraire de tout. Mais surtout parce qu'on les lit toujours en les interprétant en fonction de ce que l'on a vécu ou de ce que l'on a dans la tête. Notre auditrice cite par exemple, parmi les ouvrages qui l'inciteraient à ne pas divorcer, les ouvrages de Françoise Dolto ou les miens. Or ni Françoise Dolto ni moi n'avons jamais dit que des parents devaient rester ensemble s'ils ne s'aimaient plus. Au contraire.

Pourquoi « au contraire » ?

Parce que des conjoints qui ne s'aiment plus et qui restent ensemble sont des adultes malheureux. Et que c'est très triste pour un enfant d'être obligé de vivre avec des adultes malheureux. En plus, dire que l'on ne divorce pas à cause de son enfant, c'est le mettre à une place qui n'est pas la sienne (il devient la cause de l'union de ses parents, alors qu'il en est la conséquence), et c'est destructeur pour lui. Et puis c'est aussi le mettre en dette pour toute sa vie. Comment un enfant peut-il, devenu adulte, s'autoriser à être heureux s'il pense que c'est à cause de lui que ses parents ne l'ont pas été ? C'est vraiment un cadeau empoisonné. Et il ne faut pas oublier que, dans cette configuration, l'enfant est en plus prisonnier d'un mensonge. Parce que ce n'est jamais à cause des enfants que l'on ne divorce pas. Ils servent d'alibis. On ne divorce pas, parce que l'on a peur d'avoir à refaire sa vie, ou parce que l'on a en soi des interdits d'être heureux qui datent de l'enfance.

Si on ne s'entend plus, on divorce ?

On divorce ou on ne divorce pas, c'est la liberté de chacun. Et c'est toujours une décision douloureuse, très difficile à prendre. Mais on ne s'abrite pas derrière la question des enfants. Le divorce n'est jamais destructeur pour les enfants si on leur parle et si on les accompagne. Et il peut même être pour eux une leçon de vie, car il leur montre que, quand ça ne marche pas dans la vie, on n'est pas condamné à l'échec. On peut changer de route et, comme on dit, « refaire sa vie ».

ON NOUS A JETÉ DES PIERRES

Mathilde et sa famille ont vécu une expérience pénible. Avec son mari et leurs deux enfants de 6 ans et 7 ans et demi, elle s'est rendue chez des amis qui habitent un quartier difficile (des voitures y avaient d'ailleurs été brûlées la veille). Au moment de quitter le quartier, nous raconte-t-elle, des adolescents d'une quinzaine d'années ont jeté des pierres sur leur voiture. Ils ont eu très peur et ont déposé plainte. Mathilde vous demande comment parler de cette agression à ses enfants. Agression qu'elle a, dit-elle, du mal à accepter.

Il me semble normal de ne pas pouvoir accepter un tel acte. Et il ne s'agit pas d'ailleurs de l'accepter. Il s'agit, notre auditrice le dit très bien, de parvenir à l'expliquer à ses enfants.

Pourquoi un tel acte est-il difficile à évoquer ?

Parce qu'un tel acte projette ceux qui le vivent dans un univers qui évoque celui d'un cauchemar : on voit tout à coup surgir une violence terrible, une violence dont on a l'impression qu'elle pourrait vous détruire. Et c'est vrai, parce qu'une pierre, cela peut tuer. Et une violence d'autant plus effrayante qu'elle est le fait de quelqu'un à qui, comme disent les enfants, « on n'a rien fait ». Donc, c'est à la fois violent et incompréhensible.

Quelles conséquences un tel acte peut-il avoir sur des enfants ?

Ils ont subi, comme leurs parents, un traumatisme, avec les conséquences que peut avoir un traumatisme : on va penser en permanence à l'événement, faire des cauchemars, se mettre à avoir des peurs que l'on n'avait pas auparavant, etc. Donc, la première chose à faire, c'est d'aider ces enfants à parler de ce qu'ils ont vécu. En commençant peut-être par parler soi-même. Le père et la mère peuvent commencer à raconter ce qu'ils ont éprouvé, eux, sur le coup, quand ça s'est passé. Et puis ce qui s'est passé en eux ensuite. Il faut qu'ils puissent partager ce qu'ils ont ressenti.

Et j'imagine qu'il faut expliquer la situation aux enfants ?

Bien sûr. L'agression que cette famille a subie est le produit d'une situation sociale. Ces jeunes agresseurs, qui ont des conditions de vie difficiles, ont eu sans doute l'impression que cette famille en voiture représentait l'injustice : une aisance à laquelle eux n'ont pas droit. Et comme leur famille, et l'école, ne leur ont pas donné les outils suffisants pour réfléchir à leur situation et se rendre compte que la violence individuelle n'est pas la bonne solution, ils s'y livrent et multiplient les actes violents. Des enfants peuvent tout à fait comprendre cela. Ce sont des explications qui permettent de donner du sens à des actes qui paraissaient insensés. Et le sens, c'est vraiment quelque chose qui rassure.

JEUX SEXUELS ENTRE ENFANTS

Claire et son mari ont surpris une scène qui les a choqués. Une scène qu'ils n'auraient jamais pu imaginer : leur fils de 5 ans et demi, sa sœur de 7 ans et une petite voisine de 8 ans en train de se livrer à des jeux sexuels. Et, en plus, leur jeune fils prenait une photo de la petite voisine dénudée avec l'iPad de sa sœur. Les parents nous disent qu'ils se sentent démunis et ne savent pas comment réagir.

Il est toujours difficile pour les adultes de se confronter aux jeux sexuels des enfants. Et c'est encore plus difficile pour les parents quand il s'agit de leurs propres enfants.

Pourquoi est-ce si difficile ?

C'est difficile, parce que cela renvoie les adultes aux souvenirs – conscients et inconscients – qu'ils ont des jeux sexuels de leur propre enfance. Et à la façon dont, généralement, on les a fait, à ce propos, se sentir coupables. Leurs réactions donnent très souvent à penser qu'ils avaient sans doute, sans le savoir, projeté sur leurs enfants une sorte d'« idéal d'innocence » (qu'on leur avait sûrement opposé à eux-mêmes autrefois) et qu'ils ont eu l'impression, en découvrant ces jeux sexuels, que cet idéal s'écroulait.

Faut-il accepter les jeux sexuels des enfants ?

L'envie des enfants d'avoir des jeux sexuels est normale. Mais, pour que ces jeux ne soient pas destructeurs, il faut qu'un certain nombre de règles soient respectées. Et on peut en citer quatre, qui sont vraiment très importantes. Il faut que les enfants soient, tous, consentants. Il faut qu'ils aient le même âge (sinon, l'un peut avoir un ascendant sur l'autre). Il faut qu'ils ne soient pas de la même famille, sinon c'est incestueux. Et il faut que ces jeux ne se passent pas en public, car, chez les humains, la sexualité est du domaine de la vie privée. Il faut donc que, le plus tôt possible, les enfants soient informés de la sexualité. Et qu'ils soient informés en même temps de l'interdit de l'inceste, de l'interdit de la sexualité entre adultes et enfants. Et de ces règles qui régissent les jeux sexuels.

En définitive, les jeux des enfants dont nos auditeurs nous parlent, ça va ou ça ne va pas ?

Ça ne va pas ! Ils sont d'âges différents : 5 ans-8 ans, c'est une énorme différence. Il y a un frère et une sœur, c'est interdit. Ils sont trois, donc les deux filles plus grandes peuvent très bien avoir entraîné le garçon plus jeune. Et puis, enfin, il y a la photo : le sexe fait partie de l'intimité de chacun, on ne prend pas de photos, d'autant que, on le sait, elles peuvent circuler. Il en va de la dignité de la personne. Donc, il ne s'agit pas de culpabiliser ces enfants par rapport à leur désir de jeux sexuels. Il s'agit de leur en apprendre les règles. Et de bien leur signifier qu'ils doivent les respecter.

GRANDS-PARENTS MALTRAITANTS

Géraldine a un fils de 10 ans, et ses grands-parents paternels mettent une « pression insensée » sur lui à propos de sa scolarité. Ils lui répètent en permanence, nous écrit-elle, que, s'il ne travaille pas, il sera un « bon à rien ». Le fils de Géraldine est devenu triste, renfermé, et terrorisé à l'idée d'avoir une mauvaise note. Elle et son mari ne savent pas comment réagir.

C'est une histoire terrifiante. Ce petit garçon est véritablement maltraité par ses grands-parents, et il faut absolument arrêter cela au plus vite.

Vous parlez de maltraitance, c'est très fort.

C'est très fort, mais c'est justifié ! Ce petit garçon de 10 ans est livré à des grands-parents pathogènes qui usurpent la place de ses parents pour diriger sa scolarité, comme si ses parents n'en étaient pas capables. Ils dévalorisent donc ses parents, ce qui est très grave pour lui. En outre, ils essaient de le dresser, comme s'il était un animal de concours, en le frappant, non pas avec une cravache, c'est vrai, mais avec des humiliations et des reproches incessants. Ils sont donc en train de détruire l'image qu'il a de lui-même, ce qui est là aussi très grave et peut avoir des conséquences très graves, parce que, évidemment, ce petit garçon les croit. Et c'est un cercle vicieux. Parce que, à l'école, comme il est terrorisé, il ne travaille sûrement pas comme il le faudrait et se retrouve avec des résultats qui validant l'opinion de ses grands-parents. Et la boucle est bouclée.

Pourquoi ces grands-parents font-ils cela ? Et s'en rendent-ils compte ?

Qu'ils se rendent compte de la souffrance de cet enfant, c'est une évidence. Parce que, lorsqu'on humilie un enfant, il suffit de voir sa tête et son malheur pour comprendre qu'on le fait souffrir. Si l'on décide de continuer, c'est en connaissance de cause. Pourquoi font-ils cela ? Cela tient certainement à leur histoire, et c'est sûrement compliqué. Parce qu'ils n'humilient pas seulement ce petit garçon. Ils humilient aussi sa mère, notre auditrice, à qui ils font bien sentir, dit-elle, qu'elle vient d'un milieu social qui n'est pas « assez bien » pour eux. En fait, ils désavouent les choix de leur fils. Et, par là même, ils désavouent leur fils.

Que peuvent faire ces parents, en définitive ?

Je crois qu'il faut qu'ils comprennent au plus vite ce qui se passe, qu'ils reprennent leur place et qu'ils protègent leur enfant. Ces grands-parents sont dangereux. Ils ont une attitude avec leur petit-fils que l'on peut qualifier de perverse. Et qui peut vraiment hypothéquer sa construction. Il faut que cela cesse.

FILIATION COMPLIQUÉE

Johanna a épousé Simon alors qu'elle avait déjà un fils et qu'elle était enceinte d'un second. Simon, son nouveau mari, a reconnu cet enfant, dont il n'est pas le père. Puis, nous écrivent-ils, ils ont eu ensemble un troisième fils. La question qu'ils posent concerne évidemment le deuxième enfant, qui ne connaît ni son histoire ni l'identité réelle de son père. Johanna et Simon vous demandent quand et comment lui dire la vérité.

Je crois qu'il faudrait que nos auditeurs parlent à ce petit garçon le plus tôt possible. Il a déjà 4 ans, et il a besoin de connaître son identité. Et puis il faudrait ensuite qu'ils parlent à ses deux frères pour que tout soit clair dans la famille.

Comment peuvent-ils apprendre à cet enfant son histoire ?

C'est sûrement moins difficile qu'il n'y paraît. La première chose à savoir, c'est qu'un enfant ne peut comprendre ce qu'est un géniteur que s'il est informé de la sexualité, de la différence des sexes, du rôle du père dans la conception des enfants, de la grossesse, de l'accouchement… S'il ne sait pas cela, ce qu'on lui raconte est pour lui du chinois. Il faut donc lui expliquer la sexualité. Et puis, ensuite, il faut lui dire la vérité, les faits. Sa maman a eu un premier mari. Avec lui, elle a conçu son frère aîné et lui. Mais, alors que lui était encore dans le ventre de sa maman, elle s'est fâchée avec son premier mari. Et ils se sont séparés. Elle a rencontré son second mari. Et, quand il est né, ce second mari était là. Bien qu'il ne soit pas son père de naissance, il a eu envie d'être pour lui un papa d'amour et d'éducation. Il l'a donc adopté.

Notre auditrice dit que le père géniteur de ce petit garçon voit son frère aîné, mais ne veut pas entendre parler de lui.

Il faut le lui dire. En lui expliquant bien que ce n'est pas parce qu'il est un petit garçon « pas bien » que son père de naissance ne veut pas le voir. Mais parce qu'il s'est fâché avec sa mère juste avant sa naissance. Et peut-être d'ailleurs qu'un jour les choses pourront évoluer.

Ces révélations ne vont-elles pas créer des problèmes dans la fratrie ?

Elles peuvent en créer, bien sûr. Le deuxième enfant peut se sentir jaloux de son frère aîné, qui voit leur père de naissance. L'aîné peut se sentir jaloux que son beau-père ait adopté son frère et pas lui. Et le troisième peut se sentir jaloux d'avoir une histoire moins compliquée que les deux autres. Tout est possible. Et cela veut dire que la révélation de la vérité en une seule fois ne suffira pas. Il faudra ensuite parler et reparler. Et surtout écouter et accompagner ces enfants pendant toute leur enfance et leur adolescence.

ÉCOLE ET DIVERSITÉ

Julie est enseignante en grande section de maternelle dans la banlieue parisienne. Dans sa classe, les enfants sont issus de nationalités et de religions diverses. Mais, nous dit-elle, jusqu'à présent le fait de parler de Noël en classe n'avait jamais posé de problème. Cette année, elle a ressenti une certaine tension entre des familles qui défendent la tradition de Noël et d'autres qui la contestent. Et Julie ajoute que cette tension touche évidemment les enfants.

Cette institutrice pose un problème très important, qui est la façon dont l'école peut apprendre à des enfants venus d'univers différents à vivre ensemble.

Vous pensez que l'école a vraiment un rôle à jouer par rapport à tout cela ?

Je dirais même que l'école est l'instance qui a le plus grand rôle à jouer par rapport à cela. Parce qu'elle est le lieu où tous les enfants se rencontrent. Des enfants qui viennent de familles issues de la Loire ou du Calvados peuvent rencontrer des enfants venus de pays du Maghreb, d'Afrique ou de Chine. Et c'est une très bonne chose. D'une part parce que cela leur permet de découvrir des pays, des cultures, des langues, des modes de vie différents des leurs. Mais surtout parce que cette rencontre avec l'autre et la différence se fait dans un lieu où il y a un médiateur, qui est l'enseignant.

Et le rôle de ce médiateur est important ?

Il est essentiel. Parce que les enfants, surtout les petits, quand ils se rencontrent, « se cherchent » toujours, comme on dit. Et ce dans tous les sens du mot, parce qu'ils essaient en fait de se trouver, de se rencontrer. Ils se cherchent en se faisant des câlins. Mais ils se cherchent aussi en se donnant des coups et en se disant des méchancetés. Et ces méchancetés portent en général sur les différences : « T'es petit, t'es noir, t'es gros, ta mère elle est "habillée bizarre" », etc. L'enfant s'attaque à ce qu'il ressent de différent chez l'autre. D'une part parce que la différence l'intrigue, le fascine et même, parfois, lui fait peur. Et d'autre part parce qu'en général, quand il pointe cette différence, cela fait pleurer l'autre, ce qui est quand même très rigolo. Donc, il est très important que l'enseignant soit là, reprenne ce qui a été dit et parle de tout cela.

En définitive, comment l'enseignant peut-il intervenir ?

En se servant de la culture et de la connaissance, qui sont les meilleures armes contre le racisme, la xénophobie et le rejet de l'autre. Il faut expliquer la géographie, mettre une carte du monde au fond de la classe, parler des divers pays d'où chacun vient, de la langue, de la cuisine. Et parler de l'histoire, de la culture. Il y a des contes africains magnifiques pour les enfants, on peut les raconter. Il y a dans chaque pays des monuments, des œuvres d'art : on peut regarder des photos, des DVD. Et puis il y a les différentes religions, avec leurs fêtes. On peut de façon laïque, et c'est même essentiel pour la laïcité, expliquer les différentes religions et leurs fêtes. L'école, si l'on sait s'en servir, peut vraiment être pour les enfants une fenêtre ouverte sur le monde, sur la différence et sur l'autre.

RÉVEILLON EN TEMPS DE CRISE

Depuis plusieurs années, Sarah et Thomas se retrouvent avec toute une bande de copains pour fêter le Nouvel An, soit chez l'un, soit chez l'autre des copains. Cette année, c'est chez eux que tout le monde devrait se retrouver pour le réveillon. Mais cela tombe mal, parce que c'est cette année aussi qu'ils ont des problèmes d'argent : ils sont tous les deux au chômage partiel. Ils nous disent qu'ils sont très gênés et n'osent pas en parler à leurs amis.

Je remercie vraiment nos auditeurs de nous avoir écrit, parce que je crois que le problème qu'ils évoquent touche aujourd'hui beaucoup de gens, qui restent enfermés dans leur gêne et n'osent pas en parler.

Pourquoi est-il si difficile de parler des problèmes d'argent ?

Parce que, dans notre société, l'argent est considéré comme une valeur. Donc, si on en a, tout va bien. Mais, si on n'en a pas, si on en a moins ou si on n'en a plus, on a l'impression d'être dévalorisé. Et c'est vraiment regrettable, parce que l'argent est une nécessité : c'est vraiment mieux d'en avoir que de ne pas en avoir. Mais ce n'est qu'un moyen et en aucun cas une valeur. On peut être très riche et être néanmoins un humain pitoyable. Et l'on peut être un humain formidable alors que l'on n'a pas un sou. Et on devrait apprendre cela aux enfants, à l'école, dès les petites classes.

De quelle façon ?

Quand des enseignants, par exemple, entendent que des enfants dans la cour se moquent d'un autre parce qu'il n'a pas le blouson ou les baskets de la bonne marque, ils devraient parler de cela. Expliquer que ce qui a permis aux hommes d'aller sur la lune, ce n'est pas la marque de leurs baskets, c'est leur travail et leur intelligence. Il faudrait remettre les choses à leur place, remettre les valeurs à leur place.

Mais, face à un problème comme celui de nos auditeurs – le réveillon –, que peut-on faire ?

On peut prendre le taureau par les cornes et initier un changement de fonctionnement. Chaque couple jusque-là invitait tout le monde, et c'était très bien. Mais, aujourd'hui, tout a changé, parce que c'est la crise. Elle touche cette année un premier couple de la bande de copains, elle peut demain en toucher un autre, et après-demain elle peut toucher tout le monde. Donc, on change ! C'est par exemple toujours un couple qui ouvre son appartement, mais le repas est partagé. Un couple fait l'entrée, l'autre le plat, l'autre le dessert. Pendant la guerre, je n'y étais pas, mais j'imagine que quand on voulait faire un réveillon, chacun apportait ce qu'il pouvait. Et cela n'empêchait pas d'être heureux.

Mais on n'est pas en temps de guerre !

C'est vrai ! On n'est pas en temps de guerre, mais on est en temps de crise. Et on continue à réagir avec nos réflexes et nos modes de pensée d'avant la crise. Ce n'est plus adapté. Et cela crée, on le voit, beaucoup de souffrances. Le chômage n'est pas une maladie honteuse, mais il est une menace pour tout le monde. Donc, il faut que tout le monde apprenne à vivre et à penser en fonction de cette donnée nouvelle.

2013

JE NE VEUX PAS ALLER CHEZ MON PÈRE

Mathilde est divorcée. Son ex-mari, lui, est remarié. Et leur fille de 6 ans refuse désormais d'aller en week-end chez son père. Elle dit qu'elle n'aime pas sa belle-mère, qu'elle connaît pourtant depuis quatre ans. Mathilde nous écrit qu'elle est très perplexe, qu'elle ne sait plus quoi penser. Ni quoi faire...

Cette question de notre auditrice est une question que rencontrent de nombreux parents divorcés.

Dans ce cas, un parent doit-il obliger son enfant à aller chez l'autre parent ?

Je crois que l'on ne peut pas poser le problème de cette façon. La question de cette enfant, qui a l'air simple ou en tout cas très précise, ne l'est en effet pas du tout, parce qu'elle est en fait la partie émergée d'un énorme iceberg. Et cet iceberg, c'est la façon dont, à l'insu de ses parents, cette petite fille essaie probablement de se situer et de naviguer dans leur relation. Et je le dis parce que la première chose qui me frappe, c'est que notre auditrice s'interroge sur la question de sa fille sans avoir, semble-t-il, l'idée d'appeler son ex-mari, que cette question concerne quand même au plus haut point.

Pourquoi insistez-vous sur le fait que cette question le concerne ?

Parce que c'est essentiel. La question de l'enfant porte sur les visites. Or les visites ont été fixées lors du divorce par le juge, et elles engagent les deux parents. Donc, si l'enfant n'allait plus chez son père, cela mettrait en cause le jugement. Et puis cette question concerne aussi le père, parce que l'enfant se plaint de sa belle-mère. Il faudrait donc savoir si elles ont vraiment de mauvaises relations (et pourquoi) ou si la petite fille raconte des histoires.

Pourquoi raconterait-elle des histoires ?

Elle peut le faire pour de très nombreuses raisons, que l'on rencontre très souvent. Elle peut avoir peur que sa mère soit fâchée si elle aime sa belle-mère : elle lui dit donc qu'elle ne l'aime pas. Elle peut avoir envie de faire se disputer sa mère et sa belle-mère : c'est une chose que les enfants adorent. Et puis elle peut aussi essayer de voir si, en jouant de l'inquiétude de sa mère, elle ne pourrait pas arriver à être maître du jeu : ce n'est plus le juge ou ses parents qui décideraient des visites, ce serait elle. Et, si c'est de cela qu'il s'agit, il ne faut pas l'accepter, parce que, si on l'acceptait, elle ne serait plus du tout à sa place. Il faut donc de toute urgence, je crois, que ces parents se parlent. Pour comprendre ce qui se passe pour leur enfant. Et pour lui montrer aussi que, même s'ils sont séparés, ils continuent à s'occuper ensemble de son éducation. Et c'est peut-être pour cela aussi que cette petite fille pose cette question. Parce qu'elle a besoin de s'assurer que ses parents, même séparés, continuent à s'occuper d'elle ensemble.

NUDITÉ EN FAMILLE

Anne-Laure a trois enfants : une petite fille de 5 ans et deux garçons de 11 et 12 ans. Elle nous dit qu'elle se pose beaucoup de questions sur les limites à mettre à la nudité en famille. Son mari est, semble-t-il, très strict. Mais elle se dit plus laxiste. Elle voudrait savoir si elle peut laisser sa fille de 5 ans se promener nue dans la maison et prendre des bains avec ses frères, ou même avec elle ?

Ce qui est intéressant, c'est la formule qu'emploie cette maman pour poser sa question. Elle dit : « Y a-t-il du mal à prendre son bain avec ses enfants ? » Un peu comme un enfant demanderait : est-ce que c'est bien ou est-ce que c'est mal ? C'est-à-dire en se situant dans le registre de la morale.

Ce n'est pas une question de morale ?

Non ! On l'explique souvent aux enfants de cette façon : c'est bien, c'est mal. Et on l'a peut-être expliqué de cette façon à notre auditrice dans son enfance. Mais ce n'est pas une question de morale. Prendre son bain avec ses enfants n'est ni bien ni mal, mais cela complique leur construction. Parce que le bain pris avec un autre enfant ou avec un adulte provoque des sensations physiques (et l'on sait d'ailleurs qu'entre adultes il peut relever d'un jeu érotique). Et ces sensations perturbent l'enfant, parce qu'elles sont provoquées par une personne – père, mère, frère, sœur – avec qui il lui est, du fait de l'interdit de l'inceste, interdit d'avoir des relations amoureuses ou sexuelles. Il se retrouve donc à devoir se débrouiller de sensations agréables, mais interdites, et c'est compliqué pour lui.

Oui, mais on dit que les propos comme ceux que vous tenez sont des croyances de « psy ».

Ce ne sont pas des croyances, c'est ce qu'apprend l'expérience. L'expérience des thérapies d'enfants, mais celles aussi des analyses d'adultes. Parce que les adultes découvrent souvent sur le divan ce que ce genre de choses a provoqué chez eux et la façon dont cela a marqué leur sexualité. Chez certains par des inhibitions, chez d'autres par de la culpabilité et une angoisse qu'ils ne comprenaient pas. Chez les enfants, tout est toujours érotisé très vite et de façon très violente. Cela les rend très vulnérables, et il faut en tenir compte.

Mais alors, la nudité dans la maison ?

Quand une petite fille de 5 ans se promène nue dans la maison, c'est toujours avec un désir inconscient de séduction. Françoise Dolto appelait ces attitudes, très joliment, des « rouéries séductrices ». Il ne faut pas les permettre. Parce que, si on laisse l'enfant s'y livrer, c'est agréable pour lui, mais cela le met en difficulté. En fait, tous ces interdits, qui ont l'air répressifs, sont profondément libérateurs. Parce qu'ils interdisent la séduction en famille – et c'est une limite –, mais, du coup, permettent que la séduction à l'extérieur de la famille soit sans peur, sans honte et sans culpabilité. Parce qu'elle est, elle – et on le sait –, permise.

MON FILS FAIT PIPI ASSIS

Célia a un fils de 2 ans et demi. Il fait l'apprentissage de la propreté, mais, nous écrit-elle, il ne veut faire pipi qu'assis sur les toilettes. Et elle ajoute que, enfant, elle, au contraire, était un garçon manqué qui aurait voulu faire comme les hommes. Célia se demande évidemment si tout cela pose problème. Notamment, dit-elle, pour l'image sexuelle de son fils.

Si je comprends bien, notre auditrice demande si cette coutume de faire pipi assis ou debout selon les sexes doit être considérée comme une norme et s'il est important de la respecter. Je ne crois pas qu'il faille poser la question de cette façon.

Comment faudrait-il poser cette question ?

Je crois qu'il faut s'interroger sur les raisons pour lesquelles, dans une société où, majoritairement, les hommes urinent debout, un petit garçon choisit de faire autrement. C'est-à-dire s'interroger sur ce que dit cet enfant en agissant de cette façon, sur les questions qu'il pose.

Vous pensez qu'il peut poser une question ?

Probablement. Parce que cela arrive très souvent, et c'est tout à fait normal. Parce qu'un enfant naît avec un sexe anatomique : il est anatomiquement un garçon ou une fille. Mais cela ne le rend pas pour autant fille ou garçon. Il ne devient fille ou garçon qu'en fonction de la façon dont ceux qui l'entourent (et, au premier chef, ses parents) vont lui parler. Mais en fonction aussi de la façon dont eux-mêmes ressentent, à cause de leur histoire, le fait d'être femme ou homme. Et en fonction surtout de ce que l'enfant pense que ses parents attendent de lui. Un enfant peut très bien se demander : pour qu'ils m'aiment, que faut-il que je sois ? Une fille ? Un garçon ?

Notre auditrice dit qu'elle-même était un garçon manqué.

C'est peut-être cela que l'enfant interroge : la façon dont sa mère a vécu le fait d'être une fille. Et la question se pose. Parce que l'expression qu'emploie notre auditrice, « garçon manqué », est une expression courante, mais terrible. Elle a l'air de dire qu'une fille est un garçon raté. Et beaucoup de petites filles, malheureusement, pensent cela. Parce qu'on ne leur a pas expliqué que, si les garçons ont un pénis qu'elles n'ont pas, elles ont, elles, des « organes pour faire les bébés » que les garçons n'ont pas. Donc, elles ne sont pas moins bien loties qu'eux. Elles sont seulement différentes. Et ce petit garçon peut interroger aussi la différence des sexes. Qui est toujours difficile à accepter, parce qu'elle est une limite : on est un garçon ou on est une fille, on ne peut pas être les deux. C'est difficile à admettre.

Alors, que faire ?

Il faudrait que notre auditrice réfléchisse à tout cela, bien sûr. Mais il faudrait surtout que le père de ce petit garçon intervienne. C'est curieux quand même que, pour ce qui concerne le sexe de son fils, ce soit la mère seule qui intervienne. C'est aussi curieux que si un père nous interrogeait, tout seul, sur les règles de sa fille.

AVOIR ENFIN UNE PLACE

Kevin a 30 ans et il est en train de se séparer de sa compagne. Or ils avaient acheté une maison ensemble. Une maison qui a une importance énorme pour lui. Il est en effet atteint, nous écrit-il, d'une sclérose en plaques et ne peut donc pas en racheter une autre, car les crédits lui sont refusés. Doit-il essayer de garder sa maison actuelle, ou la vendre pour bien marquer sa séparation amoureuse ?

J'ai l'impression que la façon dont notre auditeur pose sa question n'est pas tout à fait juste, parce qu'elle banalise son problème. Et c'est d'autant plus curieux qu'il dit qu'il a déjà fait une thérapie.

Il dit qu'il ne sait pas s'il doit vendre cette maison pour marquer la séparation avec son amie, ou la garder parce qu'il est attaché à cette maison. Cela semble clair.

En apparence, oui. Parce qu'on peut effectivement avoir envie, quand on se sépare de quelqu'un, de recommencer une nouvelle vie dans un nouveau lieu. Mais je crois que ce que notre auditeur méconnaît, ce sont les raisons pour lesquelles il est attaché à cette maison. Quand on lit son message, on a en effet l'impression que c'est grâce à cette maison qu'il a eu pour la première fois de sa vie la certitude qu'il pouvait avoir une vraie place quelque part et la possibilité de s'y enraciner.

Qu'est-ce qui vous fait dire cela ?

Ce qu'il dit de son histoire, dont manifestement il n'entend pas l'importance. Il dit qu'il est né d'une relation adultérine et qu'il ne connaît pas son père. Il ne dit pas si ce père l'a reconnu et s'il porte ou non son nom. Mais, quoi qu'il en soit, c'est une situation difficile pour un enfant qui se voit coupé de sa lignée paternelle, et donc de la moitié de ses racines. Ensuite, il dit que, quand il a eu 18 ans, sa mère l'a mis à la porte et qu'il a dû dormir pendant toute une période dans la rue. Là encore, il n'avait pas de place. C'est terrible et probablement tellement douloureux aujourd'hui encore pour lui qu'il n'a jamais pu en parler à sa compagne. Et maintenant il a cette maladie, la sclérose en plaques, qui fait que les banques ne lui prêteront pas d'argent pour racheter une nouvelle maison s'il vend celle-ci. Encore une fois, c'est terrible !

Vous pensez qu'il devrait garder cette maison ?

Je ne peux pas me permettre de dire cela. C'est à notre auditeur de décider. Mais je crois qu'il devrait se rendre compte que le fond du problème n'a rien à voir avec sa rupture. Et qu'il a probablement à voir avec ce que cette maison représente profondément pour lui. Malgré toutes les difficultés de son histoire, cet homme a réussi, en construisant cette maison, à se donner à lui-même une vraie place. C'est un chemin formidable. Et il a le droit, comme chacun d'entre nous, d'avoir une vraie place. Or, là, on a l'impression qu'il ne le sait pas. Et qu'il est prêt à se mettre lui-même à la porte de chez lui, comme sa mère autrefois l'a mis à la porte. Ce n'est pas juste. Et il faudrait qu'il y réfléchisse. Au besoin avec l'aide d'un « psy ».

ENFANT LENT

Les parents de Jules nous ont écrit. Jules est un petit garçon de 5 ans, aujourd'hui en CP. Or, depuis la maternelle, les institutrices signalent des problèmes de lenteur. Il met plus de temps que les autres à réaliser l'activité demandée. Sa maman nous précise qu'il a fait des bilans psychologiques, également en orthophonie et en psychomotricité. Et tout est normal. Elle-même, enseignante, pense que cela tient au fait qu'il est né en fin d'année, et qu'il est donc le plus jeune de sa classe.

Ce message de nos auditeurs m'a laissée un peu perplexe.

Vous ne pensez pas que le problème de cet enfant soit lié au fait qu'il est plus jeune que les autres ?

Il est né en décembre de l'année précédente, il est donc beaucoup plus jeune que certains qui peuvent être nés en novembre de l'année suivante, par exemple. Mais, par rapport à la majorité de ses camarades, il n'a sûrement que quelques mois d'écart. Et, surtout, sa lenteur dure depuis la maternelle. Donc, depuis le temps, le problème aurait dû pouvoir se régler.

Oui, mais les parents nous disent qu'ils l'aident beaucoup à grandir en autonomie. Et aussi pour son travail scolaire.

C'est vrai. Malheureusement, ils ne nous disent pas de quelle façon ils l'aident. Et c'est dommage, parce qu'on ne sait pas où il en est. Or un enfant de cet âge doit être autonome, depuis longtemps, pour tous les gestes du quotidien. Il doit savoir se laver, s'habiller, manger seul, se débrouiller seul aux toilettes, etc. Mais il doit être capable aussi de réfléchir seul, avec sa tête, et de savoir ce qu'il a à faire sans qu'on ait besoin de le lui rappeler constamment. Or les parents qui aident leurs enfants pour la scolarité se mettent souvent, sans le savoir, sinon à faire les choses à leur place, du moins à les organiser à leur place. Cela rend l'enfant passif, et un malentendu s'installe. Parce qu'il s'imagine que ses parents, qui « pensent » à sa place, ont envie qu'il reste petit. Inconsciemment, il met donc « le pied sur le frein » et se fait un devoir d'avancer plus lentement que les autres.

Peut-il y avoir d'autres raisons à une telle lenteur ?

Oui. Cet enfant peut, par exemple, avoir besoin d'être stimulé par son père pour ne plus être le bébé de sa maman. Il peut avoir besoin qu'on lui explique que sa maman, qui est enseignante, ne sera pas fâchée s'il réussit avec d'autres enseignants qu'elle. Et puis il faut aussi que chacun des parents s'interroge sur la place à laquelle il met inconsciemment cet enfant. Cette maman, par exemple, nous écrit le 12 décembre, et elle nous dit que son fils, qui est né fin décembre, a 5 ans et demi. Or il n'a pas 5 ans et demi... À quelques jours près, il a 6 ans. Il est peut-être difficile pour elle de le voir grandir. Je pense que, tous les bilans qu'a faits cet enfant étant normaux, ses difficultés mériteraient qu'il voie, même pour quelques séances, un psychanalyste. Et il faudrait consulter rapidement. Avant qu'il ne se décourage en s'imaginant qu'il n'est pas comme les autres...

SON FILS A TOUS LES DROITS

Pierre-Louis est séparé de sa femme. Il a un fils de 10 ans qui vit dans une autre région avec sa mère et qu'il reçoit lors des vacances scolaires. Deborah, sa nouvelle compagne, qui nous écrit, nous dit qu'elle ne vit pas avec Pierre-Louis, mais qu'elle est présente chaque fois qu'il reçoit son fils. Et elle se plaint qu'il soit plus tendre avec ce fils qu'avec elle. Et qu'il lui fasse plus de cadeaux qu'il ne lui en fait à elle.

Notre auditrice nous fait part de ce qu'elle ressent, et je crois qu'on peut l'en remercier, parce que le problème qu'elle rencontre est plus fréquent qu'on ne le croit, mais il est rarement exprimé aussi clairement.

Quand vous dites le « problème », vous voulez parler de quoi, exactement ?

D'un problème de place. De la place à laquelle, sans s'en rendre compte, cette jeune femme se met. Elle dit par exemple que son ami fait plus de câlins à son fils qu'à elle, comme si elle se mettait sur le même plan que ce fils. « Câlin », d'ailleurs, est un mot que l'on emploie surtout pour les enfants. Elle parle donc un peu comme si elle était la petite sœur (ou la grande sœur) du fils de son ami. Or elle n'est pas la fille de son ami, elle est sa compagne. Ce n'est pas du tout la même place.

Pourquoi fait-elle cela ?

Je vais vous répondre, comme d'habitude, que je n'en sais rien, parce que je ne l'ai pas écoutée. Mais on retrouve souvent cette problématique dans les familles recomposées. On retrouve des situations où des hommes et des femmes rejouent sans le savoir, par rapport à leur conjoint et aux personnages de la vie passée de leur conjoint, des souffrances qu'ils ont éprouvées dans leur enfance par rapport à leurs parents ou à leur fratrie. Notre auditrice se plaint que le fils de son ami n'aide pas à la maison et que, quand elle le reprend, son père le défend. Là encore, on a l'impression d'une sœur aînée qui doit tout faire et qui se plaint que son petit frère ait tous les droits. Notre auditrice a peut-être vécu des choses de ce genre dans son enfance.

Qu'est-ce qui pourrait aider cette auditrice ?

D'abord de réfléchir à ce qu'elle ressent et à ce qu'elle a vécu. Et de réfléchir aussi à ce que vit son ami. Cet homme ne voit son fils que lors des vacances, ce qui doit être dur pour lui. Il se sent peut-être coupable de la séparation, de l'éloignement. Il a peut-être peur que son fils l'oublie et ne l'aime plus. C'est évidemment une crainte qui n'est pas fondée, mais qui est très fréquente chez les parents. Lorsqu'il voit son fils, il lui donne donc des choses dont il pense qu'elles peuvent le rendre heureux : des cadeaux, des câlins, une absence de limites. Il a, bien sûr, tout à fait tort. Parce qu'un enfant, même s'il ne le voit que par intermittence, a besoin que son père l'éduque. Et notre auditrice peut certainement aider son compagnon à le comprendre. Mais elle ne le peut que si elle se conduit en femme adulte, pas en grande sœur jalouse...

GARÇON MANQUÉ

La fille de Julia a 9 ans. Julia nous écrit qu'elle adore s'habiller en jeans et grimper partout, qu'elle refuse la couleur rose et, quand elle porte une robe, ne veut que du noir. Cette petite fille clame partout qu'elle est un garçon manqué. Pourtant, elle est très heureuse de ses cheveux longs et met des boucles d'oreilles, tout en précisant quand même qu'un jour elle n'en mettra plus qu'une seule, « comme les garçons ». Julia nous dit qu'elle s'inquiète, parce qu'elle-même ne se sent pas très féminine.

Je ferais volontiers l'hypothèse que cette petite fille a sûrement des choses à dire à propos de la féminité. Mais qu'en même temps elle sent l'inquiétude de sa mère et en joue peut-être un peu.

Qu'est-ce qui vous fait dire cela ?

Le fait que cette petite fille en « fasse beaucoup », comme l'on dit. Dire que l'on aimerait être un garçon est une chose. Proclamer en permanence que l'on est un « garçon manqué » en est une autre. Quand un enfant insiste de cette façon, c'est soit qu'il a quelque chose à dire qui n'est pas entendu, soit qu'il veut, en répétant les choses, faire plaisir à quelqu'un ou, au contraire, l'inquiéter. Ce qui est possible, car cette maman a l'air très à l'affût de tous les comportements de sa fille qui peuvent avoir un rapport avec l'identité sexuelle. Peut-être parce qu'ils la renvoient, elle, à des souffrances – conscientes et inconscientes – qu'elle a éprouvées au même âge.

Notre auditrice s'attache beaucoup aux goûts de sa fille en matière d'habillement.

Elle s'attache aux apparences, à l'apparence de la féminité. Et, en cela, elle se trompe. Parce que la féminité et de la même façon, d'ailleurs, la virilité ne sont pas affaires d'apparence. Une petite fille peut refuser les jupes et être très féminine. Et elle peut accumuler les colifichets sans pour autant l'être. De plus, beaucoup de petites filles, surtout avant la puberté, se battent contre une féminité qu'elles sentent en elles et qui leur fait peur.

Que peut faire cette maman ?

Réfléchir, je crois, à son histoire à elle. Et en parler avec sa fille. Réfléchir également à l'attitude du père de sa fille, dont elle ne nous parle pas du tout. Et puis dire à sa fille qu'elle a le droit d'être ce qu'elle veut. Un « garçon manqué » si elle le souhaite, mais aussi une « fille réussie ». Parce que ce n'est pas mal non plus…

PROVOCATION D'ÉLÈVE

Hervé est enseignant en classe de CM2 dans un quartier difficile. Il nous raconte que, pendant une leçon sur les croisades, une élève s'est exclamée : « Pourquoi ces imbéciles de chrétiens ne se sont pas convertis à l'islam ? » Il a puni l'élève et a expliqué à la classe que l'on pouvait tout penser, mais que l'on ne pouvait ni tout dire ni tout faire. Hervé ajoute que des élèves lui ont alors répondu que la religion interdisait de penser certaines choses. Lui-même se demande après coup s'il a correctement réagi.

Je remercie vraiment notre auditeur pour sa question, parce qu'elle est d'une grande richesse.

Cet enseignant a sanctionné cette élève pour ce qu'elle avait dit, vous êtes d'accord ?

Non, je ne suis pas d'accord. Mais je précise tout de suite qu'il était dans une situation très difficile et qu'aucun d'entre nous, et surtout pas moi, ne peut jurer qu'il aurait fait mieux que lui. Mais je ne suis pas d'accord, parce que tout être humain – et les enfants doivent l'apprendre dès 2 ou 3 ans – a le droit de penser ce qu'il veut. C'est sa liberté. Et il a le droit de le dire, à une seule condition, qui est très importante : que ce qu'il dit ne porte pas préjudice aux autres. C'est pour cette raison que les injures, les propos racistes ou diffamatoires, les appels à la haine ou au rejet sont interdits. On peut donc penser ce que l'on veut et, dans ces limites-là, le dire. Mais, évidemment, on ne peut pas tout faire. La jeune fille dont on nous parle a émis une opinion. On peut contester cette opinion ou la forme d'expression que cette jeune fille a choisie, mais il n'y avait pas, je pense, à la sanctionner.

Quand même, ce qu'elle a dit est violent : « Ces imbéciles de chrétiens auraient mieux fait de se convertir à l'islam ! »

C'est évidemment très violent. Et c'est même une provocation. Mais un élève qui provoque un enseignant à propos du contenu de son cours lui tend en même temps une perche. Et il est utile que l'enseignant s'en saisisse. Parce que le travail de l'école de la République est d'amener les élèves à réfléchir pour ne plus être des têtes vides que n'importe quelle idéologie peut remplir. Si l'enseignant avait dit à cette jeune fille : « Pourquoi penses-tu que les chrétiens sont des imbéciles ? Et pourquoi la conversion aurait-elle été une bonne chose ? Explique-nous ce que tu veux dire », il lui aurait peut-être permis, ainsi qu'à la classe, d'avancer.

L'avoir sanctionnée, cela peut avoir quel effet sur elle ?

Je ne peux pas vous répondre précisément. Mais, si on écoute ce qu'ont répondu les élèves : « La liberté de penser, ça n'existe pas, parce que la religion interdit de penser certaines choses », on se rend compte que l'enseignant, sans le vouloir, a fait la même chose que cette religion. Il a interdit à l'élève de penser que les chrétiens sont des imbéciles. Or l'école n'est pas là pour interdire certaines pensées. Elle est là pour que les élèves finissent par comprendre que ces pensées et le rejet de l'autre qu'elles supposent sont non seulement meurtrières, mais absurdes. La censure n'a jamais été un facteur de progression intellectuelle.

JE NE SUPPORTE PAS
QU'ON ME PARLE DE MON NOM

David a 60 ans et un nom d'origine étrangère. Il nous écrit qu'il en a plus qu'assez qu'on lui demande d'où vient son nom. Il estime qu'il s'agit d'une indiscrétion. Et il vous demande comment répondre, simplement et gentiment, que cela ne regarde que lui ?

C'est une question intéressante. Mais je crois qu'elle est fondée sur un malentendu.

Quel malentendu ?

Notre auditeur dit que, quand quelqu'un lui demande l'origine de son nom, il vit cela comme une indiscrétion. Or une question indiscrète est une question qui porte sur des choses intimes. Si quelqu'un, par exemple, demandait à ce monsieur si le nom qu'il porte est celui de son père ou de sa mère, s'ils étaient mariés, etc., on pourrait parler d'indiscrétion, parce que la question porterait sur l'histoire familiale de ce monsieur, donc sur sa vie privée, qui ne regarde que lui. Mais demander l'origine d'un nom est une question qui porte sur la partie publique de ce nom. Un nom est quelque chose qui nous représente socialement. La région de France ou le pays d'où est issu le nom font partie de notre identité sociale, et on devrait donc pouvoir en parler.

Comment expliquez-vous la réaction de notre auditeur ?

Je ne peux pas prétendre l'expliquer, parce que je ne l'ai pas écouté. Mais il y a sûrement beaucoup de souffrance dans sa réaction. Le nom est quelque chose qui nous est transmis. Nos parents l'ont reçu et ils nous le transmettent. Mais ils nous transmettent aussi avec lui, sans le savoir, tout ce qui est inconsciemment attaché à ce nom. Son origine, par exemple. Certaines personnes qui ont un malaise avec leur nom découvrent parfois en analyse, en interrogeant leur généalogie, qu'il y a eu, trois générations avant eux, une histoire d'enfant pas reconnu, de « bâtard », comme on disait à l'époque, qui n'avait pas eu droit au nom de son père et portait donc celui de sa mère. Et qu'une sorte de honte s'est transmise, dès lors, avec ce nom. Et puis les noms sont chargés aussi de l'histoire de ceux qui les ont portés. Un nom juif pendant la guerre pouvait vous envoyer à la mort. Un nom à consonance maghrébine aujourd'hui peut vous priver d'emploi. Un nom peut être une sorte de sac à dos très lourd à porter, parce qu'il est chargé des hontes, des peurs, des douleurs de tous ceux qui l'ont auparavant porté.

En définitive, que peut faire notre auditeur ?

Il faudrait qu'il réfléchisse à son histoire familiale. Et à ce qui s'est passé. C'est important d'être fier de son nom. Mais cela demande souvent tout un travail.

MÈRE MORTE À SA NAISSANCE

Chloé vit en couple avec le papa d'un petit garçon dont la maman est morte en accouchant. Lorsque Chloé est entrée dans leur vie, le bébé avait 3 mois. C'est aujourd'hui un petit garçon de 3 ans. Il lui a dit un jour : « Je sais que ma maman est morte, mais je voudrais t'appeler maman. » Chloé et son compagnon ont accepté, mais pour ce dernier c'est finalement difficile d'entendre son fils appeler Chloé « maman ». Chloé s'interroge donc : a-t-elle bien fait d'accepter ?

Cette histoire est très émouvante, et je trouve que notre auditrice réagit de façon remarquable. Ce petit garçon a eu l'immense malheur à sa naissance de perdre sa maman, mais il a eu ensuite une grande chance, qui est d'avoir rencontré Chloé.

Vous pensez que c'est bien que cet enfant l'appelle maman ?

Ce ne serait pas bien si l'on avait caché à cet enfant qu'elle n'est pas sa mère. Mais c'est très bien, parce que les choses sont claires : cet enfant sait que sa mère, c'est-à-dire la femme qui l'a conçu avec son père et qui l'a porté, est morte. Mais il a besoin d'une maman. C'est-à-dire d'une femme qui l'aime et l'aide à grandir comme sa mère l'aurait fait. Et qu'il puisse, en toute légitimité, aimer comme il aurait aimé sa mère. Et c'est sans doute ce que sa mère aurait voulu : que son enfant ne soit pas privé d'une maman.

Pourquoi pensez-vous que c'est difficile pour son père ?

Je suppose que cela renvoie cet homme à la mort de sa première femme. Ce qui lui est arrivé est atroce : la mort qui arrive en même temps que la vie, et la vie de l'un qui se paie de la mort de l'autre, c'est abominable. D'autant qu'on ne sait rien de ce que cet homme vivait avec sa femme, c'est-à-dire de ce qu'il peut aujourd'hui se reprocher consciemment et inconsciemment. On sait bien que, dans ce genre d'événement tragique, on s'accuse toujours de tout, alors que l'on n'est coupable de rien. On s'accuse de ce que l'on a dit, de ce que l'on n'a pas dit, de ce que l'on a fait, de ce que l'on n'a pas fait. Et même de ce que l'on a pensé. Cela peut être une torture sans fin. Chaque fois que cet homme entend son fils appeler sa compagne « maman », il pense peut-être que sa première femme n'entendra jamais cet enfant l'appeler « maman ». Ce qui est vrai. Et tout cela doit ressurgir.

Comment notre auditrice peut-elle l'aider ?

En essayant, si c'est possible, de l'amener à parler, et peut-être même de l'amener à aller parler à quelqu'un. Ce qu'il porte est vraiment lourd, il faudrait qu'il y réfléchisse. Pour lui, mais aussi pour son fils, qui a le droit d'avoir une maman et de l'aimer sans se cacher. Et puis je crois aussi qu'il faudra se préoccuper de ce petit garçon. Il faudra l'aider à comprendre comment il a ressenti, bébé, la mort de sa mère. Il était là quand elle est morte. Et cette mort l'a traversé. Il faudra savoir ce qu'il pense et ce qu'il imagine des raisons de cette mort. C'est important, parce qu'un bébé dont la mère meurt en le mettant au monde pense souvent qu'il est coupable de sa mort. Que, s'il n'était pas né, elle ne serait pas morte. Il faut donc pouvoir lui parler et l'aider.

MÈRES : TOUJOURS COUPABLES ?

Un enfant pas assez autonome, c'est à cause de sa mère. Un enfant trop gâté : l'attitude de sa mère est dangereuse. Un enfant timide, là encore, la mère y est pour quelque chose. Plusieurs auditeurs nous ont écrit pour s'étonner que les « psys » en général, et les psychanalystes en particulier, culpabilisent beaucoup les mères. Pourquoi tout est-il toujours la faute des mères ?

La culpabilisation des mères par les « psys » est quelque chose qui est souvent évoqué. Et l'on peut, c'est vrai, trouver des « psys » qui abusent de leur pouvoir pour culpabiliser les mères (mais aussi bien les pères, d'ailleurs), comme on trouve des médecins, des kinés, des enseignants qui le font. Mais, si l'on parle de la théorie analytique, elle ne dit pas que les mères sont coupables et ne prône pas leur culpabilisation.

Pourquoi ?

D'abord parce que l'on ne peut jamais impliquer un parent seul. Les parents font toujours tout à deux. Si une mère couve à l'excès son enfant et que cela le freine dans son développement, elle n'est pas seule en cause : il faut aussi s'interroger sur le père qui la laisse faire. Si un enfant est frappé ou abusé sexuellement par son père, ce père n'est pas seul en cause, et il faut toujours se poser la question de la responsabilité de la mère, qui le laisse faire au lieu de protéger son enfant. Et c'est d'ailleurs très important de le rappeler, parce que les tribunaux, trop souvent, ne veulent rien savoir, dans ce cas, du rôle des mères.

On ne peut donc pas accuser une mère seule. Mais est-ce que, plus globalement, on peut accuser les parents ? Est-ce qu'ils sont coupables ?

Non. La théorie analytique est fondée sur l'idée de « répétition ». Répétition, cela veut dire que les premières relations que nous avons eues avec les autres dans notre enfance ont été fondatrices. Qu'elles ont façonné en nous des sortes de moules et que c'est dans ces moules que nous allons ensuite « mouler » nos relations d'adulte. Il faut donc, quand les parents font avec leurs enfants des choses qui leur portent préjudice, chercher ce qu'ils ont eux-mêmes vécu qui les pousse à agir de cette façon. La psychanalyse pose qu'ils sont mus par leur inconscient et par la répétition. Ils ne sont donc pas coupables, comme ils le seraient s'ils agissaient consciemment et en connaissance de cause. Françoise Dolto le leur disait : « Ce n'est pas de votre faute, c'est de votre fait. »

Donc, la psychanalyse permet de tout excuser ?

Non, elle n'excuse pas tout, et elle ne doit surtout pas servir à tout excuser. Il y a des choses qu'un parent peut difficilement s'empêcher de faire. Par exemple : « Comme mes parents m'ont abandonné, j'ai peur, chaque fois que je le laisse, que mon enfant se sente abandonné, donc je ne le lâche jamais. » On ne peut pas reprocher au parent son attitude tant qu'il n'a pas compris les raisons de son angoisse ; mais, quand il les connaît, il n'a plus d'excuses. Il faut, même si c'est difficile pour lui, qu'il change cette attitude, parce qu'elle porte préjudice à son enfant. Mais il y a aussi des choses que des parents font et qu'ils pourraient très bien s'empêcher de faire s'ils le voulaient ; quand on frappe son enfant ou quand on abuse de lui, on sait ce que l'on fait. On est coupable et on doit être sanctionné par la justice. Dans les rapports parents-enfants, l'inconscient doit être pris en compte, mais il ne peut pas servir d'alibi.

PÈRES DIVORCÉS ET DROIT DE VISITE

Plusieurs pères divorcés ont récemment fait parler d'eux, notamment à propos de leur droit de visite[1]. Sarah nous écrit qu'elle se demande si un enfant a besoin de continuer à voir son père lorsque la garde a été confiée à sa mère. Et notamment lorsque ce père n'a pas respecté les obligations fixées par le jugement rendu lors du divorce. Que répondre à Sarah ?

Le message de Sarah pose la question qui est, dans un divorce, la plus importante : celle de la place de l'enfant et de la nécessité, pour cet enfant, de conserver ses deux parents, même si ces parents, en tant que couple, se séparent.

Pourquoi est-ce une nécessité ?

Les parents sont les premiers « autres » de l'enfant, les premières personnes qu'il rencontre, les premières personnes avec qui il tisse des liens, et ils sont les deux points d'appui essentiels de sa vie. Il a donc besoin des deux. Lui retirer l'un de ses parents, c'est comme l'amputer d'une partie de lui-même. Et c'est d'autant plus grave que, en l'amputant de son père ou de sa mère, on l'ampute généralement aussi de leur famille. Donc, lorsque cela arrive, l'enfant se voit privé tout à fait arbitrairement de sa famille paternelle ou maternelle, c'est-à-dire de la moitié de ses racines.

---

[1]. En février 2013, Serge Charnay, père divorcé qui avait perdu la garde de son fils, était resté juché pendant trois jours sur une grue, à Nantes. Plusieurs pères divorcés ont fait de même dans les semaines qui ont suivi pour réclamer un droit de visite.

C'est donc très violent ?

Oui. C'est d'autant plus violent que, par rapport à cette privation, l'enfant est totalement impuissant. Et cela lui donne l'image d'un monde dans lequel il n'est rien (ou seulement quantité négligeable), dans lequel il n'y a pas de sécurité possible, puisque tout peut disparaître n'importe quand et n'importe comment. Et dans lequel règne l'arbitraire, la loi du plus fort, la loi de la jungle. Et il faut savoir que l'on reçoit, en analyse, des adultes qui sont restés marqués toute leur vie par des épisodes de ce genre.

Et si le parent ne respecte pas le jugement de divorce ? Faut-il que l'enfant le voie quand même ?

Si un parent ne respecte pas le jugement, il faut qu'il soit sanctionné, parce que c'est une faute, et il faut qu'on l'explique à l'enfant. Quand on est un père ou une mère, on a des droits, mais on a avant tout des devoirs, et, au premier chef, celui d'agir pour le bien de son enfant. Il ne s'agit donc pas de faire n'importe quoi pour se faire plaisir ou pour se venger de son ex-conjoint. Le père ou la mère qui ne respecte pas le calendrier des visites ou qui profite des vacances pour enlever son enfant est un parent qui porte préjudice à cet enfant. L'enfant qui est enlevé par un parent se trouve en effet dans la même position qu'un objet que l'on peut voler, et c'est terrifiant pour lui. Il doit donc être protégé. Ainsi, le parent qui fait cela peut continuer à le voir, mais il faut qu'il le voie dans un lieu de médiation, en présence de tiers qui puissent le protéger. Et il faut expliquer à l'enfant ce qui s'est passé dans l'histoire de son parent pour qu'il agisse de cette façon.

RACISME

Christian a deux enfants de 5 et 6 ans. Il nous écrit que le plus jeune s'est fait traiter de « Noir » par ses copains. Et qu'il a été très en colère, parce que lui pense qu'il n'est pas « noir », mais « marron ». Christian vous demande comment parler du racisme à ses enfants, et que leur dire pour qu'ils comprennent.

Ce petit garçon de 5 ans s'est fait traiter de « Noir » par ses copains. C'est un discours que ses copains avaient sans doute entendu dans leur famille (ou au-dehors) et qui, comme tout discours raciste, nie la singularité des individus. Le racisme en effet consiste, on le sait, à isoler une catégorie d'individus – les « Noirs », les « Arabes », les « Juifs » – et à les charger de tous les maux de la terre. Mais il consiste surtout à nier la singularité des êtres qui constituent la catégorie en question. Pour un raciste, les « Noirs », c'est « tous les Noirs », les « Juifs », c'est « tous les Juifs », etc. Il n'y a pas d'individus particuliers. Or un petit garçon comme celui de notre auditeur, qui a 5 ans, est à l'âge où un enfant se construit peu à peu en lui une image de lui-même. Il prend conscience de ce qu'il est à partir de ce qu'il ressent de lui et à partir de ce qu'il sent que ses parents pensent de lui. C'est une image subjective de lui-même qui est essentielle, et, pour le fils de notre auditeur, l'une des dimensions de cette image était qu'il était un « petit garçon marron ».

Comment peut-il vivre une intervention comme celle des copains ?

Cette intervention le dépossède de l'image subjective de lui-même qu'il avait construite pour en mettre une autre à la place : « Tu te pensais marron ? Eh bien, raté, tu es noir ! »

Et c'est grave. Parce que c'est comme si, face aux autres, ce petit garçon ne pouvait plus, dès lors, être celui qu'il se sentait être jusque-là. Et comme s'il était obligé de se considérer désormais comme ce que les autres disent ; d'avoir de lui une image décidée et imposée par les autres. C'est une aliénation totale.

Notre auditeur demande comment parler à son petit garçon de racisme.

Notre auditeur dit qu'il a parlé à ses enfants de la différence, de son utilité, etc. C'est très bien, mais je crois que cela ne suffit pas. Un enfant qui subit le racisme doit être armé pour y faire face. Et l'on n'arme pas un enfant (et un adulte non plus, d'ailleurs) seulement avec des bons sentiments. Le racisme est une saloperie. Ce n'est pas élégant de le dire de cette façon, je le sais, mais cela a le mérite d'être clair. Réduire un individu à la couleur de sa peau ou à sa religion, et le rejeter pour cela, est une saloperie et une imbécillité. Il faut le dire aux enfants. Et faire référence à l'Histoire, à la façon dont on a, au fil des siècles, utilisé le racisme pour coloniser et pour tuer, par exemple, et aux conséquences que cela a eu.

HONTE

Élodie nous écrit que sa petite fille de 6 ans évoque souvent des événements arrivés à l'école dont elle dit avoir honte. Des événements souvent insignifiants, mais qui la marquent tellement que, le lendemain, elle ne veut plus retourner en classe. Élodie vous demande quel discours tenir face à cette honte récurrente.

Notre auditrice nous pose sa question de façon curieuse, parce qu'on a l'impression qu'elle voudrait que nous lui donnions une formule toute faite qui mettrait fin aux problèmes de sa fille.

Je suppose que cela ne peut pas se passer comme ça...

Non, bien sûr. D'autant que ce que nous rapporte notre auditrice est très énigmatique. Les événements qui provoquent la honte de sa fille sont en effet des événements qui frappent par leur banalité. Cette petite fille dit par exemple : « J'ai fait tomber mes feutres en classe. » Ou : « J'ai marché sur le pied de la maîtresse. » *A priori*, cela peut arriver à tout le monde et ce n'est vraiment pas grave. Mais cela provoque chez cette enfant une honte qui l'empêche d'envisager même de retourner à l'école. C'est très mystérieux.

Vous avez des hypothèses pour expliquer cette honte ?

Je ne peux avoir que des hypothèses très générales, parce que je n'ai écouté ni cette enfant ni ses parents. Je crois qu'il faudrait d'abord savoir ce que veut dire le mot *honte* pour elle. C'est important. Parce que les enfants donnent souvent un sens très particulier aux mots. Et puis il faudrait savoir aussi où elle a entendu ce mot, comment elle l'a appris. Mais si le sens qu'elle donne au mot *honte* est le sens courant, cela signifie que cette enfant ressent, sous le regard des autres, une sorte de dévalorisation permanente qui la conduit à se faire des reproches pour tout et n'importe quoi. Ce qui est une très grande souffrance.

Quelles pourraient être, en définitive, les causes de cette honte ?

Elle peut venir de ce qu'a vécu cette enfant à l'école ou dans sa famille. Elle a pu par exemple vivre des humiliations. Beaucoup d'adultes provoquent la honte des enfants par les paroles blessantes et disproportionnées dont ils les accablent quand ils ont fait une chose interdite. Ou au moment de l'apprentissage de la propreté. Quand l'enfant a un « accident », comme on dit, et qu'on le lui reproche violemment : « Mais tu es dégoûtant ! » De tels mots peuvent laisser très longtemps des traces très profondes. Et puis la honte peut venir aussi de choses éprouvées par les parents ou par les générations précédentes. Certaines hontes familiales se transmettent ainsi inconsciemment, parce que les choses n'ont jamais été dites clairement. Je crois qu'il faudrait que les parents de cette petite fille réfléchissent à tout cela et l'aident. Parce que ce qu'elle vit est vraiment douloureux.

CONFLIT PÈRE-FILS

Valérie est en instance de divorce. Son mari et elle ont un fils de 16 ans. Et celui-ci refuse, nous dit-elle, depuis six mois, de parler à son père. Il faut dire qu'il a été confronté à des situations pour le moins insupportables, notamment avec la maîtresse de son père. Valérie ne sait trop quoi dire à son fils. Il ne cesse pourtant de lui demander son avis. Mais elle ne veut pas l'influencer.

Ce message de notre auditrice est intéressant, parce qu'il permet de poser que, quand on est un père (ou une mère, d'ailleurs), on a des droits, mais que l'on n'a pas pour autant tous les droits.

Ce garçon refuse de parler à son père, cela vous semble justifié ?

C'est en tout cas compréhensible. Ce garçon a vu son père frapper sa mère, c'est lourd à supporter. Et son père l'a traité lui-même d'une façon problématique. Lors d'un week-end où sa femme n'était pas là et alors qu'ils n'étaient pas encore séparés, il a amené sa maîtresse à la maison sans avoir prévenu son fils. Le fils a donc tout à coup découvert une dame qui remplissait le frigidaire de la maison familiale comme si elle était chez elle. Reconnaissez que c'est un peu violent ! Après la séparation, un samedi où le père devait faire des courses avec son fils, il l'a obligé à aller à une fête de famille chez cette femme, toujours sans l'avoir prévenu. Et, pour couronner le tout, quand le père du père est mort, le père a refusé que son ex-femme et son fils aillent à l'enterrement. Notre auditrice est heureusement passée outre, mais, sans elle, ce garçon n'aurait pas pu enterrer son grand-père.

Comment expliquer l'attitude de ce père ?

Elle est forcément liée à l'histoire qu'il a eue. Mais je ne peux pas l'expliquer, car je ne connais pas cette histoire. Je pense en tout cas que cet homme ne sait pas ce que veut dire être un père. Notre auditrice dit qu'il a longtemps eu avec son fils une relation fusionnelle. Ce fils était donc pour lui non pas une personne à part entière qu'il fallait respecter et aider, mais une sorte de morceau de lui-même, ou un autre lui-même, et cela continue. Ce père colle son fils à sa vie, sans tenir aucun compte de ce qu'il peut ressentir. Et, si le fils s'y oppose, il le rejette. C'est terrible pour cet adolescent.

Comment notre auditrice peut-elle aider son fils ?

Il serait certainement utile que ce garçon aille parler à un professionnel, car ce qu'il vit est vraiment très lourd. En attendant, je crois qu'il faudrait que notre auditrice lui explique clairement que ce qui se passe est dû à ce qu'a vécu son père. Et que ce père agirait de la même façon avec n'importe quel enfant. Que ce n'est donc pas lié à lui, que ce n'est pas sa faute. Et puis je crois qu'il serait important qu'elle lui apprenne ce qu'elle sait de l'histoire de son père, de son enfance, des relations qu'il a eues avec son propre père. C'est sans doute là qu'est la clef. Cela n'excuse évidemment pas son comportement, mais cela l'explique. Et c'est important pour ce jeune homme.

HARCÈLEMENT SUR INTERNET

Les affaires de harcèlement sur les réseaux sociaux sont de plus en plus nombreuses. Avec parfois un dénouement tragique pour un adolescent dont une partie de la vie et de l'intimité a été révélée *via* Facebook ou Twitter. De nombreux parents nous ont écrit qu'ils étaient inquiets du développement de ce phénomène et nous disent qu'ils se sentent démunis.

Je crois que le désarroi de nos auditeurs est partagé par beaucoup de parents, qui ont l'impression que ce phénomène de harcèlement par le biais des réseaux sociaux est un phénomène très particulier. Et qui, de ce fait, se sentent incompétents.

Pourquoi se sentent-ils aussi incompétents ?

Parce qu'il s'agit d'Internet. Internet, la plupart des adultes s'en débrouillent, mais c'est encore pour nombre d'entre eux un monde étranger dans lequel ils se sentent beaucoup moins à l'aise que leurs enfants. Le harcèlement par le biais des réseaux sociaux a donc, pour eux, le statut d'une sorte de maladie inconnue qui serait due à un virus venu d'ailleurs et qu'ils ne sauraient pas traiter.

Et ce n'est pas ça ?

Non ! Quand des élèves d'une classe harcèlent l'un de leurs camarades par le biais de Facebook, par exemple, c'est le même phénomène que quand, avant Internet, un élève était pris comme tête de turc par les autres. Simplement, cela prend, à cause d'Internet, une autre forme, et surtout une tout autre ampleur. C'est donc mille fois plus destructeur encore qu'auparavant.

Qu'est-ce qui fait que des adolescents deviennent harceleurs ?

C'est toujours dû à une absence d'éducation sur au moins deux points essentiels. L'éducation, en effet, doit permettre à l'enfant de différencier l'imaginaire (le rêve, le virtuel) de la réalité. Et ce qui permet à un enfant de mettre en place, dans sa tête, cette différence, ce sont les interdits : « Tu peux tout désirer, tu peux tout imaginer, mais tu ne peux pas tout faire. Parce qu'il y a la réalité, les lois, les autres dont il faut tenir compte. » Et puis l'éducation doit aussi amener l'enfant à la compassion : se mettre à la place de l'autre pour se représenter sa souffrance. Sur Internet, on joue avec des images, avec du virtuel, mais la personne que l'on harcèle n'est pas virtuelle du tout. Elle souffre et elle peut en mourir.

Il y a donc une prévention possible à ce harcèlement ?

Bien sûr ! L'existence d'Internet suppose que les enfants soient encore plus éduqués qu'ils ne l'étaient auparavant. Or, on le sait, ils le sont de moins en moins. Et c'est cela que l'on paie aujourd'hui. Et il est important aussi que l'école relaie l'éducation des parents en montrant bien aux enfants et aux adolescents que les repères donnés par leurs parents sont ceux de toute la société.

MÈRE PSYCHOTIQUE

Le conjoint d'Anne-Laure a un fils qu'elle connaît depuis l'âge de 4 ans. Il a aujourd'hui 13 ans et vit avec eux. Sa mère souffre de troubles psychotiques et elle a perdu l'autorité parentale, car elle mettait son fils en danger. Ce garçon est en conflit permanent avec Anne-Laure. Elle voudrait, dit-elle, qu'il consulte un spécialiste, mais son père refuse.

Je crois que notre auditrice a raison de s'inquiéter.

Pourquoi ?

Ce garçon a 13 ans. À partir du divorce de ses parents et jusqu'à 10 ans, il a vécu en garde alternée. Puis on l'a retiré à sa mère, parce qu'elle le faisait dormir dans son lit, ne le laissait pas s'occuper seul de son corps et faisait en sorte de le couper des autres. Il a donc vécu avec elle une relation fusionnelle, folle et incestueuse, dans laquelle il ne pouvait pas se retrouver. Un garçon qui dort avec sa mère ne peut pas, en effet, comprendre quelle est sa place. Et, si elle s'occupe de son corps en permanence, il est soumis à une inflation de sensations qui sont très angoissantes pour lui. Ce garçon a donc subi des années d'une vie traumatique et destructrice.

Aujourd'hui, il est en conflit avec notre auditrice, il l'insulte, et il a même voulu la frapper.

Ce n'est pas vraiment étonnant. Il est à l'âge de l'adolescence, et, à l'adolescence, tout ce qui s'est passé dans l'enfance revient. Or notre auditrice, même si elle n'est pas sa mère biologique, est pour lui en position maternelle. Donc, il doit éprouver pour elle, comme il a probablement éprouvé pour sa mère autrefois, un mélange d'amour, d'attirance et en même temps de haine inconsciente. Parce que sa mère s'est conduite avec lui en séductrice. Et que cela le conduit sans doute à trouver les femmes à la fois attirantes et dangereuses.

Notre auditrice dit que, après la scène où il a voulu la frapper, son père l'a privé de jeux vidéo.

Cela n'a pas beaucoup de sens, car c'est vraiment sans commune mesure avec ce qui s'est passé. Je pense que ce père n'entend ni la gravité de ce qu'a vécu son fils, ni la gravité de ce qui se passe aujourd'hui dans sa tête. Il n'entend pas son désarroi. Et il n'entend pas que cet acte est sûrement une sorte d'appel au secours. Il faudrait vraiment que ce garçon consulte un professionnel compétent, qui puisse l'aider à parler de ce qu'il a vécu avec sa mère et à remettre en place dans sa tête les interdits qui ont été transgressés. Et il faudrait aussi l'aider à comprendre ce qui s'est passé dans l'histoire de sa mère pour qu'elle en arrive là. C'est très lourd pour un enfant ou un adolescent d'avoir un parent que la société désigne comme malade mental.

TROUBLES ALIMENTAIRES

Anita a pris beaucoup de kilos pendant ses deux grossesses. Et, nous écrit-elle, elle n'a pas réussi à les perdre. D'autant qu'elle se sent mal et qu'elle a l'impression de compenser beaucoup de choses avec la nourriture. Elle a essayé diverses méthodes pour maigrir, mais elle n'arrive pas à les suivre. Pourtant, nous dit-elle, elle a beaucoup de courage et de volonté. Elle vous demande ce qu'elle peut faire pour se rééduquer.

Je ne crois vraiment pas qu'il s'agisse pour notre auditrice de se rééduquer. Elle a essayé, cela ne marche pas. Et elle dit elle-même qu'elle a le sentiment que quelque chose en elle résiste. Il faudrait donc savoir de quoi il s'agit.

Vous pensez donc qu'elle a un blocage ?

Je pense que c'est beaucoup plus complexe que cela. Dans son courriel, notre auditrice parle de son enfance et de sa famille, où l'on valorisait le fait d'être plutôt « costaud ». Et elle parle de son rapport, aujourd'hui, avec la nourriture. Elle dit, avec beaucoup d'humour, qu'elle se voit servir d'énormes assiettes à ses enfants ou emporter trois semaines de vivres pour un voyage en train qui doit durer trois heures, au cas où... Elle se voit faire tout cela et agir contre son gré. C'est comme si elle était obligée de faire tout cela, alors que, profondément, elle ne le veut pas. C'est très cruel.

Ce serait un héritage culturel et familial ?

Il y a certainement de cela. Mais cela ne suffit pas. Notre auditrice parle de la façon dont elle a essayé, à partir de 18 ans, de contrôler sa nourriture. Et de la façon dont elle s'est toujours sentie mal à la plage en maillot de bain. Comme si cette valorisation de la nourriture dans sa famille se faisait au détriment de la valorisation de la féminité. Et c'est souvent le cas. Une jeune fille essaie d'équilibrer son alimentation parce qu'elle a envie de se sentir belle et bien dans son corps. Et on l'en empêche parce qu'on lui interdit en fait la féminité, la séduction, la sexualité. Et puis la nourriture peut aussi servir à fermer la bouche d'un enfant, à lui interdire la parole. Ou à lui interdire le désir. Quand on est gavé, on n'a en général plus envie de grand-chose...

Quel conseil pour cette auditrice ?

Notre auditrice a déjà beaucoup réfléchi. Je crois qu'il faut qu'elle continue, et peut-être avec l'aide d'un professionnel. Les problèmes de nourriture ont toujours des racines profondes. La nourriture est, pour un bébé, le premier lien à sa mère. Et c'est par le biais de la façon dont sa mère le nourrit qu'un bébé perçoit inconsciemment ce qu'il est pour elle : une personne à part entière si elle respecte son appétit, ou un simple morceau d'elle-même si elle n'en tient aucun compte. Et c'est tout cela que l'on retrouve dans les troubles alimentaires des adultes.

ENFANT ADOPTÉ

Le fils adoptif de Sandrine a 16 ans. Depuis deux ans, il a, nous écrit-elle, été « rattrapé par son adoption ». Il ne supporte pas l'idée d'avoir été abandonné. Conséquence : décrochage des études, il ne fait plus rien. Et il s'est mis à fumer du cannabis. Aujourd'hui, il est menacé de renvoi. Sandrine nous dit qu'il n'arrête pas de faire des promesses, sans résultat. Elle vous demande comment le faire réagir et lui redonner le goût de l'effort.

C'est encore une fois un message terrible. À cause de l'état de ce garçon et du désarroi de cette mère, bien sûr. Mais surtout parce que cette mère essaie de trouver des solutions à un problème avant d'en avoir compris les causes.

Notre auditrice dit que son fils a été « rattrapé par son adoption ».

C'est une formule curieuse, vous en conviendrez. Et, en plus, notre auditrice ne nous dit pas si elle a adopté ce garçon seule ou s'il a un père. Mais il est vrai qu'une adoption suppose que l'on explique beaucoup de choses à un enfant. Et on n'aide pas assez les parents adoptifs à le faire.

Que faut-il expliquer ?

Un enfant adopté est un enfant qui a été conçu par un homme et une femme. On sait rarement dans quelles conditions, mais cela compte. Qui a été porté neuf mois par sa mère biologique, neuf mois pendant lesquels elle et lui ont pu vivre des choses que l'on ne connaît pas, mais dont l'enfant a la mémoire inconsciente. Ensuite, il est né et sa mère l'a donné à l'adoption. Je dis bien : « donné à l'adoption ». Donner un enfant à l'adoption est en effet une démarche. Une démarche qui signifie que cet enfant n'a pas été rejeté par sa mère comme un objet sans valeur (ce que croient souvent les enfants adoptés, et le fils de notre auditrice en l'occurrence). Ensuite, le bébé a vécu une vie en orphelinat, ce qui peut être très lourd. Et il faut ajouter à cela qu'il porte aussi bien l'histoire de ses parents biologiques que celle de ses parents adoptifs, qui, dans les deux cas, lui ont été transmises inconsciemment. Un enfant adopté a donc un poids très lourd sur les épaules, et il aurait besoin souvent d'un travail de parole et d'explication.

Dans le cas qui nous occupe, ce travail n'a pas été fait ?

Il ne semble pas, en tout cas, qu'il ait été fait. Donc, à l'adolescence, tout est revenu pour ce garçon – c'est fréquent. Et, faute d'aide, il a mis entre sa souffrance et lui un écran de fumée : le cannabis. Et, par le biais du cannabis, il a quitté en même temps que sa souffrance la réalité, donc les études. C'est un cercle infernal. Et je crois qu'il a besoin de faire aujourd'hui un travail avec un professionnel pour rompre ce cercle infernal et retrouver son histoire. Et, du même coup, sa route.

RENDRE VISITE À SA GRAND-MÈRE ALZHEIMER

La mère de Julien a 84 ans et souffre de la maladie d'Alzheimer. Elle vient d'être hospitalisée dans un service de gériatrie. La fille de Julien, qui a 4 ans, voyait sa grand-mère toutes les semaines. Tout naturellement, Julien et sa femme ont donc emmené leur fille à l'hôpital pour qu'elle rende visite à sa grand-mère. Or, à leur grande stupéfaction, un médecin leur a déclaré qu'ils mettaient leur fille en danger. Ils nous écrivent qu'ils sont très inquiets.

La première chose que j'ai envie de dire, c'est que la violence avec laquelle ce médecin a parlé à nos auditeurs est vraiment très choquante.

Ce qu'il a dit vous semble-t-il juste ? Elle a 4 ans. Aller dans un service de gériatrie, cela peut être dangereux ?

Il est impossible d'énoncer des lois générales à ce propos. Parce que tout dépend de l'enfant, de la relation qu'elle a avec ses parents, de la façon dont ces visites sont préparées et accompagnées. Notre auditeur et sa femme ont demandé à leur fille si elle voulait voir sa grand-mère, elle a dit « oui ». Et ils précisent que cette grand-mère est à un stade de la maladie où elle les reconnaît parfaitement. Je pense donc que, si l'on explique à cette petite fille que sa grand-mère a une maladie dans sa tête et que c'est pour cela qu'elle répète certaines choses et en oublie d'autres, et si l'on écoute ses réactions, si on lui parle, elle comprendra. Et elle continuera à avoir une relation avec sa grand-mère en faisant évoluer cette relation. Ce qui serait dangereux, c'est d'amener cette enfant dans un service comme celui-là sans rien lui expliquer et en imaginant qu'elle n'y verra que du feu. Mais si les parents parlent à l'enfant avant, pendant et après les visites, leurs paroles constituent une sorte de contenant rassurant pour elle. Et, grâce à ce contenant, elle peut affronter la réalité.

Cela dépend aussi du type de service dans lequel cette grand-mère est hospitalisée ?

Bien sûr ! Un service où l'on traite les personnes âgées avec respect, en se préoccupant de leur dignité, cela humanise les choses. Mais un service comme on en connaît tous, où les malades errent en permanence, hurlent et délirent sans que l'on s'occupe d'eux, c'est terrifiant. Et ça l'est aussi bien pour un adulte que pour un enfant.

Et si un jour la grand-mère va beaucoup plus mal ?

Il sera temps de voir à ce moment-là ce qu'il convient de faire. On peut très bien expliquer à un enfant, à un moment donné, que sa grand-mère va trop mal pour qu'il (ou elle) continue à la voir. Mais qu'il peut continuer à communiquer avec elle en lui faisant des dessins, en lui enregistrant des chansons. Cela ne peut se décider, le moment venu, qu'au cas par cas.

PARENTS DIVORCÉS ET TOUJOURS ENSEMBLE

Catherine ne supporte plus la relation plutôt bizarre de son compagnon avec son ex-femme. Elle nous écrit qu'il la retrouve au restaurant avec des amis communs du temps de leur mariage, qu'il va à des fêtes avec elle. Si bien que Catherine se sent, nous écrit-elle, « dans un rôle de plante verte ». Son compagnon dit qu'il le fait pour le bien de ses enfants. Or, justement, ces enfants sont très perturbés, nous précise Catherine. Qu'en pensez-vous ?

On peut comprendre que notre auditrice ne supporte pas cette situation. Et l'explication que lui donne son ami – il fait tout cela pour le bien de ses enfants – ne tient pas debout.

Pourquoi ?

Ça ne tient pas debout, parce que, si l'on veut qu'après un divorce les enfants aillent bien, il faut que les choses soient claires. Et ce qui doit être clair pour eux, c'est que leurs parents, en tant que couple, se sont séparés (parce qu'ils ne s'aimaient plus assez pour vivre ensemble), mais qu'ils restent néanmoins leurs parents et continuent d'assurer ensemble leur éducation.

Justement, le compagnon de notre auditrice dit que c'est cela qu'il fait.

Il le dit, mais cela ne semble pas vrai. Ce que des parents divorcés ont à régler, en effet, ce sont des problèmes liés aux modalités de garde, des problèmes d'éducation, des problèmes scolaires, etc. Ils peuvent le faire en prenant un café ou en déjeunant ensemble, s'ils s'entendent assez bien pour cela. Ou par téléphone si ce n'est pas le cas. Mais aller à des dîners ou à des fêtes ensemble, c'est faire ce qu'ils faisaient avant la séparation. Donc, c'est continuer une vie de couple. Et les enfants servent d'alibi.

Pourquoi un couple divorcé fait-il cela, et quelles sont les conséquences pour les enfants ?

Un couple peut avoir mille raisons de faire cela. Certains couples trouvent excitant de garder les avantages du mariage sans en avoir les inconvénients. Certaines femmes trouvent ce moyen pour mettre en échec la nouvelle compagne de leur ex-mari, en fonction du vieux principe : « Je ne veux plus de mon vieux mari, mais je ne veux quand même pas qu'une autre s'en serve. » Quoi qu'il en soit, c'est perturbant pour les enfants, qui ne peuvent pas s'y retrouver. Leurs parents sont divorcés, et ils vivent comme s'ils ne l'étaient pas. Que peuvent-ils comprendre ? Et, dans une telle situation, il leur est impossible de respecter la nouvelle compagne, car elle est mise en échec aussi bien par leur mère que par leur père. Notre auditrice dit d'ailleurs qu'elle a des problèmes avec la fille de son compagnon. C'est certainement très désagréable pour elle. Mais c'est aussi très mauvais pour cette jeune fille. Il faudrait donc que tout cela change au plus vite.

GROSSES COLÈRES À 4 ANS

La fille de Lucie a 4 ans et fait depuis quelque temps de grosses colères. Chaque fois qu'on lui dit « non », elle exige des explications et veut savoir quand ses parents seront enfin d'accord pour lui accorder ce qu'elle veut. Lucie nous raconte par exemple que, après un refus de tour de manège, elle s'est mise très en colère, exigeant de savoir quand elle pourrait le faire. « C'est sans fin, usant, d'autant qu'elle hurle », nous écrit Lucie. Alors, que faire ?

Effectivement, la vie dans cette famille n'a pas l'air facile !

Pourquoi cette petite fille agit-elle de cette façon ?

Je crois que cette petite fille n'a pas compris les lois du monde. Elle n'a pas compris que, dans la vie, on ne peut ni tout faire ni tout avoir, et que ce sont les grandes personnes qui commandent, pas les enfants. Il faut expliquer à un enfant cette loi du monde, cette loi générale, pour qu'il comprenne bien que chaque « non » ponctuel qu'on lui dit – « Non, tu n'auras pas un deuxième paquet de bonbons » – vaut pour la situation ponctuelle, mais renvoie aussi aux lois générales : « Tu n'auras pas un deuxième paquet de bonbons, parce que tu en as déjà eu un. Et parce que, de toute façon, dans la vie, on ne peut pas tout avoir. C'est comme ça ! »

Donc, c'est pour ça qu'elle veut des explications chaque fois ?

Oui. Comme elle n'a pas compris la loi générale, chaque refus reste pour elle un scandale. Elle demande donc à ses parents non pas de l'expliquer, mais de le justifier, ce qui n'est pas du tout la même chose. Et ça lui laisse une porte ouverte pour espérer un avenir sans limites : « Je n'ai pas eu ce que je voulais tout de suite, mais je l'aurai certainement un peu plus tard. » D'où les demandes sans fin : « Et on ira quand ? », etc.

Que peuvent faire ses parents ?

Je crois qu'il faut qu'ils lui expliquent clairement cette loi générale. Une fois, deux fois, mais il n'est pas question qu'ils la répètent indéfiniment. Et il faut lui expliquer que cette loi ne s'applique pas seulement aux enfants, mais aussi aux adultes. Si un employé d'une société va se rouler par terre dans le bureau de son patron, celui-ci ne va pas pour autant doubler son salaire. C'est la vie. Mais il faut aussi, je crois, que cette enfant soit plus autonome. Sa maman nous dit dans son message qu'elle refuse de se tenir tranquille quand on lui brosse les dents. À 4 ans, elle a l'âge, si on lui apprend comment le faire, de brosser seule ses dents. Et c'est important, parce que les enfants que l'on assiste trop longtemps dans le quotidien se retrouvent souvent avec un surplus d'énergie qu'on les empêche d'utiliser. Et ils s'en servent pour faire des colères, parce que c'est au moins une chose que l'on ne peut pas les empêcher de faire seuls. On voit cela très souvent.

FAMILLE TOXIQUE

Il y a deux ans, Laurent et sa femme ont attendu un enfant, mais la grossesse a été interrompue, car l'enfant était trisomique. Cette année, nouveau problème médical et nouvelle interruption de grossesse. Or ils ne reçoivent jamais le moindre soutien de leur famille. Et ils font même, nous écrivent-ils, l'objet de moqueries. Aujourd'hui, ils font une démarche d'adoption et se demandent comment ils pourront protéger de leur famille l'enfant adopté.

Je crois que la première question serait de savoir comment nos auditeurs peuvent se protéger eux-mêmes. Parce que, de toute façon, même si cette famille ne s'en prenait pas à l'enfant (ce qui serait étonnant), ce serait insupportable pour un enfant de voir ses parents traités comme ils le sont.

Comment nos auditeurs peuvent-ils se protéger ?

C'est difficile à dire, parce qu'ils ne nous donnent aucun détail sur leur famille. Mais de façon générale, dans ce genre de cas, il faut vraiment dire « stop ». Prévenir que l'on coupera les ponts si ces aberrations continuent. Et être vraiment prêt à tenir bon.

Il est quand même difficile de rompre avec sa famille...

Certainement. Mais, en l'occurrence, il s'agit surtout de rompre avec la torture. Car c'est de cela qu'il s'agit. Ces gens sont parfaitement inhumains : se moquer d'un couple qui perd un enfant et aller colporter ses malheurs partout, cela fait froid dans le dos. Pourquoi nos auditeurs devraient-ils le supporter ? Il faut qu'ils mettent un terme à cette situation, mais aussi qu'ils y réfléchissent. Ils acceptent sans doute depuis longtemps beaucoup de choses au nom des liens familiaux, et c'est fréquent. Parce que notre société pense encore que les liens du sang sont sacrés et forcément positifs, ce qui est faux. Et cette croyance a des conséquences très graves, parce que c'est par exemple en s'appuyant sur elle que l'on refuse de retirer à leurs familles des enfants maltraités.

Comment une famille peut-elle en arriver à se comporter de cette façon ?

Répondre à cette question supposerait d'étudier précisément l'histoire de cette famille. Parce qu'on est là – et je ne suis pas sûre que nos auditeurs s'en rendent compte – dans le registre de la pathologie. Donc, il y a certainement à la fois des problèmes de pathologies sur plusieurs générations et, aujourd'hui, des gens qui font office de metteurs en scène de ces monstruosités, de chefs de bande. Il faut donc protéger l'enfant qui va venir de cette folie. Et la première tâche des parents, avant même que cet enfant arrive, est d'assainir la situation.

MA FILLE PLEURE
QUAND JE SUIS À MON TRAVAIL

Marion travaille dans la communication et a donc des horaires « à rallonge ». Elle a une fille de 3 ans qu'elle dépose tous les jours à la crèche. Les puéricultrices lui ont dit que sa fille pleurait assez souvent et demandait ce que faisait sa maman. Elles ont conseillé à Marion de faire visiter son lieu de travail à sa fille. Elle nous demande si c'est une bonne idée.

Je ne sais vraiment pas si c'est une bonne idée ou non...

Parce que vous ne connaissez pas cette petite fille ?

Bien sûr, mais pas seulement. Parce qu'avoir une bonne idée quand un enfant a un problème, c'est avoir une idée qui lui permette de trouver une réponse à la question qu'il pose. Et cela suppose d'avoir compris quelle est cette question. Et c'est souvent très mystérieux. Par exemple, un enfant qui sait que sa grand-mère est hospitalisée et qui demande en permanence à quelle date elle revient : cela peut être une bonne chose de l'emmener voir le médecin de sa grand-mère pour qu'il lui explique que la maladie dont elle souffre est longue, mais pas mortelle. Parce que cette visite rassurera l'enfant, qui manifestait sans doute par ses questions incessantes sa crainte qu'elle ne revienne jamais, c'est-à-dire qu'elle meure. Dans le cas de la fille de notre auditrice, je ne peux rien dire, car je ne connais pas le sens de sa question.

Mais cela semble clair. Cette petite fille demande où est sa maman l'après-midi et ce qu'elle fait.

Oui, ça, je l'ai compris. Mais ce qu'elle demande lorsqu'elle dit cela, je l'ignore. Elle peut, comme semble le penser la puéricultrice de la crèche, ne pas comprendre en quoi consiste le travail de sa maman. Et avoir besoin, pour se le représenter, non seulement des explications qui lui ont déjà été données, mais de voir le lieu où cela se passe. Mais ce n'est pas sûr. Certains enfants réclament leur mère parce qu'ils ont besoin qu'on leur explique – ou qu'on leur réexplique – qu'ils ont une place dans la tête et dans le cœur de leur mère, mais qu'ils n'ont pas toute la place. Que les mamans (et les papas, d'ailleurs) aiment leurs enfants, mais qu'elles (et ils) aiment aussi leurs amoureux, leurs amis, leur travail, leurs loisirs, etc. Et ne peuvent donc pas être auprès de leurs enfants en permanence.

Pourquoi un enfant a-t-il besoin qu'on lui explique tout cela ?

Parce que, en lui expliquant cela, on lui explique sa place, et parce qu'un enfant a besoin de savoir quelle est sa place. Dire à un enfant : « Ta maman t'aime, mais il n'y a pas que toi dans sa vie, en ce moment elle est là où elle doit être, c'est sa vie », ça ne le rend pas forcément gai. Parce que cela met des limites à sa toute-puissance. Mais ces paroles sont pour lui rassurantes. Parce qu'elles lui signifient que sa mère n'a pas besoin de lui pour vivre, et donc lui donnent le droit de vivre sa vie, lui aussi, sans culpabilité. Comme elles lui donneront, plus tard, le droit de quitter, toujours sans culpabilité, ses parents, parce qu'il saura qu'ils ont une vie même s'il n'est pas là.

PÈRE CONSOMMATEUR DE CANNABIS

Il y a deux ans, Nadège s'est séparée de son mari à cause de sa consommation permanente de cannabis (du matin au soir, nous écrit-elle, et cela le rendait agressif). Aujourd'hui, ils se partagent la garde de leurs filles de 9 et 11 ans. Nadège voudrait savoir si elle doit leur dire que leur père se drogue. Elle craint en effet que les enfants le découvrent par elles-mêmes et que leur père banalise les choses.

Il y a d'abord une chose que l'on peut poser. C'est que, si notre auditrice et son mari ont divorcé à cause du cannabis, cela a sûrement donné lieu à des discussions, et même à des disputes. Donc, on voit mal comment les filles de notre auditrice, qui avaient à l'époque 9 ans et 7 ans, ne seraient pas au courant.

Si les enfants sont au courant, est-ce qu'il faut quand même leur en parler ?

Mais bien sûr ! Ces petites filles doivent savoir des choses, parce qu'elles ont surpris des discussions, cherché à comprendre, et peut-être même parlé entre elles. Mais c'est une sorte de savoir clandestin. Or elles ont sans doute beaucoup de questions dans leur tête, et elles ne peuvent en parler ni à leur mère, qui s'imagine qu'elles ne savent rien, ni à leur père, parce que ces questions le concernent trop. Donc, elles se retrouvent certainement avec l'idée que leur père fait des choses qui ne sont pas bien vues dans la société et dont on parle (parce que le cannabis, on en parle), sans pouvoir le dire à personne. C'est sûrement très lourd pour elles.

Comment s'y prendre ?

Simplement ! Leur mère peut amorcer la discussion en leur disant qu'elles sont sûrement au courant. Et en leur demandant ce qu'elles savent. Et puis elle peut leur expliquer ce qu'est le cannabis : un produit qui est loin d'être sans risque, et que les gens qui en fument beaucoup utilisent en général, sans forcément le savoir, pour mettre leurs problèmes à distance et les rendre plus supportables. Leur père a sans doute des problèmes, depuis longtemps, et notre auditrice en connaît sans doute une partie. Elle peut les évoquer avec ses filles, raconter ce qu'elle sait de l'enfance de leur père.

Vous ne pensez pas que cela va altérer l'image qu'elles ont de leur père ?

Mais non, au contraire ! Ce qui risque d'altérer l'image de leur père, c'est qu'elles s'imaginent que leur père est quelqu'un qui fait des choses « pas bien », et que, donc, il est « quelqu'un de pas bien ». Leur père est quelqu'un de très bien. Mais il a des problèmes et, comme il a sans doute du mal à les regarder en face, il les fuit avec le cannabis. Il faut leur expliquer cela, elles peuvent très bien le comprendre.

UN DOUDOU À 9 ANS

Les vacances débutent et, s'il est un objet qu'il ne faut pas oublier dans les bagages, c'est bien le doudou. Mais, à 9 ans, est-ce vraiment bien indiqué ? Laura nous écrit que la fille de son compagnon, séparé de sa femme depuis plus de trois ans, ne peut pas quitter ses deux doudous – deux morceaux d'une chemise de nuit que sa mère portait lors de sa naissance, il y a neuf ans. Le père ne voit rien d'anormal à cela, et la fillette se fâche si Laura évoque la question des doudous.

Je dois dire que ce message m'a fait un peu dresser les cheveux sur la tête...

Parce que cette fillette de 9 ans a encore un doudou ?

Le « doudou » est un objet que le psychanalyste anglais Donald Winnicott a nommé un « objet transitionnel ». C'est un objet qui apparaît à un moment précis de la vie d'un bébé et qui a une fonction très précise. Au début de sa vie, en effet, le nourrisson ressent sa mère comme faisant partie de lui. Ce qui est normal, puisqu'elle apparaît dès qu'il l'appelle. Peu à peu, comme il grandit et qu'elle répond de façon moins immédiate à ses demandes, une séparation entre elle et lui commence à se mettre en place. Et c'est à ce moment-là qu'apparaît l'« objet transitionnel ». Et sa particularité, c'est que l'enfant ne le ressent pas encore comme un objet vraiment extérieur à lui, tout en ne le ressentant pourtant plus comme faisant partie de lui. Donc, c'est un objet qui est dans une sorte d'entre-deux : Winnicott dit que c'est le premier « objet non moi ». Il atteste la séparation entre le bébé et sa mère qui est en train de se construire.

Quand la séparation est faite, que devient le doudou ?

Il tombe comme un fruit mûr, parce qu'il n'a plus de raison d'être. L'enfant passe à autre chose et, peu à peu, l'abandonne. Certains enfants le gardent plus longtemps que d'autres, et certains ne peuvent pas s'en passer à l'école maternelle, ce qui est déjà un problème. Mais, à 9 ans, c'est quand même assez rare.

Pourquoi un enfant de 9 ans aurait-il encore besoin d'un doudou ?

Je ne pense pas que cette fillette ait besoin d'un doudou. Je pense que c'est probablement sa mère qui a besoin qu'elle en ait besoin. Et sa mère le lui montre d'ailleurs en découpant la chemise de nuit qu'elle portait au moment où elle a accouché, c'est-à-dire au moment où elle s'est, pour la mettre au monde, séparée d'elle pour la première fois, ce qui n'est quand même pas anodin. Il ne faut jamais oublier que, pour qu'un enfant puisse se séparer de sa mère, il faut que cette mère puisse se séparer de lui. Si elle ne le peut pas, l'enfant le sent, et il reste collé à elle pour la protéger. Et c'est terrible pour lui. Avoir un doudou à 9 ans, c'est une souffrance terrible, c'est humiliant et dévalorisant. Il y a donc sûrement un lien très problématique entre cette enfant et sa mère. Et il faudrait vraiment que le père intervienne pour protéger sa fille. Il faut qu'il ouvre la cage dans laquelle sa fille est enfermée et qui l'empêche de grandir. Et qu'il aide son ex-femme à comprendre les raisons pour lesquelles elle ne peut pas se séparer de son enfant.

RÈGLES PLUS SOUPLES EN VACANCES

L'été est le moment des pique-niques avec les enfants. Julien a deux jeunes enfants, et il nous demande comment leur expliquer que pendant l'année on leur interdit de quitter la table, et qu'en période de vacances le pique-nique est beaucoup moins contraignant. En un mot, comment expliquer aux enfants qu'en été les règles éducatives sont moins strictes, mais que, à la rentrée, tout reprendra comme auparavant ?

C'est une question intéressante, parce qu'elle pose la nécessité d'expliquer aux enfants le « pourquoi » des règles.

Vous voulez dire qu'affirmer : « Cela ne se fait pas de se lever de table » ne suffit pas ?

On disait autrefois aux enfants : « Tu fais ça, c'est comme ça, tu obéis ! » Et, d'ailleurs, certaines personnes aujourd'hui prônent le retour à ces méthodes, mais ce sont des méthodes contre-productives, car elles font apparaître la règle comme un pur arbitraire. Elles n'apprennent donc rien à l'enfant et, au contraire, le poussent soit à l'inhibition totale (parce qu'il se soumet aux ordres), soit à la révolte et à la violence. Or ne pas se lever de table avant la fin du repas a un sens. Et il faut l'expliquer.

Quel sens cela a-t-il ?

Durant l'année, tout le monde travaille. Dès le matin, chaque membre de la famille part de son côté : les parents à leur travail, les enfants à l'école. Les repas sont donc le seul moment où les membres de la famille peuvent se retrouver, discuter, échanger. Si chacun se lève de table quand il en a envie, il n'y a plus de rencontre possible. Et c'est même vexant pour ceux qui restent. Cela peut les blesser. Autrement dit, les règles de ce type ne sont pas liées à de vieilles traditions bourgeoises et poussiéreuses, mais au respect de l'autre.

Donc, en vacances, il n'y a plus de respect de l'autre ?

Bien sûr que si ! Mais, en vacances, on est ensemble toute la journée, et un pique-nique est moins formel qu'un repas. Et puis, surtout, les vacances sont un moment où la règle, justement, c'est de prendre plus de liberté, de casser les habitudes : on peut s'habiller comme on en a envie, on peut se lever plus tard. On peut donc se mettre, dans certaines limites, en vacances des règles. Et c'est légitime, parce que c'est fatigant d'obéir aux règles. On peut donc expliquer aux enfants que les vacances sont une sorte de moment de transgression limitée, ritualisée et relative : on n'a pas le droit de tuer ses voisins sous prétexte que l'on est en vacances... C'est important de leur expliquer tout cela. Parce que ça leur permet de comprendre que, bien sûr, les règles sont indispensables. Mais que les adultes peuvent reconnaître qu'il est toujours difficile de les respecter.

SE RETROUVER ENSEMBLE EN VACANCES

Voici les vacances, après une longue année au travail. Vous avez peut-être vécu ces semaines où les moments familiaux étaient rares et rapides. C'est le cas de Laurence. À cause de déplacements professionnels, elle et son mari ont été très peu souvent ensemble avec leur enfant. Si bien qu'ils se demandent comment vont se passer leurs vacances à trois. Comment chacun va-t-il se comporter ? Comment leur fils va-t-il pouvoir se situer par rapport à des parents qu'il a l'habitude de voir séparément ?

Le problème que pose notre auditrice est tout à fait réel. Les adultes vont en effet devoir se retrouver en couple. Et ils vont devoir, chacun, retrouver leur place de parent par rapport à l'enfant et par rapport à l'autre parent. Et l'enfant, lui, il va devoir retrouver sa place d'enfant face au couple de ses parents.

Mais se retrouver en couple est plutôt agréable, non ?

C'est agréable, et on attend souvent cela toute l'année, mais, en même temps, ce n'est pas forcément facile. Parce que l'on se retrouve dans une vie quotidienne avec l'autre. Et le quotidien pour un couple est toujours difficile. C'est même un réel facteur d'usure. La seule chose que l'on peut se dire, c'est qu'il va s'agir, là, d'un quotidien de vacances, qui est toujours moins lourd que celui du reste de l'année.

Vous disiez que chaque parent devait retrouver sa place par rapport à l'enfant, mais aussi par rapport à l'autre parent.

Oui. Et c'est souvent plus complexe qu'il n'y paraît. Nos auditeurs ont été souvent seuls avec leur enfant. Ils ont donc pu agir en fonction de leurs repères éducatifs personnels. Et, même s'ils parlaient à l'enfant de son autre parent, cet autre parent n'était pas physiquement présent. Donc, celui qui était là avait les mains libres. Et, là, ils vont retrouver les divergences d'appréciation normales entre deux parents sur les limites, ce que l'on peut exiger de l'enfant, ce que l'on peut laisser passer : l'heure du coucher, finir son assiette, etc. Il va falloir que chacun réapprenne à être parent avec l'autre parent.

Et l'enfant peut être amené à en jouer, non ?

Bien sûr ! Les enfants se servent de tout. En tout cas de tout ce qui peut leur donner un pouvoir, c'est la règle du jeu. Les enfants qui retrouvent la présence de leurs deux parents ensemble essaient souvent, dans un premier temps, de les opposer, de les diviser, pour pouvoir régner. Ils essaient de se plaindre de l'un à l'autre (et *vice versa*), de montrer à l'un plus d'affection qu'à l'autre, ce qui est un bon moyen d'occuper les pensées de celui qui se sent moins aimé. Et ils le font d'autant plus volontiers s'ils sentent que le parent se sent un peu coupable de ses absences. Mais, comme toujours en pareil cas, la parole peut tout régler. Il faut que les parents parlent entre eux et parlent à l'enfant. Et chacun retrouvera sa place.

DEVOIRS DE VACANCES

Pour nombre d'adultes, les devoirs de vacances sont tout autant un pensum pour les enfants que pour les parents. Ils donnent lieu à des discussions sans fin, à des énervements, à des disputes... et tout cela est très désagréable. Cécile, dont la fille est bonne élève, nous demande si tout cela est bien indispensable ou si elle peut, comme elle nous le dit, la laisser tranquille pendant deux mois.

Je pense d'abord qu'il pourrait être utile que les parents parlent avec les enseignants de leurs enfants de cette question. Mais il me semble qu'elle montre surtout que l'on a souvent une vision très étroite de l'accès des enfants à la connaissance.

Pourquoi une vision étroite ?

Les devoirs de vacances sous leur forme classique peuvent avoir un sens pour des enfants qui ont accumulé beaucoup de retard. À condition toutefois que ces devoirs de vacances ne soient pas utilisés par leur famille d'une façon telle qu'ils vont les dégoûter à tout jamais de l'étude... Mais, pour les bons élèves, qui n'ont aucun retard à rattraper, si l'on veut qu'ils ne perdent pas le goût d'apprendre, il y a d'autres moyens que les devoirs de vacances. Parce que l'accès à la connaissance ne se limite pas à l'univers scolaire et à ses méthodes.

Comment peut-on apprendre autrement en vacances ?

De mille façons et en branchant les apprentissages sur la vie ! Pour lire, on peut continuer à lire des histoires, mais on peut aussi lire le guide qui raconte l'histoire du château que l'on va visiter. Pour écrire, on peut chercher des insectes et des plantes dans le jardin de mamie, les dessiner (ou les photographier) et écrire à côté du dessin ou de la photo leur nom sur un cahier. On apprend de cette façon que scarabée ne s'écrit pas avec un *k*... Pour compter, on peut compter les grammes de farine et les œufs pour le gâteau au chocolat que l'on va faire pour le goûter. Et, là aussi, on peut faire un super-cahier : « Le super-cahier des super-recettes secrètes des vacances chez tante Odile ». À chaque moment de la vie, on peut acquérir des connaissances, et le faire en s'amusant.

Et si l'enfant ne veut pas compter les œufs ?

En général, il s'y refuse si on lui présente cela comme un devoir de vacances, et il a parfaitement raison ! Mais, si tout est fait en riant, avec un adulte qui prend plaisir à le faire, il est très rare que l'enfant refuse. Pouvoir annoncer le soir, au dîner, que papa a utilisé 43 clous pour bricoler, et qu'en plus on l'a aidé, est une fierté pour un enfant. Et il apprend ainsi que lire, écrire et compter ne sont pas juste des « trucs casse-pieds » que l'on est obligé de faire pour ne pas se faire gronder, mais des choses qui ont, dans la vie, une utilité, et qui, en plus, peuvent procurer du plaisir.

VACANCES SÉPARÉES

Si vous êtes divorcé(e), vous vivez certainement en ce moment des vacances partagées pour les enfants. Amandine nous écrit que ses enfants passent un mois chez leur père. C'est difficile pour elle, mais le plus dur est qu'ils n'acceptent pas de lui parler au téléphone lorsqu'elle les appelle. Ils veulent bien mettre le combiné à leur oreille, mais ils ne disent pas un mot. Ce qu'évidemment elle ne comprend pas, d'autant qu'ils sont ravis de la retrouver après cette période de vacances chez leur père.

C'est un problème que l'on rencontre fréquemment, et ce ne sont jamais les enfants qui sont en cause, mais les parents.

De quelle façon sont-ils en cause ?

Ils peuvent l'être de deux façons. Soit parce que l'un ou l'autre utilise les enfants comme une arme de guerre pour régler des comptes avec son ex-conjoint. Soit simplement parce que les choses n'ont pas été expliquées clairement aux enfants. Dans un divorce, les enfants ont besoin de savoir – on ne le répétera jamais assez – que leurs parents se séparent en tant que couple, en tant qu'amoureux, mais qu'ils restent pour toujours leurs parents et continuent ensemble à s'occuper d'eux. Et que eux, les enfants, ont le droit de continuer à les aimer tous les deux, comme auparavant.

Et ce n'est pas évident pour des enfants ?

Ce n'est jamais évident pour eux tant qu'on ne le leur a pas expliqué. L'enfant, en effet, est très souvent pris dans ce que l'on appelle un « conflit de loyauté ». Il a l'impression que, comme ses parents sont séparés, s'il parle à l'un, s'il montre qu'il l'aime, il trahit l'autre. Et que cet autre va lui en vouloir. Et c'est d'autant plus fort que l'enfant, qui n'a pas conscience de sa place, se croit capable de juger de la séparation (qui a tort, qui a raison) et capable de soutenir le parent qu'il trouve le plus malheureux. Donc, il faut absolument que les deux parents, ensemble, expliquent clairement les choses à leurs enfants.

Et si, comme vous le disiez, l'un des parents utilise les enfants contre l'autre ?

Il faut que cet autre parent puisse parler à ses enfants. Expliquer que papa (ou maman) est malheureux de la séparation, parce qu'il était encore amoureux. Que, quand on est malheureux, on fait souvent des choses pas très bien. Et que, là, papa (ou maman) essaie de se venger en leur disant des choses qui ne les regardent pas ou en leur faisant faire des choses qu'ils n'ont pas à faire. Il faut mettre des mots pour l'enfant sur la situation, pour qu'il puisse échapper le plus possible à la manipulation.

ELLE VEUT DORMIR AVEC SON COPAIN À LA MAISON

Aurélie a une fille de 15 ans qui a, pour la première fois, un « petit copain ». Il ne s'est encore rien passé de sérieux avec lui, a-t-elle dit à sa mère, mais voilà qu'elle voudrait l'inviter à dormir dans sa chambre, comme il lui arrive d'inviter ses copines. Aurélie n'est pas d'accord. Mais elle ne sait plus quel argument employer pour convaincre sa fille.

C'est une question vraiment intéressante, parce qu'elle montre à quel point les adolescents, mais aussi leurs parents, peuvent manquer de repères.

De quels repères voulez-vous parler, en l'occurrence ?

D'un repère de bon sens, d'abord. Cette jeune fille veut inviter son petit copain à dormir dans sa chambre « comme ses copines ». La première chose que l'on peut lui dire est qu'un « petit copain » n'est pas une copine. C'est un garçon. Et, entre un garçon et une fille, il peut y avoir des relations autres qu'amicales (entre deux garçons ou deux filles aussi, d'ailleurs, mais en l'occurrence ce n'est pas le sujet).

Mais cette jeune fille dit qu'il ne s'est encore rien passé de sexuel avec ce garçon ?

Il ne s'est rien passé, mais cela peut se passer ! Parce qu'il est dans l'ordre des choses que cela puisse se passer. Et il ne faut pas situer le problème par rapport à une quelconque morale. Il s'agit pour cette mère de parler à sa fille de la sexualité. C'est-à-dire du fait qu'elle n'est plus un bébé, mais une jeune fille qui va devenir une femme. Et que les premiers émois, les premières rencontres, les premiers flirts sont très importants. Parce que le corps, le désir et le plaisir sont des choses fragiles.

Donc, si l'on veut préserver sa sexualité future, on ne peut pas faire n'importe quoi.

Ce serait quoi exactement, « faire n'importe quoi » ?

Cela peut consister en deux attitudes qui sont aussi destructrices l'une que l'autre. Soit rester un bébé à l'âge où l'on ne devrait plus en être un, en oubliant que l'on est un être sexué. Soit, au contraire, se jeter n'importe comment dans la sexualité, en ayant des relations sexuelles avec le premier garçon qui passe, pour faire comme telle ou telle copine. On entend cela très souvent aujourd'hui. Et puis je crois qu'il faut aussi expliquer, aux garçons comme aux filles, que l'on ne peut pas vivre sa vie amoureuse chez papa et maman, dans sa chambre d'enfant, au milieu des ours en peluche de son enfance. La vie amoureuse, sexuelle, celle des parents comme celle des enfants, relève de la vie privée. Et, pour un jeune garçon ou une jeune fille, elle fait partie des facteurs qui leur permettent de quitter l'enfance, de quitter leurs parents et de partir construire leur vie.

TRAVAILLER PENDANT SES VACANCES

Cet été, peut-être avez-vous fait partie de celles et ceux qui ne sont pas parvenus à se mettre vraiment en vacances. Vous étiez bien parti de chez vous, vous étiez dans un lieu idyllique, vous étiez en famille, avec des amis. Mais vous n'avez pas pu vous empêcher de prendre quelques dossiers, de répondre à vos mails professionnels, de suivre l'activité de vos collaborateurs. Une étude publiée avant l'été montrait que 45 % des actifs français envisageaient de travailler un peu pendant leurs congés. Alors, pourquoi ?

Je crois qu'il y a deux sortes de raisons qui peuvent faire que l'on reste accroché à son travail alors que l'on pourrait être en vacances. Il y a d'abord des raisons individuelles, des raisons psychologiques.

Qui peuvent être liées à quoi ?

Elles peuvent être liées au fait que, pour beaucoup de gens, le mot « vacances » est un mot angoissant, parce qu'il les renvoie à une idée de vide. Ils ont l'impression qu'ils ne vont plus être protégés par le carcan de la vie professionnelle, et vont se retrouver seuls face à une vie de famille qui ne les satisfait pas toujours. Et surtout face à eux-mêmes et à leurs désirs. Ce qui peut être très angoissant.

Pourquoi serait-ce angoissant pour eux ?

À cause de ce qu'ils ont vécu depuis le début de leur vie, car la liberté, pour paradoxal que ce soit, est quelque chose qui s'apprend. Pour que l'enfant arrive à être libre, il faut d'abord que ses parents lui mettent des limites. Parce que les limites sont un cadre qui lui permet d'aller et venir sans angoisse :

il sait qu'il est libre, mais qu'on ne le laissera pas faire n'importe quoi. S'il n'y a pas ce cadre, la liberté peut lui sembler sans limites et, de ce fait, être très angoissante. Et puis la capacité à prendre du plaisir est, elle aussi, quelque chose qui se construit. Pour que l'enfant puisse l'acquérir, il faut que les parents prennent en compte son désir, et cela se fait au jour le jour, dans la vie quotidienne, par le fait, par exemple, qu'ils ne l'obligent pas à manger des glaces au chocolat s'il n'aime que celles à la fraise...

Vous disiez que la peur des vacances pouvait avoir d'autres causes ?

Oui, et des causes qui n'ont rien à voir avec la psychologie individuelle, parce qu'elles tiennent à la façon dont la crise économique pèse aujourd'hui sur l'univers du travail et sur la vie professionnelle, où l'on demande toujours plus. Les salariés ont de plus en plus peur de ne pas en faire assez, de ne pas être assez performants. C'est vraiment pour eux une angoisse permanente, et elle hypothèque leur vie privée. Ils vivent une « pression » qui est une véritable machine à broyer et dont on ne parle pas assez. Ou bien dont on parle en l'attribuant à des problèmes personnels dont, de toute évidence, elle ne relève pas.

FESSÉE

Comme beaucoup de parents, vous avez certainement déjà donné une fessée à l'un de vos enfants. Est-ce que cela fait de vous un monstre ? Et est-ce que votre enfant va en rester traumatisé à tout jamais ? Ce sont des questions que nous posent régulièrement des auditeurs, notamment après des campagnes – totalement justifiées – sur les violences familiales et sur les châtiments corporels[1]. Qu'en pensez-vous ?

Mon avis est qu'il faudrait éviter de tout mélanger.

C'est-à-dire ?

Les châtiments corporels ne sont jamais une méthode d'éducation. L'enfant qui reçoit systématiquement une fessée ou une gifle chaque fois qu'il a fait une bêtise est un enfant en danger. Parce qu'il souffre et parce qu'il subit une violence qui a toutes les chances de le rendre, plus tard, lui-même violent. Mais il ne faut pas confondre cette violence érigée en système, qui repose sur une idée non pas d'éducation, mais de dressage (et qui induit chez l'enfant l'idée que le monde est une jungle où les plus forts abusent des plus faibles), avec la fessée occasionnelle que des parents qui respectent leur enfant, qui lui parlent et qui l'aiment peuvent être un jour amenés à lui donner.

---

1. En 2013, la Fondation de France avait lancé une nouvelle campagne de prévention contre les « violences éducatives ordinaires », qui soulignait que les fessées, les claques ou toute autre brimade physique sur les enfants avaient de graves conséquences pour eux.

Justement, qu'est-ce qui peut conduire ces parents à donner une fessée ?

Le fait qu'aucun parent n'est Superman ni Superwoman ! Un parent est un homme ou une femme, un humain qui a des limites. Et qui peut, quels que soient ses repères éducatifs, « craquer » un jour parce qu'il est trop excédé, trop épuisé, mais aussi parce que l'enfant, qui cherche une limite dont il a besoin, a pu le pousser à bout pour l'obtenir.

Cela voudrait dire que l'enfant cherchait une fessée, comme l'on dit ?

Bien sûr que non ! L'enfant ne cherche pas une fessée, il cherche une limite. Une limite capable de l'arrêter, parce que c'est angoissant pour lui d'imaginer qu'il pourrait faire n'importe quoi. Mais le parent peut se sentir tellement impuissant devant l'escalade de son enfant qu'il ne trouve pas d'autre moyen, pour lui mettre une limite, que la fessée.

Et c'est une catastrophe pour l'enfant ?

Une fessée occasionnelle n'est jamais une catastrophe. D'autant que l'on peut en parler avec l'enfant après coup. Et, de toute façon, les enfants ne se trompent jamais. Ils ne confondent jamais la fessée donnée par un parent qu'ils ont poussé à bout avec la violence de l'adulte sadique qui jouit de les terrifier, de les humilier et de leur faire du mal. Je crois que les campagnes contre la fessée se trompent de combat. D'abord parce que la majorité des enfants français, de nos jours, n'est pas menacée par la maltraitance. Elle est menacée par le manque de repères des parents et par l'absence d'éducation. Et, d'autre part, parce que, si l'on veut se battre contre la maltraitance, il faudrait de toute urgence s'occuper de tous ces enfants maltraités qui sont laissés aujourd'hui encore dans leur famille au nom d'une sacralisation criminelle des liens biologiques, que l'on ne veut pas remettre en cause.

ENFANT COLÉRIQUE ET VIOLENT

Situation difficile pour Jeannette et son fils de 10 mois. Elle nous raconte que, chaque fois qu'on lui refuse quelque chose, il se jette sur ses frère et sœur (de 6 et 10 ans). Et même sur ses parents. Et les frappe. Et, quand on l'en empêche, il se frappe alors lui-même la tête sur le sol, jusqu'à se faire d'énormes bleus. Jeannette et son mari ne savent plus s'ils doivent le consoler ou le mettre dans son parc. Et là, d'ailleurs, il se tape la tête contre les barreaux.

C'est curieux, cette alternative que proposent ses parents. Parce que consoler cet enfant supposerait qu'il ait du chagrin. Or, de toute évidence, il n'a pas du chagrin, il est en colère, ce n'est pas la même chose. Et l'enfermer dans un parc, comme un animal, en le laissant se taper la tête contre les barreaux, n'est pas possible non plus. C'est trop violent, trop dangereux.

Mais alors, que peuvent faire ces parents ?

Je le dis chaque fois : on ne peut pas décider de ce qu'il faut faire tant que l'on n'a pas compris ce qui se passe. La question à se poser est de savoir pourquoi cet enfant est aussi violent. Il me paraît évident qu'il ne supporte pas les limites, puisque c'est toujours un refus qui déclenche sa colère. Le refus semble le rendre fou de rage. Peut-être parce qu'il met des limites à sa toute-puissance.

Notre auditrice dit que, dans ces moments-là, il frappe tout le monde, même les adultes...

Oui, et il y a sûrement plusieurs raisons. D'abord, il n'a sans doute pas compris que l'on ne frappe pas les autres, et surtout pas les adultes. Que, chez les humains, la violence est interdite.

Mais il n'a sans doute pas compris non plus le sens des limites. Il semble les vivre comme une simple violence qui lui est faite, et cela le conduit à chercher quelqu'un sur qui passer sa colère et à se frapper lui-même si on lui interdit de frapper les autres. Parce qu'il n'a pas non plus compris que l'on n'a pas le droit de se faire du mal à soi-même. Donc, il est probable que l'on n'a pas suffisamment parlé avec cet enfant. Pour lui expliquer notamment que les limites ne sont pas là du tout pour l'embêter, lui, que tout le monde doit les respecter, même les grandes personnes. Mais ce qui m'inquiète, c'est la violence des réactions de cet enfant. En se tapant la tête sur le sol, il se met en danger. Ce n'est pas normal.

Mais pourquoi cet enfant fait-il cela ?

Je ne le sais pas, mais il faudrait le comprendre. Peut-être en consultant un « psy ». Il faudrait comprendre ce que cet enfant a vécu depuis qu'il est né, depuis sa conception, et même ce que ses parents ont eux-mêmes vécu. Il semble être dans une très grande colère et dans une très grande souffrance. Je crois qu'on ne peut pas le laisser comme cela. Il faut vraiment de toute urgence l'aider.

ALLER SEUL À L'ÉCOLE

La rentrée a eu lieu il y a une dizaine de jours. Mais vous êtes nombreux à vous demander quand votre fils ou votre fille pourra faire le chemin de l'école tout seul. C'est le cas de Marianne. Elle nous écrit que son fils a 8 ans et que son école se trouve à 400 mètres de leur domicile. Son idée est de le laisser y aller seul vers 10 ou 11 ans. Elle vous demande si c'est le bon âge pour ce genre d'autonomie et comment faire pour protéger son enfant sans le stresser.

Je remercie vraiment notre auditrice pour sa question. Parce qu'elle concerne beaucoup de parents.

10, 11 ans est-il un bon âge pour aller seul à l'école ?

Il n'y a pas de normes en la matière, parce que chaque enfant est différent et parce que chaque situation est différente : il faut tenir compte par exemple des particularités de l'endroit où vit l'enfant. Mais aussi parce que la capacité d'autonomie de chaque enfant est différente. Elle dépend de sa maturité, qui, elle-même, dépend en grande partie de l'attitude de ses parents. Autoriser leur enfant à se débrouiller seul est difficile pour tous les parents. Mais c'est encore plus difficile pour ceux qui, du fait de leur histoire, sont plus inquiets que les autres. Or l'enfant sent toujours l'inquiétude de ses parents, et il peut en déduire que le monde est dangereux, et s'empêcher de grandir. Soit parce qu'il a peur pour lui. Soit parce qu'il a peur pour eux. Peur de les inquiéter encore davantage.

Notre auditrice demande comment on peut protéger les enfants au mieux.

Protéger un enfant, ce n'est pas le garder éternellement sous son aile, c'est lui apprendre progressivement à se protéger lui-même. Il faut lui apprendre les dangers de la rue : on marche sur les trottoirs, on traverse au feu rouge. Faire les trajets d'abord avec lui, en lui expliquant bien tout ce qu'il doit savoir. Et puis il faut lui apprendre les dangers des rencontres : on ne suit pas quelqu'un que l'on ne connaît pas. Mais il faut bien comprendre qu'un enfant ne peut faire cet apprentissage de l'autonomie à l'extérieur que si l'on a favorisé son autonomie à la maison. Un enfant de 6 ans qui ne sait pas se laver seul, qui ne sait pas lacer ses chaussures, ne peut pas se protéger lui-même. Parce qu'il ne sait pas se prendre en charge. De la même façon, comprendre ce qu'est un pédophile et pourquoi c'est dangereux est absolument impossible si l'on ne sait rien de la sexualité.

En définitive, que peut faire cette maman ?

Peut-être s'interroger sur ses craintes à elle. Faire le point sur l'autonomie qu'elle laisse à son enfant dans le quotidien. Et puis demander l'aide du père. Être deux pour élever un enfant est important, parce que, l'un des parents n'ayant pas les mêmes craintes que son conjoint, il peut l'aider.

« PHOBIE SCOLAIRE »

On a beaucoup parlé de la phobie scolaire, et, à plusieurs reprises, école et enseignants ont été mis en cause. Nous avons reçu des mails d'auditeurs troublés par cette mise en cause. Ils vous demandent ce qu'est une phobie scolaire et si l'école en est responsable.

Une phobie est un symptôme qui s'exprime par une peur, mais cette peur est particulière.

En quoi est-elle particulière ?

Une peur « normale », si l'on peut dire, est une peur qui porte sur un objet que l'on juge dangereux et qui peut l'être. Un chien dangereux qui circule sans muselière, par exemple, on peut légitimement en avoir peur. Une phobie est une peur beaucoup plus mystérieuse, parce qu'elle porte souvent sur des objets qui ne sont pas dangereux et dont on sait qu'ils ne sont pas dangereux. On peut avoir la phobie des moineaux, par exemple, tout en sachant très bien que les moineaux ne présentent aucun danger. Donc, la phobie est une peur que l'on accroche sur un objet (comme les moineaux...) comme si cet objet était une sorte de portemanteau, mais qui est, en fait, une peur inconsciente d'autre chose. Et, pour se débarrasser d'une phobie, il faut trouver de quoi, inconsciemment, on a vraiment peur.

La phobie scolaire fonctionne sur le même modèle ?

La peur d'aller à l'école peut être une peur réelle si un enfant a vécu à l'école des événements traumatisants : un professeur sadique, l'hostilité des autres, du racket, etc. Mais, généralement, ce que l'on appelle « phobie scolaire » est une peur d'aller à l'école qui apparaît chez un enfant ou un adolescent qui, par ailleurs, va mal, qui a un manque de confiance en lui, des difficultés à aller vers les autres, des difficultés familiales, etc. C'est un enfant ou un adolescent en souffrance, et il faut comprendre d'où vient cette souffrance pour qu'il puisse retourner à l'école.

Donc, le fonctionnement de l'école n'est pas la cause de la phobie ?

L'école est en cause si l'enfant y a été maltraité, bien sûr. Mais, le plus souvent, l'enfant refuse l'école soit parce qu'il se sent trop mal pour affronter le regard des autres, la vie sociale, etc. (et l'on peut rencontrer cette souffrance chez des adultes aussi, d'ailleurs). Soit parce qu'on ne lui a pas appris à vivre parmi les autres. Vivre en société, cela demande un apprentissage. Il faut apprendre à supporter les réactions des autres, mais il faut aussi apprendre à composer avec soi-même. Un enfant doit apprendre qu'il n'a pas à céder sur sa personnalité, sur sa singularité, mais qu'il doit en même temps faire en sorte que cette singularité soit compatible avec la vie en société. Et c'est vrai à tous les âges. Si un commercial arrive un matin à son bureau déguisé en chef indien avec des plumes sur la tête sous prétexte qu'il adore les Indiens, cela va sûrement poser un problème…

DORMIR DANS LE LIT DE SES PARENTS

Le fils de Céline a 9 ans, et il a peur d'aller se coucher. Il a régulièrement des crises d'angoisse, des maux de tête, les mains moites, il manque d'air et il a soif, nous raconte Céline. Mais, si elle dort avec lui, tous ces symptômes disparaissent. D'ailleurs, même si elle pense que c'est mauvais pour lui, Céline nous l'avoue, il vient désormais quasiment toutes les nuits dans le lit de ses parents.

Je crois que nous allons bientôt pouvoir faire un catalogue de tous les symptômes que les enfants produisent pour obliger leurs parents à dormir avec eux...

Vous pensez que ce garçon n'est pas malade ?

Je pense qu'il n'est pas malade dans son corps. Parce que ces symptômes qui disparaissent lorsque maman apparaît ne plaident pas en faveur de la maladie. Mais je crois qu'il est en grande difficulté dans sa tête, parce qu'il n'a pas compris quelle est sa place. Et c'est problématique, parce que, à 9 ans, ce garçon devrait savoir depuis longtemps que sa mère est la femme de son père et qu'elle a à dormir avec son mari (ou avec un amant si son mari ne lui convient pas), mais pas avec lui, parce qu'il est son fils. Et il devrait savoir aussi que le lit de ses parents est le lieu de leur vie de couple (qu'ils en aient une ou pas), et qu'il n'a rien à y faire.

Mais sa mère dit qu'il fait des cauchemars ?

Les cauchemars, comme les crises d'angoisse au moment du coucher, il ne les fait pas exprès, bien sûr. Mais ce sont des sortes de stratégies inconscientes qui lui permettent de réaliser le vœu de tout enfant, qui est d'être tout. D'occuper toute la place, d'être tout le temps là. Or les parents, quand ils ont une vie de couple, échappent à cette toute-puissance de l'enfant. Donc, l'enfant produit des symptômes qui lui permettent d'empêcher cette vie des parents.

Donc, il faut que les parents refusent que leur enfant dorme avec eux ?

Il faut qu'ils le refusent absolument ! Même si, au début, cela passe par un conflit. Mais il faut lui expliquer les raisons de ce refus. Ses parents sont un couple, et c'est parce qu'ils étaient un couple qu'il est né. Et lui-même aura plus tard, s'il le souhaite, une vie de couple (avec quelqu'un qui ne sera pas de sa famille, précision importante). Et, en attendant, chacun sa vie, chacun son lit ! Et l'on peut expliquer à un garçon de 9 ans que dormir avec sa mère comme si elle était son amoureuse est quelque chose qui peut perturber sa vie d'homme, sa vie sexuelle, plus tard. Et ce serait important que ce soit son père qui explique cela à ce garçon. Parce que tout a l'air de se passer seulement entre sa mère et lui. Ce n'est pas possible.

ACCEPTER LA FRUSTRATION

Pas toujours facile de s'opposer à ses enfants. On peut se sentir coupable, on peut même avoir l'impression de les frustrer. Des parents nous ont écrit pour nous raconter les crises vécues lors de l'achat des fournitures et des vêtements au moment de la rentrée scolaire. Pour des raisons financières, ils ont souvent dû refuser les produits de marque. Et ils voudraient savoir comment expliquer tout cela à un enfant.

Il est difficile d'expliquer les choses dans le magasin, quand on est en plein conflit. Il faut, à ce moment-là, se contenter de tenir bon, en sachant que l'on pourra parler ensuite.

Mais on peut l'expliquer comment ?

En disant la réalité telle qu'elle est. Nous sommes dans une période où la vie est difficile pour des milliers de familles. Parce que beaucoup de parents n'ont plus de travail. Parce que d'autres ne sont pas augmentés. Et parce que la vie, elle, augmente. C'est comme ça, c'est incontournable. Donc, pour préserver au maximum la qualité de vie de la famille, il faut faire des économies sur ce qui n'est pas essentiel. Et un cartable qui est trois fois plus cher que les autres parce qu'il est de la marque x ou y, ce n'est pas essentiel.

Mais c'est frustrant pour l'enfant.

Oui, c'est frustrant. Mais une vie sans frustration, cela n'existe pas. Parce que personne ne vit dans un conte de fées. Donc, il faut aider l'enfant à l'accepter, en lui expliquant bien que l'on comprend parfaitement qu'il n'ait pas envie de l'accepter. Parce que l'on préférerait soi-même que ce soit différent, mais c'est comme ça. Et puis il faut lui apprendre à relativiser les choses, et à se rendre compte par lui-même qu'un cartable hors de prix, cela n'a pas de sens. Parce que avec cet argent on peut faire des tas d'autres choses intéressantes.

Comment peuvent faire les parents pour ne pas se sentir coupables ?

On se sent souvent coupable quand on est parents. Parce qu'on a toujours peur de mal faire ou de faire souffrir l'enfant, comme on a souffert soi-même. Dans le cas qui nous occupe, non seulement les parents ne font pas de mal à leur enfant, mais ils lui rendent service. Parce qu'ils lui apprennent à vivre en pouvant être heureux dans une vie qui n'est pas parfaite. Beaucoup d'adultes sont malheureux parce qu'on ne leur a pas appris cela. À la moindre difficulté dans leur vie professionnelle, dans leur vie de couple, ils s'écroulent. Il faut apprendre à un enfant à se battre contre l'adversité. Mais aussi contre lui-même. La voiture en panne ou le pneu du vélo crevé, ce n'est pas rigolo, d'accord. Mais ce n'est pas la fin du monde. Et cela ne justifie pas que l'on fasse une dépression.

GRAND-MÈRE NOCIVE

Étonnante, cette phrase du fils de Sandrine, qui a 3 ans : « Mamie, c'est mon fils. » Étonnante, d'autant que Sandrine lui a expliqué les liens de parenté. Mais rien n'y fait, et cela finit par inquiéter cette maman. Sandrine nous précise toutefois que sa belle-mère, la fameuse « mamie », a une relation passionnelle avec son petit-fils. Il lui rappelle, semble-t-il, son plus jeune fils.

Notre auditrice nous décrit effectivement la relation qu'a cette grand-mère avec son petit-fils, et elle me paraît quand même assez problématique.

Qu'est-ce qui est problématique ?

Notre auditrice dit que cette grand-mère, qui est donc la grand-mère paternelle, ne s'occupe absolument pas de sa petite-fille. Et qu'elle concentre toute son attention sur son petit-fils, parce qu'il lui rappelle, dit-elle, son plus jeune fils, dont elle pense avoir raté l'éducation. Donc, elle appelle le petit garçon en utilisant le prénom de ce fils, ce qui est forcément perturbant pour cet enfant. Et, surtout, elle s'en occupe à sa façon, comme si c'était son fils. En ne tenant aucun compte des règles éducatives posées par notre auditrice et son mari.

Vous avez des exemples ?

Oui. Elle contredit les parents devant l'enfant, et elle ne respecte aucune des règles de vie qu'ils ont mises en place. Et qui sont normales : on ne crie pas, on dit bonjour, on mange à table, on n'a pas des bonbons à n'importe quel moment, etc. Donc, l'enfant, avec elle, fait strictement n'importe quoi.

Et, en plus, elle dort avec lui, ce que les parents ont interdit. En fait, cette femme, qui a l'air quand même assez perturbée, a pris ce petit garçon en otage et en a fait une sorte de jouet avec lequel elle rejoue la relation qu'elle a eue (ou qu'elle aurait souhaité avoir) avec son propre fils.

Vous pensez que ça a un rapport avec ça quand l'enfant dit : « Mamie, c'est mon fils » ?

Oui ! Je crois que ce petit garçon, comme souvent en pareil cas, appelle au secours en disant ce qui lui arrive. Mais il le dit comme un enfant de 3 ans, en mélangeant les places, qui de toute façon, on le voit bien, sont mélangées. Au lieu de dire : « Mamie me prend pour son fils », il dit : « Mamie, c'est mon fils. » Donc, il faut lui expliquer que ce n'est pas vrai : il n'a pas été dans le ventre de sa mamie, mais dans celui de sa maman. Et sa mamie fait semblant de ne pas le savoir, parce qu'elle ne va pas très bien. Mais je crois surtout qu'il faut mettre un terme à cette situation. Il n'y a vraiment que cela qui puisse rassurer cet enfant.

ENFANT DE 2 ANS AGITÉ

Djamila et Julien ont un petit garçon de 2 ans et demi. Ils nous disent qu'il est très actif, voire trop actif, et qu'il n'arrive pas à se concentrer. Ses parents voudraient qu'il apprenne les chiffres, les lettres, qu'il dessine, qu'il fasse du coloriage. Il refuse et ne pense qu'à s'amuser. Djamila et Julien nous disent qu'ils finissent par s'énerver ou qu'ils abandonnent, et vous demandent si vous avez une idée pour l'aider à se concentrer.

Je n'ai vraiment aucune idée de ce genre, pour la bonne raison que l'on ne peut pas demander à un enfant de 2 ans et demi de se concentrer. Et je pense que nos auditeurs devraient cesser tout de suite ce qu'ils font. Parce que c'est dangereux pour leur fils.

Dangereux ?

Mais oui ! Parce que, dans le développement d'un enfant, il y a des étapes. Il y a un âge où il est capable de faire certaines choses et un âge auquel il n'en est pas encore capable. C'est vrai pour le corps : on n'aurait pas l'idée d'entraîner à la course à pied un enfant de 1 an qui commence à marcher. Mais c'est vrai de la même façon pour l'intellect. Obliger un enfant à brûler les étapes, c'est lui faire violence, et c'est une forme de dressage qui est évidemment totalement contre-productive, mais qui en plus le désoriente, parce que ce qu'on lui demande n'est pas à sa portée. Et cela induit chez lui un sentiment de culpabilité et de dévalorisation de lui-même, parce qu'il se sent incapable de répondre aux demandes des adultes.

Que peut faire un enfant de 2 ans et demi ?

C'est très variable selon les enfants, mais, de façon générale, à 2 ans et demi, on découvre le monde, les autres, le langage, les objets. Ce que nos auditeurs appellent « s'amuser », le jeu, ce sont des activités qui apportent du plaisir à l'enfant, et c'est très important. Mais qui en plus lui apprennent énormément de choses. Surtout si l'on joue avec lui et si on lui parle. Les mains deviennent intelligentes en empilant des cubes, les yeux apprennent les couleurs en regardant des tableaux ou des petits livres, le langage se développe si l'on raconte des histoires, etc.

Nos auditeurs disent qu'il est très agité. Pour quelle raison ?

Je pense que cet enfant est agité parce qu'il est fou d'angoisse. Il est comme un animal pris au piège, il ne comprend pas ce qui lui arrive et il ne peut pas s'échapper. Je crois qu'il faut que nos auditeurs lui expliquent qu'ils croyaient bien faire (parce que c'est vrai, qu'ils croyaient bien faire). Et que, maintenant, on va changer. On va se promener, on va se parler, on va jouer. Et, pour le concours d'entrée à l'ENA, on va attendre un peu d'avoir grandi...

3 ANS ET PEUR D'ÊTRE ABANDONNÉE

Antoine a une petite fille de 3 ans. Il nous raconte que, à 1 an et demi, elle a subi une anesthésie générale, suivie de deux autres. Depuis, elle ne veut plus quitter ses parents, même pour aller chez ses grands-parents avec sa sœur de 6 ans. Elle dit : « J'ai peur que tu m'abandonnes. » Des amis d'Antoine lui ont conseillé de consulter un « psy » avec sa fille. Alors, que penser de tout cela ?

Cette histoire me semble plus complexe qu'on ne pourrait le croire.

Qu'est-ce qui vous fait dire cela ?

Ce que nous rapporte notre auditeur, cette phrase de sa fille : « J'avais peur que tu m'abandonnes. » Cette petite fille a 3 ans, et « abandonner » n'est pas un mot qu'un enfant de 3 ans emploie. C'est un mot d'adulte, et il faudrait savoir où elle l'a entendu.

Notre auditeur dit qu'elle a vécu des situations difficiles, des hospitalisations, des anesthésies...

Bien sûr, elle a eu plusieurs opérations. Ce sont des situations très difficiles à vivre. Mais la façon dont un enfant les vit dépend de la façon dont on les lui explique avant, dont on l'accompagne pendant et dont on peut en reparler avec lui après. Et elle dépend surtout de la façon dont son père et sa mère vivent, consciemment et inconsciemment, cette situation. Laisser leur enfant à l'hôpital est très angoissant pour tous les parents. C'est terrible. Mais si, en plus, cela réveille chez l'un ou chez l'autre des épisodes douloureux de sa propre enfance, c'est encore pire ; et l'enfant sent toujours cette souffrance et cette angoisse.

Ce papa raconte la première hospitalisation de sa fille.

Oui, il dit qu'elle avait 1 an et demi, qu'elle était assise sur son lit, le regard fixe, que les médecins n'arrivaient pas à la faire rire. Et qu'elle a hurlé quand ils l'ont emmenée au bloc opératoire. Mais notre auditeur ne dit rien de ce que lui a ressenti, de ce qu'il a dit ou de ce qu'il a fait. Il raconte un peu tout cela comme s'il avait été à l'extérieur de la scène, et surtout il ne dit rien de la mère de cette enfant. On ne sait même pas si elle était là, ce qu'elle ressentait. C'est vraiment très curieux.

En définitive, des amis ont conseillé à ce père de consulter.

Je pense comme eux que ce serait vraiment utile. Une angoisse pareille est difficile à vivre pour une enfant de 3 ans. Et c'est très invalidant pour elle, parce que ça lui interdit de quitter la maison. Il faudrait vraiment comprendre quelle est la peur qui l'habite et comment elle s'est construite.

LES ÉCRANS QUI EMPÊCHENT DE LIRE

Vous êtes plusieurs parents à nous avoir confié votre inquiétude de voir vos enfants passer plus de temps sur leurs écrans, ordinateurs, tablettes, télé, que sur des livres. À vous entendre, vos enfants ne lisent jamais. Alors, que répondre à tous ces parents qui se demandent si c'est grave et ce qu'il faut faire pour donner à leurs enfants le goût de la lecture ?

C'est effectivement une question que posent beaucoup de parents, parce qu'ils sont inquiets. Mais c'est une question qui me paraît souvent un peu faussée.

Faussée ?

Oui, parce que les parents se la posent sous un angle un peu utilitaire : « Il ne lit pas, cela va nuire à sa scolarité, il n'aura aucune culture, etc. » Ce sont des inquiétudes légitimes, bien sûr. Mais elles conduisent les parents à parler à leurs enfants d'une façon telle que la lecture leur apparaît souvent comme un devoir, une contrainte, quelque chose de vraiment barbant, à quoi ils devraient s'astreindre « pour leur bien », comme l'on dit.

Comment faudrait-il leur présenter la lecture ?

Mais comme ce qu'elle est, un plaisir ! Quand on aime lire, commencer un nouveau livre, c'est comme commencer un voyage, comme entrer dans un monde que l'on ne connaît pas. Avec l'espoir que cela va être peut-être aussi passionnant que la dernière fois. Faire découvrir la lecture aux enfants, ce devrait être leur faire découvrir ce plaisir comme on peut leur faire découvrir la mer, la montagne ou la cuisine chinoise, en les partageant avec eux. Or, pour beaucoup d'enfants, vu ce qu'on leur en a dit, la lecture, c'est un peu comme les endives : beurk !

Concrètement, que peuvent faire les parents ?

D'abord, être clairs. Beaucoup de parents voudraient que leurs enfants lisent alors qu'eux-mêmes ne lisent pas. Si l'on n'aime pas lire, il faut le dire et expliquer à l'enfant pourquoi. Que l'on n'a pas été aidé, quand on était enfant, à lire, et que, justement, on ne voudrait pas que cela recommence pour lui. Ensuite, il faut, je crois, proposer et non pas imposer, et tenir compte des goûts de l'enfant. En l'emmenant, par exemple, parler avec des libraires qui savent partager leur passion et leurs connaissances et qui sont disponibles pour cela. Il y a aujourd'hui, dans les librairies de quartier, des rayons de littérature jeunesse formidables, il faut vraiment en profiter.

PHOBIE PASSAGÈRE

Estelle a constaté que, depuis la rentrée, sa fille de 9 ans a les mains moites. Cela la handicape, nous écrit-elle, dans sa vie de tous les jours. Et elle ne veut plus, par exemple, toucher certaines matières, comme les serviettes-éponges. Tout cela semble bien mystérieux. Alors, que peut faire Estelle pour aider sa fille ?

Ce que cette auditrice décrit de cette petite fille m'a paru très étrange, et je crois qu'il faudrait vraiment comprendre ce qui se passe.

Qu'est-ce qui vous paraît étrange ?

Tout ! D'abord, ce symptôme des mains moites qui apparaît brusquement à la rentrée. Il faudrait savoir comment cette petite fille a passé ses vacances, ce qui a pu se passer. Ensuite, ce refus de toucher certaines matières, comme les serviettes-éponges. Notre auditrice associe cela aux mains moites, mais ce n'est pas logique. Les serviettes sont faites pour essuyer, elles sont donc adaptées aux mains moites. Donc, pourquoi les refuser ? Je pense que cette petite fille a peut-être une sorte de début de phobie du toucher, et, comme cette phobie arrive en même temps que les mains moites, il faudrait se demander quel souvenir (de quel toucher ? d'avoir touché quoi ?) ses mains pourraient avoir pour qu'un tel symptôme apparaisse.

De quoi pourrait-il s'agir ?

De quelque chose qui a angoissé cet enfant. Mais il est impossible d'en dire plus, parce que nous avons très peu d'informations. Cette maman nous dit que sa fille a deux petites sœurs, que son mari et elle sont séparés et que sa fille vit une semaine sur deux chez son père. Elle ne dit pas si ses petites sœurs sont aussi en garde alternée avec elle, et on ne sait pas comment cette petite fille vit chez son père. Si ce père vit seul ou non, où elle dort, qui s'occupe d'elle, si elle se lave toute seule... Les serviettes-éponges peuvent être liées, par exemple, à des problèmes de salle de bains, il faudrait explorer tout cela.

Et notre auditrice dit que le père supporte mal la séparation.

C'est une indication importante, parce qu'une petite fille de 9 ans qui voit son père malheureux peut avoir envie de le consoler et s'imaginer qu'elle peut y arriver. Et si le père est trop désemparé pour lui signifier que ce n'est pas possible, cela peut la mettre dans une situation qui peut être très angoissante pour elle. Je pense donc qu'il faut vraiment prendre ces symptômes au sérieux et se donner les moyens de comprendre ce qui se passe.

MON FILS A DES TICS

Peut-on vraiment parler de tics ? Le fils aîné d'Isabelle a 6 ans et demi. Et, depuis l'âge de 18 mois, il frotte le dos de ses doigts sur ses joues en levant les coudes. Il fait cela, nous dit-elle, quand il est content ou quand il va faire quelque chose qu'il aime. Ses copains de classe commencent à se moquer de lui. Isabelle nous précise que son fils est très mature, très bien élevé et souvent stressé. D'autant qu'il ne s'autorise aucune faute et n'en autorise aucune aux autres. Qu'en pensez-vous ?

C'est terrible d'être à 6 ans aussi dur avec soi-même et avec les autres.

Alors, pourquoi cet enfant aurait-il ce genre de tic ?

Notre auditrice dit que c'est un tic, mais cela ne me semble pas évident. Ce geste bizarre a commencé quand son fils avait 18 mois. Or, à 18 mois, un enfant peut exprimer un sentiment avec un geste particulier et continuer. Non pas parce que c'est un tic, mais parce que l'on n'a pas suffisamment parlé avec lui pour comprendre pourquoi il faisait ce geste et lui proposer de manifester sa joie autrement. Les enfants imitent souvent des mouvements qu'ils ont vus chez d'autres enfants, chez des adultes et même chez des animaux. Je n'ai pas vu cet enfant, mais, quand j'ai lu le message de sa mère, j'ai pensé aux oiseaux qui battent des ailes et qui me fascinaient quand j'étais petite. On peut expliquer à un enfant que, chez les humains, on ne fait pas cela. Sauf pour jouer à être un oiseau, bien sûr...

Mais notre auditrice dit que son fils est très mature et très stressé.

Oui, elle attribue cela au fait qu'il est l'aîné et qu'elle-même est institutrice. Mais, là encore, je m'interroge. Car beaucoup d'enfants ont des parents enseignants et sont les aînés de leur fratrie sans être pour autant aussi angoissés. Un enfant de 6 ans qui se met à l'écart des autres avec un geste bizarre et qui ne supporte aucune faille, ni chez lui, ni chez les autres, je trouve que cela doit être pris au sérieux. Et que cela mériterait que notre auditrice et son mari consultent avec leur fils pour qu'on les aide à comprendre ce qui l'angoisse.

Notre auditrice dit qu'elle a vu des kinésiologues, des sophrologues, des ostéopathes, et que cela n'a servi à rien.

Cela n'a servi à rien, parce que les problèmes de son fils ne relèvent pas de ce genre de consultations. Cet enfant est très angoissé, il faut comprendre pourquoi, c'est le travail d'un « psy ». Et, contrairement à ce que l'on pourrait croire, lorsque je dis cela, il ne s'agit en aucun cas de querelles de clocher ou de querelles de spécialistes. Il s'agit du domaine de compétences de chacun. Quand il s'agit de soins, c'est comme dans la vie : chaque outil a un usage, et on ne visse pas une vis avec un marteau.

HARCÈLEMENT AU TRAVAIL

Célia est très inquiète. Elle vient d'apprendre qu'un ancien collègue de travail allait arriver dans son service. Ils ont déjà travaillé ensemble il y a plusieurs années dans une autre entreprise, et cela s'était plutôt mal passé. Il avait, nous écrit-elle, un comportement agaçant, trop familier, moqueur et dragueur. Célia redoute évidemment son arrivée et se demande ce qu'elle doit faire.

C'est un message intéressant, parce qu'il s'agit, une fois de plus, d'une femme qui est considérée par un collègue comme une proie parce qu'elle est une femme.

Vous pensez que ce genre de problème n'arrive qu'aux femmes ?

Non. Les mauvaises relations au travail, cela arrive à tout le monde : les hommes comme les femmes peuvent subir des comportements déplacés, des moqueries, etc. Mais les problèmes de « drague » comme ceux que décrit notre auditrice arrivent quand même majoritairement aux femmes. Elle dit que ce collègue se comportait comme si elle et lui avaient, depuis longtemps, des relations intimes, alors que ce n'était pas le cas : elle était mariée et lui aussi. Elle a donc probablement eu affaire à un homme qui jouait les coqs de village et voulait faire croire aux autres coqs qu'il était capable de posséder à lui tout seul toutes les poules de la basse-cour.

Vous pensez que ce genre de comportement s'adresse aux autres hommes ?

Le plus souvent, oui. Les personnages de ce genre voudraient faire croire à toutes les femmes qu'ils sont des don juans irrésistibles. Mais ils veulent surtout prouver aux autres hommes qu'ils sont les plus virils de la planète. Ce qui, si l'on y réfléchit, n'est pas très éloigné du jeu des petits garçons « Qui fait pipi le plus loin ? ». Mais, transposé à 40 ans, c'est évidemment assez pathétique.

Mais que peut faire notre auditrice ? Elle dit qu'elle redoute son retour.

Oui, elle envisage même de quitter son travail, alors qu'elle y est très attachée. Je crois qu'il faut qu'elle revienne à la réalité. Le travail n'est pas la vie privée. Au travail, on n'est pas là pour s'aimer ou pour ne pas s'aimer. On est là pour accomplir une tâche ensemble, ce qui suppose des règles de fonctionnement et un respect mutuel. On peut bien sûr tisser des relations personnelles avec certains collègues, mais c'est de surcroît, à côté. Et personne n'a le droit d'imposer des relations à caractère privé, et surtout sexuel, à un (ou une) collègue qui ne le souhaite pas, même si tout se fait (c'est classique !) sur le ton de la plaisanterie. Insister, cela s'appelle du harcèlement, et le harcèlement est puni par la loi. Donc, si ce collègue recommence, il faut que notre auditrice le prévienne qu'elle fera appel à leur hiérarchie et à un avocat. Et, à condition qu'il sente bien qu'elle est vraiment décidée à le faire, cela devrait calmer ses ardeurs...

DORMIR AVEC SON ENFANT

Vincent a une petite fille de 5 ans. Il est séparé de sa compagne et ne voit donc son enfant qu'un week-end sur deux. « Je la laisse dormir avec moi, nous écrit-il, car, la voyant peu, elle se couche tard, et je lui lis souvent des histoires. » Il vous demande si, aussi peu souvent, cela pose quand même un problème de dormir avec sa fille.

Cette petite fille a vraiment de la chance d'avoir un papa qui accepte d'aller au-delà de sa tendresse et de sa frustration de la voir si peu pour se poser la question de ce qui est bon pour elle.

Dormir avec son père un week-end sur deux, est-ce que c'est vraiment un problème ?

Oui. Et dormir avec sa mère le serait également. Ce n'est pas une question de temps, c'est une question de symbole. Le lit de papa ou de maman, c'est l'endroit où ils sont avec leurs amoureux. Donc, si l'on permet à un enfant d'être là, c'est comme si on lui disait qu'il peut être l'amoureux (ou l'amoureuse) de son père ou de sa mère. C'est quelque chose que les parents ont du mal à imaginer, et c'est normal, mais que les enfants racontent en thérapie. Et c'est encore plus important lors d'un divorce ou d'une séparation. Parce que l'enfant voit à la fois la place vide dans le lit et le désarroi du parent. Donc, sa première idée, c'est d'aller occuper la place vide pour le consoler.

Mais notre auditeur dit que c'est quand même plus pratique pour lui quand il lit des histoires à sa fille...

Je crois que c'est tout aussi pratique de lire des histoires à un enfant alors qu'il est dans son lit à lui. Ce n'est donc pas la vraie raison. Ce papa voit très peu sa fille, elle lui manque. Et il a sans doute envie de profiter de chaque seconde avec elle et de l'avoir près de lui le plus longtemps possible, c'est tout à fait normal. Mais cela montre une fois de plus la spécificité de l'amour parental. Si l'on aime un enfant, il faut pouvoir se priver de lui pour qu'il puisse se construire, et c'est souvent vraiment difficile.

Qu'est-ce que ce papa peut expliquer à sa fille pour qu'elle dorme seule ?

Eh bien, la vérité ! Il a eu envie qu'elle dorme avec lui parce qu'il l'aime très fort. Mais, justement parce qu'il l'aime très fort, il s'est rendu compte que cela pouvait l'empêcher de grandir. Le lit de papa, c'était avant pour maman, et ce sera pour de nouvelles amoureuses plus tard. Et elle, elle va dormir dans son lit pour devenir grande et avoir plus tard, elle aussi, des amoureux. Les amoureux, pour grandir, c'est quand même une belle perspective, non ?

ENFANT NOYÉ PAR SA MÈRE À BERCK

L'affaire de cette petite fille de 15 mois, sans état civil, retrouvée morte sur la plage de Berck-sur-Mer, a beaucoup ému[1]. Plusieurs auditeurs se sont par exemple étonnés que, dans cette affaire comme dans d'autres, d'ailleurs, des avocats ou des experts aient pu dire que la mère aimait quand même son enfant. Peut-on vraiment aimer son enfant et le tuer ?

Les réactions de nos auditeurs me semblent très compréhensibles. Et elles sont très intéressantes, parce qu'elles montrent bien que la notion d'amour, rapportée à de tels cas, n'a vraiment aucun sens.

Que voulez-vous dire exactement ?

La notion d'amour, surtout quand il s'agit de relations parent-enfant, est à l'origine d'un nombre considérable de malentendus. D'abord parce que, dans notre société, comme on veut encore croire que tous les parents aiment leurs enfants, penser qu'ils puissent ne pas les aimer est insupportable. Et puis surtout parce que, une fois que l'on a dit « amour », on croit avoir tout dit, alors qu'en fait on n'a rien dit. Parce qu'on ne sait pas de quelle nature est l'amour dont on parle. Un père incestueux, par exemple, peut parfaitement aimer l'enfant dont il abuse. Mais le problème est que l'amour avec lequel il l'aime est un amour destructeur.

---

[1]. Le 20 novembre 2013, Adélaïde, une petite fille de 15 mois, était retrouvée morte noyée sur la plage de Berck-sur-Mer, dans le Pas-de-Calais. Elle avait été volontairement laissée là par sa mère alors que la marée montait. Sa mère a expliqué avoir voulu la soustraire à un avenir sombre.

Vous pensez donc que, dans le cas de cette mère de Berck, elle aimait mal son enfant ?

Je ne peux rien penser de cette femme, parce que je ne l'ai pas écoutée. Mais, étant donné les faits, je ne pense vraiment pas que la question soit celle de l'amour. On est dans la pathologie. Cette femme a des problèmes avec son enfant, et elle décide de la faire disparaître. Il n'y a donc pas de barrières en elle qui puissent empêcher ce passage à l'acte. Et puis, que représentent pour elle la vie, la mort, son enfant ? On ne le sait pas. Elle la laisse sur une plage pour que la marée l'emporte. Elle ne peut donc sans doute pas s'identifier à cette enfant, se mettre à sa place pour imaginer sa peur, le froid, l'asphyxie de la noyade. Si elle avait pu se représenter tout cela, elle n'aurait certainement pas pu partir en la laissant là.

Cela veut dire que cette femme est un monstre ?

C'est intéressant, votre question, parce qu'on a d'un côté l'amour, et du même coup la banalisation. Et de l'autre on a l'exception absolue : la monstruosité. C'est intéressant, parce que l'on raisonne souvent de cette façon. Cette femme n'est pas un monstre, mais elle est quelqu'un qui a eu une histoire telle qu'elle peut faire des choses monstrueuses. Pour que cette femme ait pu faire ce qu'elle a fait, il faut en effet qu'elle ait elle-même vécu dans son enfance (ou vu vivre par d'autres) des choses terribles. Et il faudrait savoir lesquelles. Non pas pour excuser son acte, mais pour l'expliquer. Et ces explications nous concernent tous en tant qu'êtres humains. Parce que la question de savoir pourquoi un être humain peut en arriver à faire des choses inhumaines est une question fondamentale.

SECRET MÉDICAL ET TRAVAIL

Alice doit s'arrêter cinq semaines pour une intervention chirurgicale. Au nom de la hiérarchie de son entreprise, son responsable lui demande des précisions sur cette opération. Elle lui explique qu'il s'agit de l'ablation de fibromes utérins, mais lui demande expressément de ne pas le divulguer. Quelque temps plus tard, elle découvre qu'un prestataire est au courant. « Mon responsable ou la hiérarchie ont donc parlé de mon opération », nous écrit Alice, complètement effondrée. Alors, que dire de tout cela ?

On peut comprendre que notre auditrice soit désorientée. Parce que ce qu'on lui fait subir est d'une très grande violence. Et, en plus, c'est parfaitement illégal.

En quoi est-ce illégal ?

Quand un médecin fait un arrêt de travail pour un salarié, il n'a pas à dire de quoi souffre ce salarié : le motif de l'arrêt est couvert par le secret médical. Et l'employeur n'a pas le droit de le demander. Si cet employeur conteste l'arrêt de travail, il peut demander une contre-visite médicale, mais il ne peut rien faire d'autre, car la maladie fait partie de la vie privée des salariés. Et, dans notre société, heureusement, la vie privée est protégée.

Pourquoi alors a-t-on demandé à notre auditrice des précisions, et pourquoi a-t-elle répondu ?

Son responsable les lui a demandées en invoquant sa hiérarchie (sans que l'on sache d'ailleurs si la hiérarchie était au courant ou non). Parce que c'est sans doute quelqu'un qui, outre qu'il ignore la loi (ou fait semblant de l'ignorer), ne respecte pas les autres, et donc se permet des questions déplacées et intrusives. Et notre auditrice a répondu, d'abord parce qu'elle aussi ignorait la loi, ensuite parce qu'on ne dit pas facilement « non » à un responsable, même quand il abuse de son pouvoir, et enfin parce qu'elle était sans doute fragilisée par la perspective de son opération. Et puis peut-être parce qu'on ne lui a jamais appris, quand elle était petite, que l'on n'est pas obligé de répondre à toutes les questions.

Que peut-elle faire aujourd'hui ?

Pour ce qu'elle doit faire dans la réalité, je ne peux pas la conseiller, je ne suis pas juriste. Il faut donc qu'elle consulte un avocat spécialisé. Pour le reste, je crois qu'il faut qu'elle se demande pourquoi elle s'est soumise à la question de son responsable sans s'inquiéter de savoir si cette question était légitime et à quoi cela peut la renvoyer dans son histoire. Et puis je crois surtout qu'il faut qu'elle prenne soin d'elle. Elle a subi une opération importante, qui peut être psychologiquement très éprouvante. Et elle a dû ensuite supporter de voir son corps et son intimité mis sur la place publique : c'est vraiment très, très lourd.

PAS DE CADEAUX À NOËL

Les parents de Gaël l'ont prévenu, ainsi que sa femme : ils ne feront pas de cadeaux à Noël à leurs petits-enfants de 10 et 12 ans. Raison invoquée : ils leur ont déjà offert, à la rentrée de septembre, des cadeaux assez chers – un blouson à l'un, une raquette de tennis à l'autre. Et les grands-parents leur avaient dit qu'ils considéraient que ce seraient leurs cadeaux de Noël. Gaël et sa femme nous écrivent qu'ils ne trouvent pas cela normal.

Je suis un peu comme nos auditeurs, je ne trouve pas cela très normal.

Vous dites pourtant tout le temps que les enfants doivent comprendre qu'ils ne peuvent pas tout avoir.

Je le dis, et je peux le redire. Mais je ne pense pas qu'il s'agisse, là, de cela. Nos auditeurs disent que leurs fils ne sont pas du tout des enfants qui réclament en permanence quelque chose. À la rentrée, ils ont demandé à leurs grands-parents des choses dont ils avaient besoin (et aussi envie, d'ailleurs). Et que leurs grands-parents, qui sont des gens aisés – c'est important de le préciser – et qui ont toujours dit qu'ils étaient prêts à les aider, pouvaient très bien leur offrir. Et les grands-parents ont dit : « Eh bien, comme vos anniversaires sont passés, ce sera pour Noël. » Et c'est cela qui me gêne.

Pourquoi ?

Parce que cela dénature l'idée même de cadeau. Si un cadeau ne peut se faire que dans le cadre d'une fête instituée comme Noël ou les anniversaires, cela veut dire que c'est un acte institué, obligé, qui n'a plus rien à voir avec l'amour, l'affection, la fête et l'envie de rendre quelqu'un heureux. On doit payer ses impôts à telle date, on doit faire un cadeau à ses petits-enfants à telle date, c'est sinistre.

J'insiste, ils ont eu un blouson, ils ont eu une raquette, ce sont quand même des cadeaux importants ?

Mais bien sûr. Et on peut très bien dire à un enfant dans ce cas : « Le père Noël est déjà passé en septembre, il est maintenant un peu fauché, il sera donc moins généreux en décembre. » Et on peut chercher, pour l'enfant, un cadeau qui va lui faire plaisir sans être pour autant très onéreux. Ce qui est important dans un cadeau, ce n'est pas sa valeur marchande. C'est l'amour dont il est porteur, l'envie de dire à l'autre qu'il compte, et la magie. Dans le cas de ces grands-parents, on n'est pas dans un univers magique, on est dans un univers comptable. Cela n'a pas de sens, et c'est surtout très triste.

MA MÈRE M'OBLIGE
À PASSER LE RÉVEILLON AVEC ELLE

Amandine passe habituellement la soirée du réveillon chez sa mère. Celle-ci tient chaque année à rassembler toute la famille. Mais, cette année, cela s'annonçait compliqué. Plusieurs membres de la famille avaient décliné l'invitation. Amandine a donc décidé, avec son mari, de partir en voyage. Sa mère, quand elle l'a appris, l'a culpabilisée. Si bien qu'Amandine a annulé ses vacances. Elle ira donc passer le réveillon chez sa mère, alors qu'une partie de la famille sera absente. Amandine nous dit qu'elle se sent très mal et vous demande si c'est justifié.

Cela me semble assez justifié, parce que en fait notre auditrice a cédé sur son désir. Elle a sacrifié ce qu'elle avait envie de faire pour se retrouver dans une soirée à laquelle elle n'avait pourtant aucune envie de participer.

Mais on pourrait vous répondre qu'il ne s'agit que d'une soirée.

D'abord, ce n'est pas n'importe quelle soirée : c'est la veille de la nouvelle année. Et, symboliquement, elle préfigure un peu ce que sera cette nouvelle année. Donc, en général, on a envie de passer cette soirée avec des gens que l'on aime, qui comptent et pour qui l'on compte. Et puis le sacrifice que vient de faire notre auditrice en renonçant à son voyage résonne peut-être pour elle plus fort qu'elle ne le croit.

Il peut résonner de quelle manière ?

Ce qui est terrible dans ce genre de soirées un peu symboliques, Noël, le 31, etc., c'est que ce qui s'y passe est souvent une sorte de condensé de la problématique d'une famille. Si l'on s'en tient à ce cas, on a la mère de notre auditrice qui tient à cette soirée, alors qu'une partie de la famille n'y tient pas. On a cette partie de la famille qui refuse l'invitation. Et on a la mère qui se jette sur sa fille pour la culpabiliser afin qu'elle sacrifie tout ce qu'elle voulait faire et qu'elle vienne. Ce genre de scénario s'est peut-être déjà beaucoup répété, et dans d'autres circonstances, dans la vie de notre auditrice.

Qu'est-ce qu'elle aurait dû faire ?

Je pense qu'elle a fait ce qu'elle pouvait faire, comme chacun d'entre nous en pareil cas. Je n'aurais d'ailleurs peut-être pas fait mieux qu'elle, et je n'ai donc pas de leçons à lui donner. Je pense seulement que, quand on tombe dans le piège de la culpabilisation – et il est très difficile de ne pas y tomber –, il faut réfléchir ensuite aux raisons pour lesquelles on l'a fait. Cela permet souvent de retrouver un sentiment de légitimité et de se dire que l'on a le droit de faire ce que l'on veut et de décider de sa vie… même le soir de Noël. Et même le 31 décembre !

MA FILLE DE 18 MOIS SE VOIT SUR UN FILM

C'est une question qui intéresse beaucoup de parents en cette période où de nombreuses vidéos de vacances vont être tournées. Jules et Estelle nous racontent qu'ils ont visionné avec leur fille Sophie, qui a 18 mois, des vidéos dans lesquelles elle apparaît. À un moment, quelqu'un dans l'une des vidéos a dit : « Sophie, mets tes chaussons ! », et, aussitôt, elle a regardé ses pieds. Ses parents ont décidé d'arrêter le visionnage de peur de la déstabiliser. Un enfant de cet âge peut-il se reconnaître dans une vidéo ?

Non. Cette enfant a probablement réagi non pas à l'image, mais aux paroles qui étaient prononcées. Pour pouvoir se reconnaître dans un film, il faut en effet pouvoir se reconnaître dans un miroir. C'est-à-dire comprendre que ce que l'on voit dans un miroir est une image, et, qui plus est, une image de soi. Cela suppose tout un trajet qui a été théorisé par le psychanalyste Jacques Lacan et repris par Françoise Dolto. Au début de sa vie, je l'ai déjà expliqué, le nourrisson ressent sa mère et lui comme une seule personne. Et puis, peu à peu, il se différencie d'elle, mais il garde pendant très longtemps une conscience imprécise des limites de son corps, et il ne les ressent que grâce à sa mère dans les moments où elle le touche et lui parle. Il n'existe donc qu'à travers elle. Et, à cette époque, pour surprenant que ce soit, il ne sait pas encore qu'il est visible par d'autres. C'est grâce au miroir qu'il va le découvrir.

Cela se passe comment ? Un jour, il se voit dans un miroir et il se reconnaît ?

Pas du tout. C'est une construction très longue, très difficile, qui s'élabore sur plusieurs années, de façon variable selon les enfants. Et, surtout, qui ne peut pas se faire sans les adultes. Un enfant seul devant un miroir pense toujours, dans un premier temps, que ce qu'il voit dans le miroir est un autre enfant. Il ne sait pas que c'est lui. Pour le réaliser, il a besoin que l'adulte soit là. Pour lui expliquer les choses, bien sûr, mais surtout parce que cet adulte qui lui parle, l'enfant le voit « en vrai » à côté de lui et peut le toucher, et constater ainsi qu'il a une épaisseur et une chaleur. Et le voir aussi (à ses côtés) dans le miroir, où, là, il n'a ni épaisseur ni chaleur. Grâce à la présence de l'adulte, à l'existence de son reflet dans le miroir et à ses explications, l'enfant peut comprendre peu à peu ce qu'est une image. Mais, je le répète, c'est un processus long et complexe.

Donc, une petite fille de 18 mois ne pouvant pas se reconnaître, est-ce qu'un film peut être perturbant pour elle ?

Il peut l'être. Parce que, si l'on ne sait pas ce qu'est une image, un film peut être une chose mystérieuse et angoissante. Je me souviens d'une petite fille dont le père était en voyage, elle le savait. Et, un jour, elle est arrivée au moment où sa mère parlait sur Skype avec lui. Elle a vu l'image de son père, elle n'a plus rien compris et elle en a perdu le sommeil. C'est d'ailleurs pour cela qu'elle est venue en consultation. De telles histoires montrent qu'il faut être très prudent avec les enfants et tenir compte de leur construction : un enfant n'est pas un adulte. Mais, dans le cas de nos auditeurs, il est clair qu'ils ont été très prudents et très attentifs avec leur petite fille. Quand ils ont vu qu'elle ne comprenait pas ce qui se passait, ils ont interrompu le visionnage. Ils n'ont donc pas lieu d'être inquiets.

2015

PORTER PLAINTE CONTRE SA FILLE

La petite-fille de Sylvie est étudiante. Elle a, nous écrit-elle, imité la signature de sa mère et copié ses fiches de salaire. Ainsi, sans le savoir, sa mère s'est portée caution d'un appartement. Cette mère a d'ailleurs elle-même des difficultés financières et envisage de porter plainte contre les agissements de sa fille. Sylvie vous demande quel est le bon comportement face à sa petite-fille.

Je suis embarrassée pour vous répondre, parce que la question posée ne concerne pas notre auditrice, mais sa fille, et je ne sais pas si notre auditrice l'a informée qu'on allait parler d'elle.

Pourquoi relevez-vous cela ? C'est important ?

C'est important, d'abord, parce que le respect dû aux autres implique que l'on ne s'empare pas de leurs questions sans leur demander leur avis. Et c'est, dans ce cas, d'autant plus important que la question posée concerne une jeune fille dont le problème est qu'elle dispose de l'identité de sa mère sans l'en informer. Donc, s'emparer de la question de cette mère sans l'en informer reviendrait à se mettre au même niveau que cette jeune fille, ce qui, pour la faire évoluer, serait problématique.

Pensez-vous que cette mère ait raison de porter plainte contre sa fille ?

En agissant comme elle l'a fait, cette jeune fille s'est rendue coupable de vol et d'usurpation d'identité. C'est-à-dire d'actes qui relèvent de la justice, et il faut le lui signifier très clairement. Maintenant, est-ce que sa mère doit porter plainte ? Dans l'absolu, on peut toujours répondre « oui ». Mais, pour ma part, je ne peux pas répondre, car la possibilité d'une telle décision doit être évaluée en fonction du contexte.

Que voulez-vous dire ?

Une jeune fille qui agit de la sorte manifeste qu'elle a de très gros problèmes, et probablement depuis longtemps. Des problèmes qui viennent de la façon dont elle a vécu depuis sa naissance avec ses parents, et qui renvoient à ce qu'ils avaient eux-mêmes vécu avec leurs propres parents. Dans quel contexte familial a-t-elle vécu ? Quelle éducation a-t-elle reçue ? Il faudrait le savoir. On constate aujourd'hui qu'elle a de très sérieux problèmes avec l'argent – elle a beaucoup de dettes, dit sa grand-mère – et qu'elle ne respecte ni les biens ni même l'identité des autres. D'où cela vient-il ? De plus, usurper l'identité de sa mère, c'est-à-dire penser que les autres pouvaient vous prendre pour la mère alors que vous êtes la fille, n'est quand même pas anodin. Ce problème ne peut pas être là par hasard.

En définitive, que peut faire cette mère ?

Je crois que, avant de prendre des décisions, elle devrait se faire aider par un professionnel pour comprendre ce qui se passe et comment sa fille en est arrivée là. Si elle veut pouvoir l'aider, cela me semble vraiment essentiel.

QUAND UN ENFANT MANGE DIFFICILEMENT

Anna et Jules sont les parents adoptifs de deux enfants vietnamiens, un garçon et une fille. Leur petit garçon a commencé sa vie dans une pouponnière où les bébés étaient nourris avec des biberons calés dans les langes, sans autre nourriture. Aujourd'hui, il a 10 ans, il mange très peu et très lentement, et il accepte difficilement les fruits et les légumes. Sa sœur de 7 ans, elle, mange sans problème, mais profite de la longueur des repas pour faire des bêtises. Les repas, nous disent Anna et Jules, sont devenus un véritable calvaire, au point qu'ils finissent par ne plus manger avec leurs enfants. Que peuvent-ils faire ?

J'ai trouvé ce message terrible, parce qu'il montre des parents que l'on n'a pas aidés comme il l'aurait fallu et qui, de ce fait, font fausse route et se désespèrent.

En quoi ne les a-t-on pas aidés ?

On ne les a pas aidés, parce que, comme leur enfant, à 8 mois, ne mangeait pas, on leur a conseillé d'essayer d'installer à propos de la nourriture une bonne relation entre lui et eux. Sans entendre que cet enfant, par ses difficultés, exprimait certainement ce qui avait été douloureux pour lui dans son histoire avant eux, du fait de son abandon et de sa vie en pouponnière. Et que, si on voulait l'aider à se construire dans sa nouvelle vie, il fallait d'abord l'aider à exprimer ce passé douloureux.

Qu'aurait-il fallu faire ?

Il aurait fallu, par exemple, le prendre dans les bras pour lui donner le biberon, comme le font tous les parents. Mais, en même temps, lui parler de sa mère biologique, qui l'avait sans doute, elle aussi, tenu dans ses bras. Dont il avait senti le contact, la chaleur et l'odeur, et qui, un jour, avait disparu sans qu'on lui explique pourquoi. Il aurait fallu lui parler aussi de la plongée dans cet univers de la pouponnière où il n'y avait plus personne pour le nourrir, plus de corps, plus de bras. Et il aurait fallu lui expliquer également que l'on ne remplacerait jamais sa mère de naissance, mais qu'on allait l'aimer, le protéger et être là pour lui, toujours. Ce que, sans doute, il ne savait pas, puisque son anorexie s'est aggravée quand on l'a mis à la crèche. Il a dû croire qu'à nouveau on l'abandonnait…

Aujourd'hui, les repas sont, pour les parents, un véritable calvaire…

Mais pour lui aussi. Il continue à ne pas manger, ses parents continuent à être angoissés, et les repas sont devenus le lieu d'un affrontement dont la violence ne cesse de grandir. Parce que les parents font de l'autoritarisme et que l'enfant, pour se protéger, fait, lui, de la résistance. Et la sœur, que ce climat doit angoisser au plus haut point, passe son temps, elle, à faire des bêtises.

Que peuvent faire ces parents ?

Il faut qu'ils sortent de l'impasse dans laquelle ils sont, qu'ils sortent de cette obsession de la nourriture qui empêche toute relation vraie avec leur fils. Mais ils ne peuvent pas le faire sans aide. Je crois qu'il faudrait qu'ils consultent au plus vite un professionnel qui les aide, eux. Et qui aide cet enfant à comprendre son histoire, le sens de son symptôme et le malentendu qui s'est installé avec ses parents adoptifs.

ATTENTAT CONTRE *CHARLIE HEBDO*

L'attentat contre *Charlie Hebdo* nous a tous profondément choqués, révoltés, traumatisés. Mais nous sommes des adultes. Qu'en est-il pour les enfants ? Ils en ont parlé à la récréation, avec leurs copains. Que doivent faire leurs parents ? Doivent-ils leur en parler ? Et comment ?

Il faut absolument que les parents parlent de cet attentat à leurs enfants.

Pourquoi faut-il absolument leur en parler ?

Parce que, si petits soient-ils, les enfants en ont entendu parler. Partout. Dans l'immeuble, dans l'autobus, et surtout dans la cour de l'école, notamment par les plus grands. Les paroles de leurs parents sont donc un cadre, un contenant pour toutes ces informations, et ce cadre permet à l'enfant de ne pas être submergé par elles.

Comment peut-on parler aux enfants d'une telle horreur ?

Il faut que les parents en parlent comme ils le peuvent, avec les mots qu'ils trouvent. Et il faut qu'ils sachent qu'il n'y a pas de bonne façon de parler d'une horreur pareille. Même pour les « psys », qu'ils soient Claude Halmos ou quelqu'un d'autre. Il n'y a pas de recette miracle. On parle comme on le peut, en n'ayant surtout pas peur de l'émotion que l'on éprouve. Elle n'est pas un problème pour l'enfant. Au contraire. L'émotion est une réaction humaine. Et le fait que ses parents ne puissent pas lui parler de cet attentat sans émotion permet à l'enfant de comprendre en quoi il constitue un acte inhumain.

Concrètement, de quoi faut-il parler ?

Il faut d'abord écouter. C'est-à-dire demander à l'enfant ce qu'il sait, ce qu'il croit, ce qu'il pense. Et partir de là pour parler. Parce qu'il faut savoir que les enfants, surtout petits, peuvent, à partir d'un fait, imaginer des choses dont nous, adultes, n'avons pas la moindre idée. Ensuite, il faut raconter les faits, le plus sobrement possible pour ne pas prêter à images terrifiantes. Et les expliquer : *Charlie Hebdo* est un journal qui défend la liberté de penser. Or, dans le monde, partout et depuis toujours, il y a eu et il y a des gens qui n'acceptent pas la liberté de penser, qui n'acceptent pas que les autres n'aient pas les mêmes idées qu'eux. Ils ont donc voulu tuer ces journalistes qui ne pensaient pas comme eux. Et, malheureusement, ils ont réussi.

Est-ce que tout cela ne va pas les traumatiser ?

Non. Parce que la vérité est toujours beaucoup moins traumatisante que le silence, qui prête, lui, à tous les fantasmes. Il faut de plus, pour rassurer l'enfant, lui parler aussi de la mobilisation de tous les gens qui se battent pour que cette barbarie reste une exception. Et de la police qui veille, qui protège. Les terroristes ont une force, mais, contrairement aux sorcières des contes ou aux héros des bandes dessinées, ils n'ont pas de super-pouvoirs. Le savoir permet à l'enfant de commencer à faire la différence entre son imagination et la réalité.

SAVOIR QUI EST SON PÈRE

Élise est enceinte et son bébé va naître dans quelques mois. Or elle a conçu cet enfant avec un homme qu'elle connaît depuis huit ans sans, nous écrit-elle, avoir jamais eu avec lui une véritable histoire d'amour, en continu. Il dit d'ailleurs ne pas vouloir reconnaître l'enfant, et a même demandé à Élise d'avorter. Elle a refusé, et ils se sont séparés. Pourtant, Élise voudrait que son fils sache qui est son père.

Je ne voudrais pas blesser notre auditrice, qui est dans une situation douloureuse, mais ce qu'elle nous dit me semble très problématique.

En quoi est-ce problématique ?

Notre auditrice nous dit qu'elle voudrait que le géniteur de son enfant le reconnaisse, même s'il ne s'en occupe pas. De façon à pouvoir dire à cet enfant plus tard que, certes, son père n'est plus là, mais qu'il est né d'une histoire d'amour. Et que son père l'a aimé lui aussi, l'enfant, puisqu'il l'a reconnu. Cela me semble être l'histoire que notre auditrice aurait voulu vivre. Mais pas celle qui a vraiment eu lieu. Le géniteur de son enfant semble être en effet un homme qui, sans doute à cause de son histoire personnelle, a du mal à construire une vie avec une femme : il est toujours parti, revenu, etc. Et qui, de plus, ne pouvait sans doute pas envisager d'être père. Ce que l'on peut comprendre, car, pour un homme, devenir père ne consiste pas simplement à donner des spermatozoïdes. Cela suppose tout un travail psychique difficile, qui est de plus toujours lié au rapport qu'il a eu avec son propre père.

Mais c'est quand même important, pour un enfant, que son père le reconnaisse ?

C'est très important pour un enfant d'être reconnu par son père. Mais il faut s'entendre sur les mots. La déclaration d'un enfant à l'état civil, le fait que son géniteur lui donne son nom, n'a vraiment de sens pour un enfant que si son géniteur manifeste, par cette déclaration, l'envie qu'il a d'avoir cet enfant et de l'inscrire, au titre de sa descendance, dans sa lignée : « Tu es mon fils. » Si un homme est obligé, d'une façon ou d'une autre, de reconnaître un enfant alors qu'il n'avait pas choisi d'avoir un enfant, on ne peut pas faire croire à cet enfant que cet homme a voulu être son père. Sinon, on lui ment.

Que peut faire notre auditrice ?

Elle fera ce qui lui semble juste. Ce que je peux, moi, lui rappeler, c'est que ce dont un enfant a besoin pour se construire, c'est la vérité. Quelle qu'elle soit. Donc, si son père ne le reconnaît pas, il a besoin de connaître l'identité de ce père, de comprendre pourquoi cet homme ne pouvait pas être père, de savoir que sa mère l'aimait et pourquoi elle l'a aimé. Avec cette vérité, il pourra se construire. Surtout si sa mère rencontre plus tard un autre homme qui, sans jamais remplacer son père, car on n'a qu'un seul père, pourra l'aimer comme un papa et l'aider à devenir un homme.

SURVEILLER SES ENFANTS À DISTANCE

Est-ce vraiment rassurant de suivre à la trace toutes les activités de nos enfants ? De surveiller sur nos ordinateurs, sur nos portables, leurs déplacements, leurs appels téléphoniques, leurs SMS ? Vous êtes de nombreux parents à nous avoir interrogés sur l'usage de ces applications qui disent vouloir assurer la sécurité des enfants. Qu'en pensez-vous ?

Je peux vous dire que je n'en pense pas vraiment du bien et que je ne suis d'ailleurs pas la seule...

Pourquoi n'en pensez-vous pas du bien ?

Les inquiétudes des parents par rapport à la sécurité de leurs enfants sont normales. Elles sont fondées pour une part sur la réalité, c'est-à-dire sur la société dans laquelle nous vivons et ses dangers. Mais elles peuvent être majorées et devenir de véritables angoisses. D'une part à cause de ce que les parents ont vécu eux-mêmes dans leur propre enfance. Et, d'autre part, à cause de la difficulté qu'ont toujours les parents à supporter que leur enfant devienne une personne autonome qui échappe à leur protection, mais aussi à leur pouvoir. Les applications dont nous parlons profitent de toute évidence de ces inquiétudes.

Elles ne sont donc pas, pour vous, un élément de sécurité pour les enfants ?

Non ! Et elles peuvent même avoir l'effet inverse de celui que les parents recherchent. Le meilleur moyen de protéger un enfant, c'est en effet d'abord de l'informer clairement des dangers de la société dans laquelle il vit et de lui apprendre à les éviter : on traverse sur les passages piétons, on ne suit pas quelqu'un que l'on ne connaît pas, etc. Et puis c'est de lui apprendre ce qu'il doit faire si, néanmoins, il se trouve en danger : s'il est importuné par quelqu'un, par exemple, il doit demander l'aide d'un adulte. Donc, protéger vraiment un enfant, c'est lui apprendre progressivement à se protéger seul.

Mais ces applications peuvent donner à l'enfant le sentiment de sécurité ?

Mais non ! Là encore, c'est le contraire ! D'abord parce qu'elles lui donnent l'idée que le monde est très dangereux, puisqu'on ne pourrait sortir dans ce monde qu'équipé, un peu comme aux États-Unis, où certains pensent qu'ils ne peuvent sortir qu'armés. Et puis, surtout, elles lui donnent l'idée que, seul, il ne peut rien, qu'il ne peut être en sécurité que s'il est accompagné, même virtuellement, par ses parents. Et cette idée d'une incapacité à s'appuyer sur soi-même est quelque chose qui peut le mettre en difficulté sa vie entière. On le constate chez des adultes qui ont été, enfants, trop et trop longtemps « couvés », comme l'on dit, par leurs parents. En fait, ces applications nous montrent une fois de plus que ce qui concerne les enfants doit toujours être évalué en prenant en compte les nécessités de la construction de l'adulte qu'ils doivent devenir.

REFUSER LA MINUTE DE SILENCE

Retour sur le mois dernier. À la suite des attentats contre *Charlie Hebdo* et l'Hyper Cacher de Vincennes, un petit garçon de 8 ans refuse dans son école de participer à la minute de silence. Et tient des propos compréhensifs à l'égard des terroristes. Son père et lui sont convoqués par la police. Plusieurs d'entre vous nous ont demandé si c'était une bonne chose et s'il ne faudrait pas faire suivre psychologiquement cette famille.

Je crois que l'histoire de ce petit garçon est riche d'enseignements.

Pour quelles raisons ?

Elle est riche d'enseignements du fait des réactions qu'elle a suscitées. Parce qu'on a eu d'un côté des gens qui qualifiaient quasiment cet enfant de terroriste. Et donc raisonnaient comme s'il était un adulte et proposaient de le traiter comme tel. Et, de l'autre, d'autres gens qui, pour l'innocenter, étaient obligés d'en revenir à l'idée qu'un enfant de 8 ans ne comprendrait rien à rien, ne saurait pas ce qu'il dit, et pourrait donc raconter, sans s'en rendre compte, absolument n'importe quoi.

Vous pensez donc que cet enfant comprenait ce qu'il disait ?

Mais c'est beaucoup plus compliqué que cela ! Un enfant de 8 ans n'est pas un sous-individu qui n'aurait pas de cervelle. C'est un être à part entière, capable de réfléchir et de comprendre. Mais c'est un enfant de 8 ans. Et un enfant de 8 ans est à un âge où il est encore dans l'idée que ses parents savent tout, et qu'ils ont toujours raison. C'est plus tard, avec l'adolescence, qu'il les remettra en cause. Donc, si ses parents le respectent, ne le mêlent pas à des problèmes et à des discussions d'adultes, et relativisent leur savoir en lui expliquant que d'autres gens peuvent penser différemment d'eux, l'enfant peut s'y retrouver.

Et sinon ?

Sinon, il adhère à tout ce qu'ils disent. Et si ces parents sont eux-mêmes dans la certitude et la toute-puissance, il est sous leur emprise et peut répéter, comme un magnétophone ou un robot, leurs paroles et leurs actes, parce qu'il n'a pas le droit de les trahir. On voit cela très souvent chez des enfants délinquants qui se font en fait punir à la place de leurs parents. Parce qu'ils ne font qu'agir la délinquance de ces parents.

Le recours à la police, dans ce cas, cela peut aider ?

Cela peut aider l'enfant à comprendre la gravité des paroles qu'il répète et peut-être à se décoller un peu de ses parents. Mais cette prise de distance n'est possible que si tout cela lui est expliqué très clairement, ce qui est rarement le cas. Ce qu'il faut bien comprendre, c'est qu'un enfant comme ce petit garçon n'est pas un enfant dangereux. C'est un enfant en danger. Le travail de la société, de l'école, de la justice, est donc de comprendre les dysfonctionnements familiaux dont il est la victime et de l'en protéger. C'est cela, la protection de l'enfance.

ENFANTS HARCELEURS

Il suffit d'être un peu trop gros, ou trop maigre, d'être roux ou blonde, d'être jolie ou de boiter, et l'on devient la cible d'agressions verbales ou physiques régulières. Près de 700 000 élèves seraient victimes de ces agissements inqualifiables. Plusieurs d'entre vous aimeraient comprendre comment des enfants peuvent en venir à en martyriser d'autres. Et comment des adultes peuvent ne pas s'en rendre compte.

Les deux questions que posent nos auditeurs me semblent très judicieuses.

La première : comment des enfants peuvent-ils être aussi cruels entre eux ?

Contrairement à ce que l'on pourrait imaginer, c'est très compréhensible, car les enfants petits cherchent à prendre du plaisir de toutes les façons possibles, sans tenir aucun compte ni des autres ni des règles de vie. C'est un fonctionnement normal à leur âge, et ils ne peuvent y renoncer que si l'éducation donnée par leurs parents leur apprend le respect des autres, le respect des règles et l'empathie. C'est-à-dire la capacité à se représenter les souffrances d'un autre pour ne pas les lui infliger.

Donc, les enfants harceleurs, manifestement, n'ont pas appris tout cela.

Non seulement ils ne l'ont pas appris, mais, comme on les a probablement laissés faire, ils ont découvert en grandissant le plaisir que l'on pouvait trouver à en torturer un autre. Et cela commence toujours, au début, par un jeu. Cruel, certes, mais plutôt innocent. En maternelle, on traite le copain, parce qu'il a des lunettes, de « serpent à lunettes ». Et le copain se met à pleurer, c'est super rigolo. Parce que c'est comme si on avait un petit pantin : on appuie sur le bouton « lunettes », et boum ! les larmes coulent. Mais, si ce jeu continue, l'enfant peut, en grandissant, passer du plaisir à manipuler l'autre comme un jouet au plaisir de le voir souffrir. Et, là, ce n'est plus innocent du tout.

Et que peuvent faire les adultes ?

Il faut qu'ils interdisent très fermement ce type de jeu en expliquant pourquoi. Le harcèlement, c'est une forme de torture. Et, dans une société civilisée, la torture est interdite. Et il faut punir les enfants s'ils recommencent. En comprenant bien que les victimes sont en danger. Mais que les agresseurs le sont aussi. Les chefs de bande des harceleurs sont souvent des enfants qui, sans que cela ait été repéré, ont de graves problèmes familiaux : on ne devient jamais tortionnaire par hasard.

À l'école, c'est possible de ne pas s'en rendre compte ?

À mon avis, c'est impossible, car un enfant harcelé, dans une classe, cela se voit. L'école doit se donner les moyens de protéger les enfants. Mais cela suppose qu'elle puisse se donner pour tâche d'apporter à tous les enfants, quand ils ne les ont pas eus dans leur famille, les repères éducatifs essentiels de la vie.

OUBLIER LA LANGUE DE SON PÈRE

Catherine a quatre enfants de 1 an à 10 ans. Leur père est allemand, et la famille a vécu pendant six ans en Allemagne. L'année dernière, ils sont tous rentrés en France, hébergés pendant quelque temps par la mère de Catherine. Les enfants se sont bien adaptés, sauf le garçon de 8 ans, qui a « oublié » la langue allemande et refuse d'écrire à ses copains allemands. Catherine nous parle d'un « trou noir qui l'inquiète ».

Je comprends que cette maman s'inquiète.

Pourquoi ?

Ce que manifeste cet enfant est très curieux. Il est né en Allemagne, il y a vécu jusqu'à l'âge de 6 ans, il est allé à l'école, il est bilingue et il avait beaucoup de copains. Et puis la famille a dû quitter l'Allemagne, et les enfants ont dû abandonner définitivement, sans l'avoir vraiment prévu, tout ce qui avait fait jusque-là leur vie. C'est un véritable déracinement.

Pourtant, notre auditrice a proposé à son fils d'écrire à ses copains allemands. Et il refuse.

Et il semble même, dit-elle, avoir oublié la langue allemande. C'est le signe quand même qu'il traverse quelque chose de difficile. Je ne sais évidemment pas quoi, parce que je ne l'ai pas écouté, mais je peux faire deux hypothèses. La première, c'est que la séparation a peut-être été plus difficile encore pour lui que pour ses frères et sœurs. Il faudrait donc essayer de comprendre ce qu'il a dû quitter en quittant l'Allemagne, quels liens, connus ou non de ses parents, il a dû rompre, car oublier l'allemand peut être pour lui une façon de chasser de sa tête une douleur trop grande. Et puis, la seconde hypothèse, c'est le rôle de cette grand-mère maternelle qui a hébergé la famille pendant un an. Et dont l'attitude me paraît vraiment problématique.

En quoi ?

Cette grand-mère a accueilli ses petits-enfants, qui venaient de vivre un moment difficile. Et, au lieu de les aider, elle a exigé qu'ils ne parlent plus jamais allemand à la maison, même entre eux, parce qu'elle se sentait, disait-elle, exclue de leurs conversations. Comme si une grand-mère avait besoin de participer à toutes les conversations de ses petits-enfants ! Donc, ce petit garçon, qui avait déjà dû s'exiler de son pays, s'est trouvé en plus forcé de s'exiler de sa langue. C'est très violent. D'autant que cette langue est la langue de son père. Il s'est donc peut-être trouvé dans un conflit intérieur terrible, puisque, pour être aimé de sa grand-mère, il fallait qu'il renonce à cette langue, qui est, si l'on peut dire, sa langue paternelle.

Que peut faire notre auditrice ?

Je crois qu'il faudrait qu'elle essaie, éventuellement avec une aide, de comprendre ce qui se passe. Et qu'elle fasse ce travail avec son mari. Parce que cet enfant a certainement besoin de son père pour sortir de ses difficultés.

UN PISTOLET COMME JOUET ?

Philippe est le grand-père d'un petit garçon de 4 ans qui a, dans une fête foraine, gagné un pistolet en plastique. Mais sa maman, la fille de Philippe, refuse qu'il joue avec ce pistolet, et Philippe est scandalisé par cette réaction. « Petit, nous écrit-il, j'avais ce genre de jouet, et cela n'a pas fait de moi un assassin. » Qu'en pensez-vous ?

Je trouve la question de notre auditeur plus compliquée qu'elle n'en a l'air.

Qu'est-ce qui vous semble compliqué ? Que l'enfant joue avec un pistolet ?

Non, cela ne me semble pas compliqué. Parce que je pense que le problème des jouets, je l'ai déjà dit, ce n'est pas de les interdire. C'est d'écouter et de parler. Si un enfant choisit un jouet, cela peut être soit parce qu'il en a envie, lui (et, si ce jouet n'est pas dangereux, il n'y a pas de raison de l'en priver). Mais cela peut être aussi parce qu'il pense que c'est ce jouet-là qu'il doit choisir pour faire plaisir à ses parents. Certaines petites filles devenues grandes racontent ainsi qu'elles adoraient les jouets de garçon, mais qu'elles ne demandaient que des poupées à Noël, parce que c'est la seule chose que leurs parents supportaient. Et puis, parfois, au travers du choix d'un jouet, un enfant peut poser une question à ses parents. Par exemple : « J'ai 4 ans, je choisis un jouet de bébé, est-ce que ça te fait plaisir, maman, que je sois aussi petit que mon petit frère qui vient de naître ? » Le choix d'un jouet est souvent un message codé. Donc, s'il y a un problème, il vaut mieux le décoder avant d'agir.

Mais là, en l'occurrence, la maman de cet enfant a sûrement peur qu'il devienne violent.

Peut-être. Mais ce n'est pas un jouet qui rend violent. On devient violent si on a subi de la violence. Ou si on a manqué d'une éducation qui permette d'humaniser, de civiliser sa violence. Ou si on a eu l'exemple de la violence. Et un jouet comme un pistolet peut permettre de parler de la violence. Par exemple, un enfant vise un adulte : « Pan ! T'es mort ! » Cela peut être un jeu. Mais cela peut être aussi l'occasion de parler avec lui des lois qui, dans la réalité, empêchent que l'on fasse cela « pour de vrai ». Et de ce qui justifie ces lois.

Vous disiez que la question de notre auditeur vous semblait compliquée ?

Oui, elle me semble compliquée à cause de la configuration familiale qu'elle peut laisser supposer. Parce qu'on a quand même, là, un petit garçon qui semble « pris en sandwich », à propos de quelque chose d'important, entre la parole de sa mère et celle de son grand-père maternel. C'est une situation curieuse, car elle exclut de fait le père de ce petit garçon. Alors qu'il devrait être tout à fait concerné par cette histoire de pistolet. Donc, je crois qu'il serait important pour ce petit garçon que son papa se prononce sur cette affaire.

ENFANT NÉ PAR DON D'OVOCYTE

Laurianne et son mari voulaient un enfant. Or Laurianne est stérile. Elle s'est donc rendue avec son mari en Espagne pour y bénéficier d'un don d'ovocyte, et ils ne l'ont pas caché à leurs familles. Aujourd'hui, leur petite fille a 4 ans et demi, et Laurianne voudrait lui dire la vérité sur sa conception avant qu'elle ne l'apprenne par une indiscrétion familiale. Son mari et son entourage lui conseillent de ne rien dire. Qu'en pensez-vous ?

Notre auditrice nous demande si « toutes les vérités sont bonnes à dire » : c'est une très jolie question.

Mais vous y répondez quoi ?

Je ne sais pas si toutes les vérités sont bonnes à dire. Mais je sais qu'un enfant a besoin qu'on lui dise les vérités qui le concernent. Et la façon dont il a été conçu le concerne au plus haut point. Il s'agit de son histoire, et il a besoin de la connaître pour se construire, parce que la connaissance de cette histoire a pour lui valeur de racines. Il a besoin de savoir d'où il vient pour prendre conscience de ce qu'il est et savoir où il va.

Le papa est réticent, l'entourage conseille le silence : comment justifier une telle attitude ?

Il faut différencier la problématique du mari de notre auditrice de celle de son entourage. Les réticences de son mari tiennent sans doute au fait que ne pas pouvoir avoir un enfant « simplement » est toujours douloureux pour un couple. Et cela peut renvoyer l'un ou l'autre à des idées d'incapacité, d'infériorité et même d'anormalité. Donc, parler à l'enfant peut revenir inconsciemment pour eux à lui avouer cette infériorité. Et cela les conduit à craindre soit de déchoir à ses yeux, soit de lui laisser penser qu'il n'est pas comme les autres. Tout cela est bien sûr tout à fait faux, mais c'est toujours très présent. Mais, pour l'entourage, le problème n'est pas le même. Il est sûrement pris dans la croyance, très répandue, que l'on pourrait tromper un enfant et que l'on aurait même le droit, pour son bien, de s'arroger le droit de le faire. Alors que c'est totalement destructeur.

Comment notre auditrice peut-elle parler à sa fille ?

Il faut qu'elle lui parle avec son mari et qu'ils lui expliquent tous les deux les deux dimensions de la conception. C'est-à-dire à la fois le désir des parents d'avoir un enfant et ce qui doit se passer dans leur corps : la rencontre d'un ovule et d'un spermatozoïde. Et il faut qu'ils lui disent qu'ils étaient l'un et l'autre, dans leur tête et dans leur cœur, un papa et une maman. Mais que l'un des corps, celui de la maman, ne fonctionnait pas bien. Et qu'une autre dame, dont le corps fonctionnait, l'a aidée en lui donnant un ovocyte. C'est une très belle histoire, et c'est vraiment important pour un enfant de savoir que ses parents désiraient tellement sa venue qu'ils ont accepté de faire toutes ces démarches pour le concevoir.

ENFANT MARTYRISÉ PAR UN AUTRE

Le fils de Philippine a 7 ans. Il est gardé depuis la rentrée par une *baby-sitter* avec deux enfants d'une autre famille, un garçon de 9 ans et sa sœur de 3 ans. Or, depuis un mois, il va mal. Il a d'abord demandé le sens de certains gros mots, puis il est devenu très colérique, et maintenant il parle de mourir. Évidemment, Philippine et son mari s'inquiètent et vous demandent s'ils doivent intervenir ou, au contraire, laisser leur fils se débrouiller seul pour apprendre à se défendre.

Je crois que, quand un enfant est confronté à ce type de difficultés, il faut que les adultes essaient de se mettre un peu à sa place pour se représenter ce qu'il vit, et donc sa souffrance.

Vous pensez que cet enfant souffre ?

Cela me semble évident ! Ce petit garçon a 7 ans, et il se retrouve seul face à un plus grand (l'autre garçon a 9 ans, et deux ans, à cet âge, c'est une différence importante), sa petite sœur et une *baby-sitter* dont on ne sait rien. Et, subitement, il change de comportement : il devient colérique, il a mordu l'autre garçon alors que ce n'est vraiment pas son habitude, etc. On a donc l'impression qu'il est à bout. Et, en plus, il parle de mourir, ce qui n'est quand même pas rien. Donc, il souffre, et il faut comprendre pourquoi.

Ses parents pensent que le grand le pousse sans doute à bout.

Ce n'est pas impossible, mais, si c'est le cas, c'est grave ! Parce que cela veut dire que, tous les jours, cet enfant sort de l'école en sachant qu'il va être martyrisé par un autre contre lequel il ne peut pas se défendre, parce qu'il est plus grand. Les gros mots dont il demande le sens sont peut-être des injures qu'il subit. Et, en plus, il y a là une adulte, une *baby-sitter*, qui, au lieu de faire respecter les règles, laisse tout cela se faire et ne prévient pas les parents. Il y a franchement de quoi aller mal !

Que peuvent faire ses parents ?

Ils doivent d'abord comprendre qu'il ne s'agit pas pour leur fils d'apprendre à se défendre. On peut laisser un enfant se débrouiller seul quand les règles du jeu sont respectées. Mais, quand le combat est trop inégal, du fait de l'âge ou du fait du nombre, il faut intervenir. Je crois que nos auditeurs doivent contacter au plus vite l'autre famille pour l'informer et pour comprendre ce qui se passe. Ou bien les adultes ensemble peuvent comprendre le problème et le régler, ou bien il faut changer de mode de garde. Et trouver une *baby-sitter* qui soit capable d'empêcher que les enfants qu'elle garde soient en danger.

ACCEPTER LE VIEILLISSEMENT

Le père du mari de Julie a 85 ans. Il souffre de troubles cardiaques graves (il a déjà eu plusieurs infarctus) et d'une pathologie neurologique. Malgré tous ces risques, il refuse de renoncer à conduire et fait encore de longs trajets sur l'autoroute. Et, récemment, il a décidé d'emmener avec lui sa petite-fille de 8 ans. Julie trouve cela très imprudent, contrairement à son mari, qui, lui, soutient l'attitude de son père. Julie voudrait savoir comment parler à son beau-père sans le blesser.

Je crois que notre auditrice évoque un problème très douloureux que l'on retrouve dans de très nombreuses familles, et qui est lié à la difficulté qu'ont certaines personnes à accepter les limites qui leur sont imposées par leur âge ou par une maladie.

Est-ce si difficile d'accepter le vieillissement ?

Oui. Pour plusieurs raisons. Pour des raisons individuelles, d'abord. La vieillesse est une confrontation avec l'idée de la mort, et la mort est, comme chacun sait, la fin de la vie. Mais elle est aussi le prototype de la limite à laquelle personne ne peut échapper. Or beaucoup de gens vivent avec l'idée que, grâce à leur force, à leur intelligence, ils pourront faire reculer toutes les limites, et même les éviter complètement. Et, s'agissant de leur âge, ils l'ont d'ailleurs très souvent ignoré, ce qui rend plus terrible encore pour eux le moment où ils sont bien obligés d'en prendre acte. C'est comme si un mauvais génie venait leur dire : « Cette fois-ci, "mon vieux" (ou "ma vieille"), tu n'y couperas pas ! » Et c'est insupportable pour eux. Et puis il y a aussi des raisons plus sociales.

Lesquelles ?

Nous vivons dans une société qui fait du vieillissement quelque chose de péjoratif : c'est le fameux « jeunisme » dont on nous parle tant. De plus, on a encore trop souvent aujourd'hui comme critère implicite de l'âge ce qu'était cet âge il y a cinquante ans. Alors que les personnes de 60 ans, par exemple, ne ressemblent plus aujourd'hui à ce qu'elles étaient il y a cinquante ans. Donc, dans un tel contexte, accepter son âge, c'est comme accepter une mise à l'écart sociale. Et cela n'aide pas.

Pourquoi le mari de notre auditrice soutient-il son père à ce point ?

D'abord parce que c'est toujours douloureux de voir vieillir ses parents. Et puis il est peut-être lui aussi prisonnier de cette image du vieillissement. Donc, il faudrait que notre auditrice parle d'abord avec lui pour lui permettre de réaliser tout ce que son père peut continuer à être et à faire même s'il ne conduit plus. Il faut valoriser cela. Et, ensuite, ils pourraient parler ensemble à ce grand-père, et ce serait vraiment un service à lui rendre. Parce que vous imaginez si cet homme avait un accident avec sa petite-fille ? À supposer même qu'il en réchappe, il ne se le pardonnerait jamais. Il faut le lui faire entendre.

HARCÈLEMENT : LE RÔLE DE L'ÉCOLE

Lola a 12 ans. L'année dernière, nous raconte Géraldine, sa maman, elle a été victime de harcèlement. Or, à cette rentrée en cinquième, elle a retrouvé plusieurs de ses agresseurs, et le harcèlement a recommencé. Finalement, Géraldine a obtenu un changement de classe, mais elle se demande pourquoi sa fille a été, deux années de suite, choisie comme victime. Et quelles peuvent être les conséquences pour elle ?

J'ai eu le sentiment, en lisant ce message, que cette maman, pourtant très attentive, ne mesurait peut-être pas toute la gravité d'un harcèlement.

Qu'est-ce qui vous fait dire cela ?

Ce qu'elle dit. Elle dit que, lors du harcèlement de sa fille en sixième, elle a réussi avec l'école à « contenir les choses ». Or je pense qu'il n'y a pas à contenir un harcèlement, c'est-à-dire à essayer de le limiter. Il y a à l'interdire, purement et simplement. Et c'est le rôle de l'école. Il faudrait que les règles de fonctionnement de l'établissement soient posées dès le début de l'année dans les établissements, avec les élèves et leurs parents, en appelant à leur coopération. Et que, parmi ces règles, il soit bien dit que le harcèlement est interdit. Et que l'on explique pourquoi.

Que faut-il expliquer ?

Dans une société civilisée comme la nôtre, il est interdit de tuer. Or il faut l'expliquer aux élèves : on peut tuer avec des armes, mais on peut tuer aussi avec des mots. Parce qu'on peut, avec des mots, enlever à quelqu'un tout sentiment de sa valeur. Et lui donner même de lui une horreur telle qu'il pourra vouloir mourir – c'est arrivé. On a attaqué la fille de notre auditrice sur ses vêtements, sur son physique. On lui a dit que personne ne serait ami avec elle. On l'a torturée méthodiquement et sciemment. Il faut qu'il soit posé clairement que de tels agissements sont interdits.

Et lorsqu'ils surviennent, on fait quoi ?

Eh bien, on sanctionne ! Il faut que des sanctions soient prévues : conseil de discipline, exclusions. Et il faut organiser des discussions avec tous les élèves pour expliquer que, bien sûr, dénoncer, c'est mal, mais que, s'agissant d'un autre qui est torturé, si on le sait et que l'on ne prévient pas les adultes, c'est de la non-assistance à personne en danger. Pour la victime, mais aussi pour le bourreau. Parce que trouver du plaisir à torturer n'est pas normal. Donc, les autres élèves peuvent, dans un premier temps, parler au harceleur pour qu'il s'arrête. Mais, s'il continue, il faut prévenir les adultes.

La maman nous écrit qu'elle envisage de faire faire du théâtre à sa fille pour qu'elle prenne confiance en elle.

Pourquoi pas ? Mais il faut surtout chercher avec elle, et peut-être avec l'aide d'un « psy », ce qui fait qu'elle ne sait pas se défendre. Cela mérite une consultation. Et cela permettra aussi de comprendre ce que ces situations, vraiment très graves, ont eu comme effets sur elle.

PRÊTER, C'EST PAS DONNER

La fille de Noémie a 6 ans. Elle a refusé de rendre à l'une de ses camarades le jouet que cette camarade lui avait prêté. Noémie et son mari ont donc cherché le jouet et l'ont retrouvé caché dans son cartable. Mais la petite fille refuse de reconnaître son geste. Ses parents voudraient savoir quelle attitude adopter.

Je crois que je vais redire, une fois de plus, que le problème n'est pas « l'attitude à adopter », car, le comportement d'un enfant pouvant avoir des sens très différents, il faut d'abord essayer de le comprendre. Et ensuite seulement parler et agir en fonction de ce que l'on a compris.

Comment expliquer le comportement de cette petite fille ?

Il est difficile de trouver le sens d'un comportement d'un enfant sans rien savoir de ce qu'est cet enfant, de ce que sont ses parents, de ce qu'ils vivent ensemble. Dans le cas qui nous occupe, il peut s'agir d'un « simple » problème de vol. C'est-à-dire que cette petite fille a peut-être besoin qu'on lui explique – ou qu'on lui réexplique – que nous pouvons tous, adultes ou enfants, avoir envie d'un objet que nous voyons. Mais que, si cet objet appartient déjà à un autre, nous ne pouvons pas le lui prendre, parce que ce serait du vol. Et que le vol est puni par la loi. Mais il peut s'agir aussi d'une enfant qui n'a pas compris ce qu'était un prêt.

Que voulez-vous dire ?

Le jouet que la petite fille a gardé lui avait été prêté, nous dit-on, par une camarade. Or la notion de prêt est une notion complexe. Le prêt est une autorisation donnée à quelqu'un de profiter temporairement d'un objet. Le prêt est donc différent de la possession, qui implique que l'on ait le droit d'en profiter tout le temps. Donc, comprendre la notion de prêt suppose que l'on ait d'abord compris la notion de possession pour pouvoir mesurer la différence. Et un enfant ne peut comprendre cette notion de possession que si on lui permet, dans sa vie quotidienne, d'être vraiment propriétaire de ce qu'il possède. C'est-à-dire si l'on respecte ses possessions. Ce que les parents ne font pas toujours. Certains, par exemple, jettent les vieux jouets de leur enfant sans lui demander son avis. Ce qui est toujours très violent pour lui.

Peut-il y avoir d'autres sens à un tel comportement ?

Bien sûr. Et ils peuvent même être très subtils. Un enfant peut exprimer par un comportement comme celui de cette petite fille quelque chose qu'il sait inconsciemment de son histoire familiale – des vérités cachées, par exemple. Il vole parce qu'on lui vole une vérité à laquelle il aurait droit. Il arrive aussi qu'un enfant dérobe un objet à un autre enfant parce qu'il est fasciné par cet enfant. Et que lui prendre un objet est pour lui comme une façon de s'approprier quelque chose de ce qu'il est. Il faut donc que nos auditeurs discutent avec leur fille et essaient de comprendre ce qui se passe. Et cela va permettre que tout rentre dans l'ordre.

ADOPTER SON BEAU-FILS ?

Le fils d'Anne-Laure n'a jamais connu son père biologique. Et à 10 ans, pour l'état civil, il n'a toujours pas de père. Le conjoint actuel d'Anne-Laure souhaitait reconnaître cet enfant, mais à la mairie on lui a expliqué que ce serait considéré comme une fausse déclaration et qu'il risquerait la prison. Anne-Laure nous demande s'il est mieux qu'il le reconnaisse quand même ou qu'il l'adopte.

J'ai été frappée, dans le message de notre auditrice, par deux choses. Par la façon dont elle dit que, pour l'état civil, cet enfant n'a pas de père. Et par le fait qu'elle demande ce qui serait le mieux, sans préciser pour qui ce serait le mieux.

Ces deux choses vous frappent pourquoi ?

Parce que mon travail de psychanalyste m'apprend tous les jours à quel point la vérité sur sa filiation est essentielle pour un être humain. Et que je ne peux donc me situer que du point de vue de l'enfant. Et me demander ce qui serait le mieux pour lui. Or, dans la réalité, et même si ce n'est pas inscrit à l'état civil, cet enfant a un père biologique. Il faut que cela lui soit dit. Et que cela soit ratifié par la loi.

Cela peut être ratifié par la loi ? De quelle façon ?

Par une adoption par le nouveau conjoint de sa mère. L'adoption d'un enfant pose en effet qu'il a des parents biologiques, que ses parents ou l'un des deux n'ont pas pu le garder ou le reconnaître, et qu'un autre parent est prêt à jouer auprès de lui le rôle qu'aurait joué ce parent, qui est de l'aider à grandir.

Que se passerait-il pour cet enfant si le conjoint de sa mère le reconnaissait ?

Ce serait un faux par rapport à la loi, cela a été dit au conjoint de sa mère. Mais, surtout, cela voudrait dire que l'on établirait la filiation de cet enfant sur un mensonge. Ce qui est toujours très grave. Et a toujours pour un enfant, pour sa vie entière, de graves conséquences psychologiques. Il faut que cet enfant sache qu'il a eu un père biologique. Il faut que sa mère lui apprenne le nom de ce père et lui montre, si elle en a, des photos de lui. Et lui explique pourquoi ce père n'est plus là. Elle a peut-être eu, avec lui, une aventure qui n'a pas duré. Elle ne lui a peut-être pas dit qu'elle était enceinte. Ou bien il ne voulait pas être père. Ou ne supportait pas, du fait de son histoire, de l'être. Tout cela est douloureux, c'est vrai. Mais, contrairement à ce que croient beaucoup de mères, cela n'a rien de honteux, c'est la vie. Et l'enfant a besoin de le savoir. D'autant que, dans le cas de notre auditrice, cet enfant a la chance d'avoir auprès de lui un homme qui n'est pas son père biologique, c'est vrai, mais qui est prêt à être son papa. Et c'est un formidable cadeau de la vie ! À condition, bien sûr, que cela ne vienne pas masquer le reste.

EXPLIQUER À SON ENFANT
QU'ON PEUT L'ENLEVER

Leïla a un petit garçon de 4 ans et demi. Pour le mettre en garde contre les enlèvements d'enfant, elle lui a expliqué que des grandes personnes méchantes pouvaient essayer de l'attirer avec des mensonges. Elle lui a dit par exemple que quelqu'un pouvait lui raconter qu'il avait perdu son chien et qu'il devait, lui, l'enfant, l'aider à le retrouver. Or son petit garçon s'est attaché à cette histoire de chien. Et lui a répondu que cette histoire pouvait être vraie. Leïla voudrait savoir pourquoi son fils n'a pas compris son message.

Je trouve cette histoire formidable, car elle montre admirablement le décalage qui existe entre le monde des adultes et celui des enfants. Et, donc, toutes les possibilités de malentendu.

Pouvez-vous nous expliquer cela ?

Notre auditrice parle à son petit garçon d'un homme qui fait semblant de chercher son chien. Pour elle, il s'agit juste d'un exemple destiné à le mettre en garde. Mais, pour un enfant de 4 ans et demi, c'est une vraie histoire ! Un vrai petit film ! Et tout de suite il rentre dedans. Et, comme il est intelligent, il interroge le scénario du film : « Mais peut-être que c'est vrai, maman, que le monsieur, il a perdu son chien ! » C'est une idée tout à fait intelligente. Et d'autant plus intéressante pour un enfant de 4 ans et demi qu'elle lui donne un rôle intéressant. Parce que, si le monsieur a vraiment perdu son chien, lui, l'enfant, va vraiment pouvoir l'aider. Et ainsi se montrer aussi fort qu'un adulte, ce qui est le rêve de tout enfant. Donc, évidemment, face à cela, le reste du message de la maman est annulé.

Comment notre auditrice peut-elle en revenir au message ?

En mettant fin au film et en revenant aux principes. C'est-à-dire en signifiant à son fils que se poser la question de savoir si le monsieur a vraiment ou non perdu son chien n'a aucun intérêt. Parce que, même s'il l'a perdu, ce n'est pas à un enfant qu'il doit demander de l'aide. Parce que les enfants sont trop petits pour aider les adultes. Un adulte qui demande de l'aide à un enfant, cela veut dire soit qu'il ne connaît pas la différence entre les enfants et les adultes (et ça veut dire qu'il est malade). Soit qu'il fait semblant de ne pas la connaître. Et ça veut dire que c'est un menteur et qu'il est dangereux. Donc, non seulement on ne le suit pas, mais on se méfie. On s'écarte de lui. Et on va demander de l'aide à une autre grande personne.

Faut-il expliquer aux enfants les raisons pour lesquelles les adultes peuvent vouloir les enlever ?

Bien sûr. Et il faut leur expliquer toutes les raisons. Notre auditrice a parlé à son fils d'adultes qui veulent tuer les enfants. Il faut aussi expliquer que certains veulent les utiliser sexuellement. Ce qui suppose évidemment de leur donner préalablement des informations sur la sexualité.

SEXUALITÉ ET PORNOGRAPHIE

Plusieurs d'entre vous nous ont écrit à la suite de cette affaire de jeunes garçons de 10 et 11 ans d'un collège parisien, agresseurs de filles de leur classe. Ils sont soupçonnés d'attouchements. Ces jeunes élèves avaient pris l'habitude de regarder des films porno sur leurs téléphones portables pendant la récréation. Quel type d'influence peuvent avoir ces films sur les enfants ?

C'est une question plus complexe qu'il n'y paraît, car, par rapport à cette question, on s'en tient généralement à l'indignation morale. Or le plus important est que ces films sont psychologiquement destructeurs pour les enfants.

En quoi sont-ils destructeurs ?

Ce sont des images. Et il y a, on le sait, une force de l'image. L'enfant qui regarde ces films est submergé par les images qu'il voit. Il rentre, si l'on peut dire, dans ces images, dans le film, et n'a dès lors plus aucun recul. Et c'est d'autant plus problématique qu'il a non seulement une sexualité (une sexualité « infantile », c'est-à-dire différente de celle des adultes), mais une capacité d'émotion très forte. Françoise Dolto, par exemple, disait des enfants qu'ils étaient des « volcans d'érotisme » et qu'il fallait être très prudent avec eux. Le visionnage de ces films entraîne donc chez l'enfant des émotions et des sensations très fortes. Et, surtout, il induit des fantasmes. Et comme ces fantasmes vont dès lors s'intégrer à sa sexualité, celle-ci va se construire à partir de ces éléments induits de l'extérieur. Ces films porno sont donc pour l'enfant un facteur d'aliénation, ils le conditionnent. C'est exactement comme si un dealer venait lui offrir de la drogue de façon que, devenu « accro », il soit obligé de devenir son client.

Et puis il y a aussi toute une idéologie dans ces films.

Il y a dans ces films une vision du monde, de l'individu, de la sexualité, qui est très dangereuse. Les films porno, en effet, ne montrent pas des personnes, ils montrent des corps. Et parfois même seulement des morceaux de corps en gros plan. Donc, toute notion de personne humaine est niée. Et le respect du désir du partenaire ne peut pas exister, puisque les partenaires sont conçus comme des objets que l'on présente comme toujours prêts à satisfaire leurs pulsions et celles de l'autre. On a donc affaire à une vision véritablement déshumanisée de la sexualité.

Face à cela, que peuvent faire les parents ?

Il faut d'abord qu'ils comprennent que l'éducation sexuelle des enfants est devenue aujourd'hui une priorité absolue, vitale. Et que cette éducation doit être une éducation humanisée. Il faut pouvoir parler du plaisir sexuel, mais aussi des interdits qui régissent, chez les humains, la sexualité : l'interdit de l'inceste, l'interdit de la sexualité entre adultes et enfants. Et l'interdit de violenter l'autre. Chez les humains, les partenaires ne sont pas des proies. Ils doivent être consentants. Les enfants dont nous parlons ne l'avaient pas appris. Ils sont donc indéniablement des agresseurs. Mais ils sont aussi des victimes.

VIVRE EN COLOCATION

Le fils de Liliane a 23 ans et vit en colocation depuis trois ans (cinq garçons et filles dans un même appartement). Financièrement, il aurait les moyens de vivre seul, mais il ne le souhaite pas. Liliane s'en inquiète et se demande si ce style de vie ne va pas l'empêcher de s'installer un jour en couple.

Notre auditrice nous pose une question à propos de son fils. Mais je crois que j'ai un peu envie, moi, de lui poser des questions à elle...

Quel genre de questions ?

Des questions sur son inquiétude. Parce que, manifestement, notre auditrice a dans la tête un schéma de la vie telle que, pense-t-elle, elle devrait être. Et, donc, un souhait que son fils avance vers ce type de vie-là. Or cette vie pour notre auditrice semble être : on vit chez ses parents, ensuite on vit seul, et ensuite on vit en couple. Ce que, peut-être, elle a elle-même vécu.

Qu'est-ce que vous trouvez à redire à cela ? C'est un chemin logique, non ?

Mais je n'ai rien à redire à cela, et vous avez raison, c'est un chemin logique ! Et cela peut même être un excellent chemin. À condition toutefois qu'il corresponde à la vérité de la personne qui va le suivre. Or le fils de notre auditrice, qui a quitté ses parents à 20 ans, travaille, gagne sa vie, et aurait donc les moyens de vivre seul, mais il préfère vivre avec d'autres jeunes gens. Ce qui est d'ailleurs aujourd'hui le cas de beaucoup de jeunes de son âge. Certains parce qu'ils n'ont pas le choix, pour des raisons matérielles : les loyers sont, on le sait, très élevés. Mais d'autres parce que la colocation est un mode de vie qui est très apprécié par cette génération, qui a du sens pour elle. Et il ne faut jamais oublier qu'à chaque génération les parents s'inquiètent de la façon dont vivent leurs enfants, et souvent simplement parce qu'elle leur est étrangère.

Donc, en conclusion, ce que vous dites, c'est que notre auditrice n'a pas à s'inquiéter ?

Je ne crois pas qu'elle ait à s'inquiéter. Il est probable que, quand son fils aura avec quelqu'un une relation assez forte pour avoir envie de vivre à deux, il le fera. En attendant, il vit une expérience qui lui convient et qui est certainement très enrichissante pour lui. Quand on est parent et que l'on a donné la vie à un enfant, il faut se souvenir que cette vie lui appartient et que l'on n'en a plus la maîtrise. Et accepter cela est vraiment, toujours, très difficile. Pour tous les parents. Et je crois qu'on ne le redira jamais assez…

BEAU-PÈRE KLEPTOMANE ?

Bénédicte a des problèmes avec son beau-père, le père de son mari. Elle nous écrit qu'il est serviable et généreux. Mais elle le soupçonne d'être kleptomane. Elle a la conviction qu'il lui dérobe des objets. Son mari supporte mal de tels soupçons, et elle craint que tout cela mette en péril leur couple.

Ce message de notre auditrice m'a laissée assez perplexe...

Pour quelles raisons ?

Lorsqu'on a des impressions comme celles que décrit notre auditrice, il faut toujours être très prudent et, surtout, se poser la question de savoir si l'on n'est pas en train d'imaginer des choses. La kleptomanie, cela existe. C'est un besoin compulsif de dérober des objets qui plonge toujours ses racines dans l'histoire de la personne atteinte de kleptomanie. Le beau-père de notre auditrice peut donc être à la fois l'homme généreux qu'elle décrit et quelqu'un qui aurait ce besoin compulsif. Ce que l'on peut remarquer, néanmoins, c'est que les exemples de vol que donne notre auditrice ne semblent concerner qu'elle. Il lui aurait volé des échantillons de produit de beauté, des couteaux sur un buffet (lors d'une fête) et des torchons. Je crois donc qu'il serait utile qu'elle essaie de savoir si d'autres personnes qu'elle ont vu des objets disparaître.

À supposer que notre auditrice imagine ces vols, elle le ferait pourquoi ?

Je ne le sais pas. Mais ce que je sais, c'est que nous pouvons tous imaginer des choses. Parce que, lorsque nous avons une relation avec une personne, nous éprouvons des sentiments conscients, mais aussi des sentiments inconscients. Nous pouvons, par exemple, aimer énormément un ami et avoir en même temps, inconsciemment, l'impression qu'il est un peu en rivalité avec nous, qu'il veut toujours la première place, qu'il nous vole la vedette dans les dîners, etc. Et ce sentiment inconscient, que nous n'osons pas vraiment nous avouer et qui nous dérange, nous pouvons l'exprimer sans le savoir, en imaginant que cet ami nous dérobe des objets. Et cela va être plus fort encore si cette idée que l'on nous dérobe quelque chose nous renvoie à des relations douloureuses de notre histoire.

Vous pouvez nous donner un exemple ?

Oui. Un frère (ou une sœur) qui était toujours, par exemple, valorisé à nos dépens... Notre auditrice nous dit que son beau-père lui rappelle son père, qui était, dit-elle, « possessif ». Or un père possessif est un père qui dépossède sa fille de la vie qu'elle voudrait vivre. Il lui vole donc vraiment quelque chose. Est-ce que cela peut avoir un rapport avec ce que notre auditrice pense de son beau-père ? Je n'en sais rien. Mais je crois que cela mériterait qu'elle se pose la question.

DIRE LA VÉRITÉ SUR UN PÈRE PÉDOPHILE

Le fils d'André risque d'être incarcéré pour « corruption de mineurs de moins de 15 ans par le biais d'Internet ». Et ce fils a lui-même un fils de 6 ans à qui, jusqu'à présent, rien n'a été expliqué. André ne sait pas comment s'y prendre avec son petit-fils, notamment pour qu'il ne souffre pas, par rapport à l'extérieur, de la situation, mais aussi pour que sa propre construction de petit garçon ne soit pas atteinte.

Je crois que, dans une situation de ce type, on ne peut pas éviter à un enfant de souffrir. Mais on peut faire en sorte que ce qui arrive n'hypothèque pas sa construction.

Comment peut-on faire ?

Il faut d'abord lui dire la vérité. Même s'il est aussi difficile pour les adultes de la dire que pour lui, l'enfant, de l'entendre. Il faut dire la vérité, car l'enfant, à travers l'angoisse qu'il sent dans sa famille, la perçoit toujours. Donc, il risque, si on ne la lui dit pas, d'imaginer qu'elle est encore pire qu'elle n'est. Et, de plus, de se sentir trahi. Alors que, si on lui dit cette vérité, on lui donne des forces pour l'affronter. Parce qu'on lui montre qu'on le considère comme une personne à part entière, un interlocuteur valable, et que l'on est avec lui, près de lui, pour l'aider. Donc, l'enfant se sent à la fois solide et entouré.

Comment peut-on, dans ce cas, dire les choses à cet enfant ?

Clairement et simplement. Si on ne l'a pas déjà fait, il faut lui expliquer la sexualité et lui apprendre les interdits qui, chez les humains, régissent cette sexualité : l'interdit de l'inceste et l'interdit de la sexualité entre adultes et enfants. Et, à partir de là, il faut lui expliquer que son père a transgressé cet interdit en essayant, par le biais d'Internet, d'attirer des enfants et des adolescents. Et que la justice va le juger et le punir pour cela. Parce que c'est interdit.

Cela ne risque pas de lui donner une image terrible de son père ?

Cela pourrait lui donner une image terrible de son père si l'on en restait là. Mais il faut lui expliquer aussi les raisons pour lesquelles son père a fait ce qu'il a fait, ou, plus exactement, les hypothèses que l'on peut faire sur ces raisons. Il faut lui dire que, quand un adulte est attiré sexuellement par des enfants ou des adolescents, ce n'est jamais parce qu'il serait un monstre qui serait né avec, dans sa tête, le gène de la pédophilie. C'est toujours à cause de ce qui s'est passé dans sa propre histoire (soit dans les générations précédentes, soit à sa génération). Il a très bien pu subir lui-même des actes pédophiles ou voir d'autres enfants en subir. Et, même s'il n'a rien subi, il a pu être en contact avec des adultes qui avaient des désirs pédophiles. Il faut donc que notre auditeur s'interroge sur l'histoire de son fils et sur ce qui a pu le mener à agir comme il l'a fait, de façon à avoir des éléments à donner à son petit-fils.

NOS ENFANTS ONT PEUR DE TOUT

Sophie et Jérôme ont une fille de 7 ans et un fils de 3 ans qui, visiblement, sont régulièrement envahis par la peur et en parlent tout le temps. Ils peuvent se réveiller la nuit et dire à leurs parents : « J'ai un sentiment de peur, je ne sais pas ce que c'est. » Sophie et Jérôme nous racontent qu'ils ont toujours protégé leurs enfants de la violence et les ont encouragés à parler de la peur comme de n'importe quel autre sujet. Ils craignent, toutefois, de les avoir rendus peureux.

Je crois que ce message de notre auditrice montre très bien le type de malentendu qui peut s'installer entre des parents et des enfants.

Que voulez-vous dire ?

Notre auditrice et son mari ont beaucoup parlé des peurs à leurs enfants. Et notre auditrice leur en a d'autant plus parlé qu'elle-même dit avoir peur de tout : de la voiture, du bateau, de l'avion, de la neige, de la pluie, etc. On peut donc supposer qu'elle vit en permanence dans une insécurité qui date de son enfance, et que ses propres parents n'ont pas pu la rassurer. Ils ne l'ont peut-être même pas écoutée, car son message à ses enfants a toujours été : « Ne vivez pas ce que j'ai vécu, ne restez pas seuls avec vos peurs, parlez-en. »

Comment cela a-t-il pu prêter à malentendu avec ses enfants ?

Parce que les enfants de notre auditrice, qui, eux, contrairement à elle, ne manquent pas d'écoute, ont très bien pu entendre que leurs peurs étaient quelque chose qui intéressait leurs parents et s'imaginer que, s'ils n'avaient pas toutes ces peurs, leurs parents s'intéresseraient moins à eux, les écouteraient moins, etc. Ce qui est évidemment faux, mais ils peuvent l'imaginer. Donc, il est très possible que ces enfants, sans s'en rendre compte, se fabriquent des peurs pour pouvoir en parler à leurs parents. Notre auditrice dit par exemple qu'ils ont même peur de la musique des dessins animés. C'est un peu trop, quand même !

Comment notre auditrice peut-elle s'en sortir ?

En mettant, je crois, clairement le problème sur la table. Et en expliquant à ses enfants ce qui s'est passé. Il faut qu'elle leur raconte ses propres peurs, son enfance, et surtout sa solitude par rapport à ses peurs, qui l'a poussée à les inciter, eux, à parler des leurs. Ensuite, il faut qu'elle les aide à faire le tri entre les peurs justifiées et celles qui ne le sont pas. Et on peut même en faire un jeu. Un lion affamé, par exemple, est-ce qu'il est normal d'en avoir peur ? Oui, évidemment, parce qu'il peut être dangereux. Mais la petite fourmi que l'on trouve sur son oreiller ? Eh bien, non ! Parce qu'une petite fourmi n'a jamais mangé personne. Il faut toujours se souvenir que l'humour et le jeu sont des aides très précieuses dans ce genre de situation, parce qu'ils permettent de dédramatiser et de prendre de la distance.

TOUTES LES PHOTOS DE MON ENFANT
SONT SUR FACEBOOK

Emma est maman de deux jeunes enfants, comme beaucoup de ses amies. Et c'est à propos de certaines d'entre elles qu'elle nous interpelle. Elle a remarqué que plusieurs de ses amies photographient en permanence leurs enfants, à tout moment et dans toutes leurs activités, afin de poster ces fameuses photos sur leur compte Facebook. Elle vous demande si cela ne risque pas d'avoir des conséquences sur les enfants.

J'ai trouvé ce message de notre auditrice très intéressant, parce qu'il ouvre la porte à une vraie réflexion.

Vous pensez à quoi, particulièrement ?

À une réflexion sur le statut de l'enfant dans notre société. On vit beaucoup aujourd'hui avec l'idée que le combat est gagné, que l'enfant est maintenant considéré comme une personne, qu'on le respecte, etc. Or le problème que pose notre auditrice prouve que ce n'est pas vrai. Que bien sûr beaucoup de choses ont changé. Mais qu'il y en a encore beaucoup d'autres auxquelles il faudrait réfléchir pour que l'enfant soit vraiment considéré comme une personne à part entière.

Donc, pour vous, ces photos sur Facebook posent vraiment problème ?

Oui. Je ne parle pas bien sûr des parents qui mettent deux ou trois photos de leurs enfants sur Facebook. Je parle de ceux – et il y en a – qui mitraillent leurs enfants toute la journée et qui exposent sans arrêt ces photos : « Comment mon fils a renversé son chocolat ce matin », « Comment il a pleuré pour aller à la crèche », « Comment il a enfilé son manteau », etc. Il faudrait quand même réfléchir au fait que ces parents ne demandent jamais à leur enfant s'il est d'accord pour que l'on expose ainsi des photos de lui. Ce qui est contraire au droit à l'image dont nous, adultes, nous bénéficions. Si demain matin je photographie mon voisin qui part, l'air bougon et endormi, pour son bureau, et que j'expose ces photos sans son accord, il peut m'attaquer en justice. Car le droit à l'image protège à la fois la personne et sa vie privée.

Est-ce que photographier un enfant tout le temps peut avoir des conséquences pour lui ?

Mais bien sûr ! L'enfant photographié tout le temps est un enfant « centre du monde », un enfant trop investi. Il n'est donc pas à la bonne place. De plus, il n'a pas de vie privée, puisqu'il est en permanence sous le regard de l'appareil photo des autres, ce qu'aucun adulte ne supporterait, parce que c'est très violent. Nous pouvons tous imaginer ce que serait notre vie si nous devions la vivre sous le « regard » d'une caméra qui nous filmerait en permanence et partout... Et, en plus, cet enfant a un statut d'objet, puisqu'on l'utilise sans lui demander son avis. Et ce statut d'objet, auquel s'ajoute une survalorisation de l'image, peut entraîner par exemple pour certains enfants des problèmes dans l'acquisition et l'apprentissage de la parole. Parce que tout se passe comme si la seule chose que leurs parents attendaient d'eux était leur image. Pourquoi prendraient-ils la peine de parler, puisque les écouter n'intéresse personne ?

PARLER À SON ENFANT
À LA TROISIÈME PERSONNE

C'est un médecin généraliste qui nous écrit. Il reçoit beaucoup de familles en consultation, et il est toujours très étonné d'entendre des parents parler d'eux à leur enfant à la troisième personne. Ils disent par exemple : « Maman (ou papa) parle avec le docteur », au lieu de lui dire : « Je parle avec le docteur. » Cela agace ce médecin, d'autant que cela lui semble être une erreur, mais il n'arrive pas à expliquer pourquoi. Pouvez-vous l'aider ?

Notre auditeur a raison de relever cette façon de parler des parents, parce qu'elle n'est pas anodine. Et peut même révéler beaucoup de choses de la relation qu'ils ont à leur enfant.

C'est une façon de parler qui révélerait quoi ?

Ce que l'on peut remarquer, c'est qu'une mère qui dit à son enfant : « Maman va te mettre ton manteau » est une mère qui lui parle d'elle comme si elle parlait de quelqu'un d'autre, d'une troisième personne qui serait dans la pièce, par exemple, et qui s'apprêterait à lui mettre son manteau. C'est donc une façon de parler très particulière, que l'on n'aurait pas l'idée d'utiliser avec un adulte. Si, quand la boulangère vous demande ce que vous voulez, vous lui répondez : « La dame voudrait une baguette », elle va penser soit que vous n'allez pas très bien, soit que vous faites les courses pour quelqu'un d'autre.

Pourquoi les parents parleraient-ils d'eux de cette façon ?

Il y a sûrement des raisons particulières à chacun d'entre eux, mais, de façon générale, je crois que l'on peut faire deux hypothèses. Une telle façon de parler peut renvoyer à ce que le parent pense de l'enfant, et notamment à l'idée qu'il aurait que cet enfant ne comprendrait pas tout. Donc, pour le cas où il ne l'aurait pas compris, on lui précise que la personne qui fait ce geste est bien sa mère, ce qui est absurde, puisque, évidemment, il le sait. Mais cela peut renvoyer aussi au rapport que le parent entretient (au moins inconsciemment) avec son statut de parent. Comme s'il n'arrivait pas à s'approprier vraiment cette fonction et la vivait comme un rôle qu'il doit remplir, mais qui reste extérieur à lui : « Ce n'est pas moi qui te mets ton manteau, c'est "maman", c'est-à-dire le personnage que je joue. » Et, dans ce cas, la formulation renvoie à une souffrance du parent.

Cette façon de parler peut poser des problèmes à un enfant ?

Bien sûr. Parce qu'un enfant a besoin de prendre conscience de son existence et de celle de l'autre, et de comprendre qui il est et qui est cet autre. Et, pour cela, il a besoin de se confronter à un autre qui est vraiment là. Or, quand un parent dit « maman » ou « papa » au lieu de dire « je », tout se passe comme s'il n'était pas tout à fait là...

NE PAS ACCEPTER LE COMPAGNON
DE SA TANTE

Mélina a 25 ans. Elle nous écrit, car elle a un gros problème avec sa nièce, qu'elle garde très souvent. Cette petite fille de 9 ans ne supporte pas que notre auditrice ait un compagnon. Elle le rejette et n'accepte pas que ce soit lui qui dorme avec sa tante, et pas elle. Et elle demande en permanence pourquoi il est là. Mélina voudrait faire comprendre à sa nièce que son compagnon ne lui vole pas sa tante. Et améliorer leur relation. Qu'en pensez-vous ?

Le problème est que, dans la logique de cette petite fille, ce compagnon lui vole effectivement sa tante...

Mais de quelle façon ? Il n'est pas son rival...

Dans la réalité, c'est évident, il ne lui vole absolument rien. Mais toute l'attitude de cette petite fille prouve que, en ce qui concerne cette histoire, elle n'est pas du tout dans la réalité. Elle est dans ce que l'on pourrait appeler un « rêve œdipien ». C'est-à-dire qu'elle est avec sa tante dans un rapport que l'on peut dire « amoureux », du type de celui que tout enfant a, à un moment de sa vie, avec son père et/ou sa mère, mais qu'il peut développer aussi avec un autre membre de la famille, ou même avec une personne extérieure à sa famille.

Et ce rapport amoureux consiste en quoi ?

D'abord, il faut bien comprendre qu'il s'agit d'une façon d'être amoureux (ou amoureuse) qui est spécifique aux enfants et à la sexualité infantile. C'est une forme d'énamoration sensuelle tout à fait différente du désir des adultes. Et il est très important de ne pas les confondre. En fait, l'enfant (qui a pour caractéristique de vouloir toujours être à toutes les places) rêve (consciemment et inconsciemment) d'être l'élu de l'adulte, son amoureux. Et cela le met bien sûr en rivalité avec le conjoint ou la compagne qui occupe déjà cette place. On voit cela très fréquemment dans les divorces, par exemple, où l'enfant refuse les nouveaux amoureux et amoureuses de ses parents ou ses beau-père et belle-mère.

Que peut faire notre auditrice ?

Je crois que, quand cette petite fille demande à sa tante à propos de son compagnon : « Pourquoi il est là ? », elle demande une explication, et il faut la lui donner. Il faut lui expliquer ce qu'est la vie amoureuse adulte et le rôle qu'y joue la sexualité, pour qu'elle comprenne qu'il y a, dans le cœur des adultes, deux sortes d'amour : un amour pour leurs amoureux, qui est sexualisé, et un amour pour les membres de leur famille, qui ne l'est pas. L'amour avec lequel sa tante l'aime elle, cette petite fille qui est sa nièce, n'est pas le même amour que celui avec lequel elle aime son amoureux. Donc, cet amoureux ne lui prend rien du tout, et la guerre peut s'arrêter.

MON FILS A DES PROBLÈMES POUR SE COUCHER

Le fils de Véronique a 4 ans. Et, tous les soirs, au moment du coucher, il fait vivre un véritable enfer à toute sa famille. Il refuse d'aller dans sa chambre, de se coucher, de se couvrir. Il refuse les baisers, il hurle. Et, dès que ses parents ferment la porte, il crie : « Je t'aime, maman ! » Notre auditrice doit lui répondre, et cela peut durer des heures. Son mari et elle n'en peuvent plus et ne savent plus quoi faire.

Ces parents sont semblables à beaucoup d'autres qui vivent, tous les soirs, un enfer de ce genre.

Est-ce que l'on peut l'éviter ?

La réponse est « oui », et... heureusement ! Ce qui est dommage, c'est que notre auditrice ne nous donne aucune information. Elle ne nous dit pas, par exemple, si elle et son mari rencontrent d'autres problèmes de limites avec leur fils. Parce qu'il peut s'agir d'un problème global d'autorité dû à des parents qui, du fait de leur histoire, n'arriveraient pas à se positionner face à leur enfant et à lui signifier que ce n'est pas lui qui commande. Mais, même si, dans le reste de sa vie, cet enfant n'est pas particulièrement opposant, son attitude au moment du coucher prouve qu'il ne sait pas quelle est sa place.

En quoi son attitude peut-elle renvoyer à un problème de place ?

Il y a deux raisons pour lesquelles un enfant doit aller se coucher avant ses parents. La première est qu'il a besoin, pour pouvoir grandir, de plus de sommeil qu'un adulte. Et la deuxième est que ses parents ont besoin, eux, d'avoir du temps pour leur vie de couple, qui est une vie dont, comme tous les enfants, il est exclu. Il aura lui-même plus tard, s'il le souhaite, une vie de couple, mais en attendant il doit laisser ses parents vivre la leur. Je pense que c'est une chose qui n'a pas été expliquée clairement à cet enfant.

Vous pensez que c'est pour cela qu'il hurle tous les soirs ?

C'est sûrement en rapport avec cela. Car non seulement cet enfant crie sans arrêt « Je t'aime » à sa mère, mais en plus il faut qu'elle lui réponde. Et cela peut durer des heures. C'est-à-dire que, au moment où cette femme pourrait être tranquille avec son mari, discuter avec lui, etc., son fils l'oblige à dialoguer avec lui à travers la porte. Ce qui n'est pas normal, et il faut que cela cesse. Il faut que le papa de ce petit garçon lui explique que sa mère n'est pas sa propriété, en lui expliquant pourquoi (elle est sa mère, mais elle est aussi sa femme à lui), et lui signifie que, désormais, il pourra hurler autant qu'il le veut, personne ne lui répondra. Et si ces parents sont convaincus de ce qu'ils font, je suis sûre que tout va rentrer dans l'ordre.

QUAND LES PARENTS DIVORCENT

Anaïs a une petite fille de 2 ans qui vit avec elle depuis qu'elle est séparée de son père. Les parents s'entendent bien et tout se passe au mieux pour leur fille. Mais notre auditrice a néanmoins très peur que leur divorce gâche son enfance. Et souhaiterait savoir ce que vous en pensez.

La lettre de notre auditrice m'a beaucoup touchée, parce qu'elle semble vraiment taraudée par la culpabilité. Et la première chose que j'ai envie de lui dire, c'est que le divorce en tant que tel ne gâche jamais l'enfance des enfants. Ce qui peut la gâcher, c'est la façon dont on leur fait vivre ce divorce, ce qui n'est pas du tout la même chose.

Mais c'est quand même mieux pour un enfant d'avoir des parents qui ne divorcent pas ?

C'est mieux si ces parents restent ensemble parce qu'ils s'aiment. Mais ce n'est pas mieux s'ils n'ont plus aucune envie de vivre ensemble et ne restent que parce qu'ils ont peur de changer de vie, en se donnant éventuellement les enfants comme prétexte. Vivre avec des parents qui ne s'aiment plus, qui parfois même se détestent et qui ne sont pas heureux, est très destructeur pour un enfant. Et cela peut même hypothéquer très profondément sa vision de la vie adulte. C'est un très mauvais exemple de vie.

Vous voulez dire que le divorce pourrait être un bon exemple de vie ?

Il ne s'agit pas de faire l'éloge du divorce et de dire aux parents : « Divorcez ! Ce sera super pour vos enfants ! » Il s'agit de dire qu'un enfant peut très bien comprendre, si on le lui explique, que deux personnes se soient aimées et qu'un jour elles ne s'aiment plus assez pour vivre ensemble et se séparent. Et cela lui permet de voir que, dans la vie, quand quelque chose ne marche pas (ou ne marche plus), on peut, au lieu de se laisser abattre, trouver en soi le courage de réagir. C'est une leçon de vie pour un enfant.

Et cela suffit pour qu'il aille bien ?

Non, bien sûr. Il faut lui expliquer ce qui se passe : c'est le couple qui divorce, pas les parents. Il garde donc, même divorcés, ses deux parents. Il faut veiller à le protéger : l'enfant ne doit pas être pour un parent un otage ou un moyen de régler ses comptes avec l'autre. Et il ne faut pas non plus le laisser jouer à l'adulte, qui pourrait remplacer le conjoint ou la compagne qui est partie. Et puis il faut l'accompagner pour l'aider à faire le deuil de la vie qu'il a eue avec ses deux parents au temps de leur vie commune, et surtout pour l'aider à comprendre tout ce que sa nouvelle vie peut lui apporter. Et elle peut lui apporter beaucoup de choses. Et beaucoup de choses heureuses.

DIFFÉRENCE DE RELIGION

Élodie est la maman de trois garçons de 5 ans, 3 ans et demi et 3 mois. Elle nous écrit qu'elle est de culture chrétienne, et son mari de culture musulmane. Et qu'ils ont choisi d'élever leurs enfants de façon laïque. Malheureusement, leurs parents respectifs ne le supportent pas et essaient d'influencer leurs petits-enfants. Les uns en disant : « Tu es français, pas arabe », les autres : « Tu es arabe, pas français. » Nos auditeurs ont décidé de ne plus voir ces grands-parents, mais ne savent pas comment l'expliquer à leurs enfants.

Ce courriel de nos auditeurs est vraiment intéressant, parce qu'il décrit un drame qui est fondé sur une pathologie familiale, mais qui se voit aggravé par des problèmes d'ordre sociétal.

Pourquoi parlez-vous de pathologie familiale ?

Parce que l'on peut trouver des problèmes équivalents à ceux que l'on nous décrit dans des familles où il n'y a aucune différence religieuse ou culturelle. Les parents qui ne supportent pas les conjoints de leurs enfants, c'est un grand classique ! Et ils ont pour habitude de justifier leur rejet de mille façons : il est trop vieux (ou trop jeune), trop travailleur (ou pas assez), etc. Ce ne sont que des prétextes. Et ces prétextes cachent d'une part la difficulté qu'ont ces parents à supporter que leurs enfants vivent leur vie, celle qu'ils ont choisie et non pas celle que leurs parents auraient voulu qu'ils vivent. Et d'autre part un problème de jalousie : savoir que l'on n'épousera pas son fils ou sa fille est une chose, les voir en épouser d'autres, cela peut être (au moins inconsciemment) difficile...

Vous dites que cette problématique est aggravée par des problèmes d'ordre sociétal ?

Oui. Nos auditeurs ont clairement affaire à un problème de rejet et de haine de l'autre. Leurs deux familles rejettent la différence. Dans la famille maternelle, on dit aux enfants : « Vous êtes français, comme nous. » On nie donc, de fait, leur père. Et, dans la famille paternelle, on leur dit : « Vous êtes arabes, comme nous », en niant leur mère. Et en niant surtout le fait que ces enfants sont le fruit de deux cultures et que cela fait leur richesse.

Qu'est-ce que nos auditeurs peuvent expliquer à leurs enfants ?

Ils ont dit à leurs enfants qu'ils ne voyaient plus leurs grands-parents parce qu'ils étaient méchants. Et ils ne sont pas satisfaits de leur réponse. Ils ont raison, parce que le problème est plus compliqué que cela. Je crois qu'il faut dire aux enfants la vérité avec des mots qu'ils puissent comprendre. Il faut leur expliquer que certains parents ne supportent pas que leurs enfants, devenus grands, choisissent leurs amoureux tout seuls. Et qu'il arrive qu'ils se vengent en disant : « Ton amoureux, il n'est pas bien, il n'est pas beau ! » Et, si ces amoureux viennent d'un autre pays, ou s'ils ont une autre couleur de peau, ou une autre religion, ils disent : « Lui (ou elle), on ne l'aime pas, parce qu'il n'est pas comme nous. » Il faut expliquer aux enfants le racisme, la xénophobie, le rejet de l'autre, et les leur expliquer plus encore s'ils sont appelés à les rencontrer. C'est le meilleur moyen pour qu'ils apprennent à y faire face. Et cela leur permet de transformer une situation douloureuse en leçon de vie.

UN PÈRE A TUÉ SON ENFANT

Plusieurs auditeurs nous ont écrit à propos de ce petit garçon – Bastien – que son père, pour le punir, a enfermé dans une machine à laver qu'il a fait tourner[1]. Et qui en est mort. Nos auditeurs ne comprennent pas comment il est possible que les services sociaux qui suivaient cette famille n'aient pas pu empêcher ce drame. S'agit-il de négligence ? d'incompétence ? Ils voudraient avoir votre avis.

On ne peut jamais exclure l'incompétence et la négligence. Mais je crois que ce n'est pas du tout l'essentiel.

À quoi tiendrait l'essentiel ?

À plusieurs choses : d'abord à la capacité qu'ont (ou que n'ont pas) les services sociaux à évaluer les situations qu'ils doivent traiter. Quand on a affaire à des parents comme ceux de ce petit garçon, on a affaire à de la pathologie, et même à de la pathologie lourde. Il faut être capable de s'en rendre compte et d'y faire face. Pour traiter la pathologie, les « bons sentiments » ne suffisent pas. Et il y a certainement, à ce niveau, un manque de formation des intervenants. Mais ils sont également prisonniers de croyances idéologiques.

---

[1]. Le 25 novembre 2011, Christophe Champenois enferme son petit garçon de 3 ans dans le lave-linge, met celui-ci en marche et tue l'enfant. Les services sociaux avaient été prévenus à de très nombreuses reprises des sévices que subissait Bastien. Son père a été condamné en septembre 2015 à 30 ans de prison, sa mère à 12 ans.

De quelles croyances voulez-vous parler ?

Dans le domaine de la maltraitance, il y a, comme dans la société en général, deux idées qui sont très présentes : la première est que sa famille naturelle, quelle qu'elle soit, serait forcément ce qu'il y a de mieux pour un enfant. Et cela conduit, comme dans le cas du petit Bastien, à laisser dans leurs familles des enfants qui y sont en grande souffrance et en grand danger, ce qui n'est pas normal. Et on les y laisse d'autant plus volontiers que l'on imagine – c'est la deuxième croyance – que l'amour parental serait une chose naturelle et que tous les parents aimeraient leurs enfants. Or c'est faux. L'amour parental n'a rien de naturel : il dépend de ce que chaque parent a vécu. Certains parents ne peuvent pas aimer leurs enfants et d'autres ne peuvent les aimer que comme des objets de jouissance qu'ils maltraitent. Et cela, on ne veut ni le voir ni le savoir.

Pourquoi ne veut-on pas le voir ?

Parce que c'est trop terrible. Qui a envie d'imaginer que des parents sont capables d'enfermer un enfant dans une machine à laver et de le regarder tourner ? Personne ! Et que font les humains quand ils ne veulent pas voir quelque chose ? Ils nient la réalité, et à la place ils se racontent une belle histoire. Et, avec des parents maltraitants, surtout s'ils sont pervers, c'est d'autant plus facile qu'ils savent parfaitement raconter aux intervenants ce qu'ils ont envie d'entendre. Il faudrait donc apprendre à ces intervenants, dans leur formation, qu'il y aura toujours dans leur travail des choses qu'ils ne voudront pas voir, que cela peut fausser leur jugement, et qu'ils doivent en tenir compte lorsqu'ils évaluent une situation.

AYLAN, 3 ANS, SYRIEN, MORT SUR UNE PLAGE

Nos auditeurs ont été bouleversés par la photo du petit Aylan, ce petit garçon syrien mort sur une plage[1]. Mais ils s'interrogent aussi sur le sort de tous les autres enfants de ces familles qui sont obligées de quitter leur pays. Ils aimeraient que vous parliez des conséquences psychologiques que peut avoir sur des enfants une telle situation.

Nos auditeurs évoquent un problème important et qui n'est pas souvent traité. Comme si l'importance des problèmes matériels de ces enfants reléguait au second plan la question de leur souffrance psychologique.

Sur le plan psychologique, précisément, que vivent ces enfants ?

Ils vivent des choses qui sont équivalentes à celles que vivent les adultes. Mais, comme ils sont des enfants, c'est-à-dire des êtres en construction, ils subissent aussi d'autres atteintes. Pour un adulte, être obligé, pour sauver sa vie, de quitter du jour au lendemain son pays est toujours une épreuve psychologique très lourde. Et qui est de l'ordre du traumatisme, parce qu'il doit affronter, dans l'urgence, la violence, le dénuement et la peur, toute une série de pertes et de séparations, sans avoir aucune possibilité de choix. Donc, non seulement il souffre, mais il est invalidé en tant qu'individu, parce que sa subjectivité ne compte plus. Il est contraint par la nécessité.

---

1. Aylan, petit garçon de 3 ans d'origine syrienne, a été découvert mort noyé sur une plage de Turquie le 2 septembre 2015 après le naufrage d'un bateau qui transportait des réfugiés vers l'Europe. L'image de son corps échoué sur la plage a fait le tour du monde et suscité un grand élan de soutien envers les migrants.

Vous pouvez parler des pertes que subit un exilé ?

Un exilé perd sa maison, ses proches, son pays et le bain de langage qu'est pour lui la langue que l'on y parle. Cela, on le sait. Mais ce que l'on sait moins, c'est que tous ces éléments constituent pour un être humain un ancrage, des repères qui lui permettent de garder la conscience de lui-même, d'être sûr qu'il est bien toujours lui, toujours le même. Or tous ces repères, l'exilé les perd en quelques heures. Et c'est d'autant plus terrible qu'il ne sait pas ce qui l'attend ailleurs, ni même s'il peut espérer quelque chose ailleurs.

Et les enfants, alors ?

Ils perdent eux aussi tout cela, bien sûr. Mais ils subissent en plus une autre perte, parce qu'ils perdent – ou risquent de perdre – un ancrage dont ils ont un besoin vital, qui est l'ancrage dans leurs parents. En fait, le premier pays d'un enfant, ce sont ses parents. Et il risque de perdre ce pays, parce que, si aimants que soient ces parents, ils sont tellement angoissés par ce qu'ils vivent qu'ils risquent de ne plus pouvoir être, pour leur enfant, le contenant rassurant qu'ils étaient auparavant. Et cela, ajouté à la faim, à la soif, à la peur et à l'épuisement, est terrible pour un enfant. Cela permet de comprendre qu'accepter d'accueillir humainement des réfugiés, c'est aussi rendre à des milliers d'enfants des parents capables de les aider à vivre.

SAUTER UNE CLASSE ?

Pascale est très désemparée. À la demande de l'école, elle a fait passer des tests à sa fille, et il s'avère qu'elle a un quotient intellectuel très élevé. On lui a donc conseillé de faire sauter une classe à cette enfant, qui s'est toujours sentie mal à l'école. Notre auditrice est tentée de le faire en se disant que sa fille serait plus heureuse. Mais, en même temps, elle a peur de la perturber. Elle souhaiterait connaître votre avis.

Je ne peux pas, bien sûr, donner un avis sur une enfant que je ne connais pas. Mais le cas de cette petite fille appelle quelques remarques générales.

Lesquelles ?

Ce que je remarque, c'est que cette petite fille est, depuis longtemps, malheureuse à l'école. Et que l'on agit là comme si l'on avait trouvé une cause à son malheur, et une cause unique : une intelligence supérieure à celle de ses camarades. Je crois qu'il faut être très prudent avec ce genre d'explication. L'école pour un enfant, comme le travail pour un adulte, représente la vie sociale. Or certains enfants ont du mal avec cette vie sociale, parce que leur éducation ne les y a pas suffisamment préparés ou parce qu'ils ont trop de problèmes dans leur famille (avec leurs parents, leurs frères et sœurs) pour arriver à investir l'extérieur.

Être plus intelligent que les autres peut quand même faire que l'on s'ennuie à l'école, non ?

Oui, mais pas forcément. D'abord, on peut, sans avoir une intelligence supérieure, s'ennuyer à l'école. Et, par ailleurs, certains enfants, très intelligents, ne s'y ennuient pas du tout. Ils se servent de l'école comme d'un tremplin pour la connaissance et développent cette connaissance en dehors de l'école. Ils lisent par exemple des livres sur des sujets traités à l'école, posent des questions à leurs parents, etc. Et puis il faudrait surtout savoir ce que l'on entend par « intelligence ». Les tests dont parle notre auditrice mesurent l'intelligence qui permet d'acquérir des connaissances. Mais ce n'est pas la seule forme d'intelligence que possède un enfant. Parce qu'un enfant n'est pas seulement une tête. Il a besoin, pour vivre, d'avoir aussi une intelligence du corps, de la vie pratique et de la relation à l'autre : un enfant « premier en tout » qui n'a pas de copains est un enfant qui ne va pas bien. On ne peut donc pas évaluer le niveau d'un enfant en ne prenant en compte que son quotient intellectuel.

Faire sauter une classe à un enfant vous paraît être une bonne chose ?

Non. Justement parce que l'évolution d'un enfant ne concerne pas que son intellect. Un enfant peut avoir les capacités intellectuelles des enfants qui ont deux ans de plus que lui, mais cela ne lui donne pas pour autant le même développement physique et émotionnel qu'eux. Scolarisé dans la même classe qu'eux, il va donc se sentir différent, et même dévalorisé. Avoir 11 ans et être en classe avec des garçons et des filles de 13 ans, qui ont un tout autre rapport à la vie, à la sexualité, etc., c'est très difficile à vivre. J'ai écouté beaucoup d'enfants raconter à quel point c'était difficile pour eux. Et j'en ai écouté beaucoup d'autres dire, devenus grands, à quel point cela avait pesé sur toute leur vie.

LUTTER CONTRE LE HARCÈLEMENT SCOLAIRE

Le gouvernement a lancé une nouvelle campagne contre le harcèlement en milieu scolaire. Et tout particulièrement dans les classes de primaire, car les élèves de primaire sont les plus touchés par ce phénomène. Est-ce que cette campagne contre le harcèlement scolaire vous semble vraiment utile ?

Je pense qu'elle est vraiment utile, parce qu'elle met en lumière un problème qui est souvent caché, minimisé ou banalisé, et montre qu'il est très grave et fréquent. Grave pour les enfants victimes, on le sait, mais grave aussi pour les enfants agresseurs, et on le sait moins.

Que se passe-t-il pour les enfants victimes ?

Un enfant harcelé est un enfant pris au piège, comme pourrait l'être un animal. Il est entouré de chasseurs qui sont plus forts que lui et qui se rassemblent dans un seul but : le torturer – car il s'agit bien de torture – et le regarder souffrir. La torture peut être physique : on le menace, on le frappe. Mais elle est souvent psychologique : on se moque de l'enfant, on le calomnie (tout cela étant bien sûr décuplé par les réseaux sociaux). C'est-à-dire que l'on casse méthodiquement l'image qu'il pouvait avoir de lui-même et tout ce qui pouvait soutenir son désir de vivre. Et cela explique qu'il puisse en arriver à « suicider » une partie de sa vie, sa scolarité par exemple, en déclenchant une « phobie scolaire », et même à se suicider lui-même.

On dit que ces enfants parlent rarement de ce qu'il leur arrive. Pourquoi ?

Ils ne parlent pas, comme les enfants abusés ou les femmes violées ne parlent pas. Parce qu'ils ont honte. Ils sont traités par leurs agresseurs comme des êtres méprisables, et ils finissent par le croire. Ils imaginent donc que parler reviendrait à l'avouer. Et, pour le cacher, ils se taisent. Et en plus ils ont peur, parce qu'ils ont l'impression d'être livrés à des tortionnaires dans un monde sans loi où tout peut leur arriver et où personne ne les défendra. Cela peut marquer leur vie entière.

Vous disiez que les enfants agresseurs sont, eux aussi, en danger.

Bien sûr ! Les enfants petits cherchent à faire enrager leurs copains. Parce que c'est une façon d'avoir un pouvoir sur eux : on traite le copain qui a des lunettes de « serpent à lunettes », et il se met à pleurer. C'est super ! C'est comme si l'on avait un petit pantin à manipuler, alors on continue. L'enfant a besoin qu'un adulte intervienne pour lui interdire ce jeu en lui expliquant la souffrance qu'il inflige. C'est essentiel, car, si personne n'intervient, l'enfant continue et risque de découvrir le plaisir que l'on peut éprouver à en torturer un autre. Ce qui est très grave pour sa construction et d'un très mauvais pronostic pour son avenir. Il est donc vraiment important qu'une campagne nationale souligne la gravité de ce problème, informe les familles et propose des moyens de prévention, comme la sensibilisation et la formation des enseignants et des élèves.

MIXITÉ SOCIALE À L'ÉCOLE

La ministre de l'Éducation nationale, Najat Vallaud-Belkacem, a lancé en novembre 2015 une nouvelle refonte de la carte scolaire, avec pour objectif de favoriser la mixité sociale à l'école. Un objectif que vous qualifiez d'indispensable au développement des enfants. Alors, quelles sont les conséquences psychologiques de l'absence de mixité sociale à l'école ?

La première de ces conséquences est une absence d'ouverture au monde qui est très préjudiciable pour eux. Parce que, si l'on veut que l'école soit, pour tous les enfants, un moyen d'avancer socialement et d'avoir plus tard un sort meilleur que celui de leurs parents, cela suppose qu'ils puissent découvrir qu'il existe des univers différents de celui de leur famille, avec des façons différentes de vivre, de penser, de parler. Or cette découverte, les enfants la font d'abord toujours entre eux, « à hauteur d'enfant » : « Mon copain, sa mère elle est comme ça, elle lui donne ça pour son goûter, etc. » Donc, refuser la mixité sociale à l'école, c'est condamner les enfants au « même ».

Et donc les faire vivre dans un ghetto ?

Oui. Cela peut être un ghetto de riches, ce qui est confortable mais n'ouvre pas forcément l'esprit... Ou cela peut être un ghetto de pauvres. Et, quand c'est un ghetto de pauvres, l'enfant, même très petit, le sent toujours. Et il le sent d'autant plus qu'il intériorise – inconsciemment – le sentiment de rejet social qu'éprouvent ses parents. Ce rejet est humiliant pour lui, et cette impression que sa personne comme sa famille sont dévalorisées constitue une violence.

Et tout cela se double, bien sûr, d'un problème de niveau scolaire ?

Bien sûr. Pour plusieurs raisons : parce que, on le sait, le fait que les élèves faibles y soient trop nombreux retarde la progression d'une classe. Car cela entraîne un manque d'émulation. Or l'émulation (« Je veux avoir 10 comme mon copain ») est quelque chose qui stimule les enfants. Et puis parce qu'il y a, dans ce genre de classes, trop de problèmes de discipline : d'une part parce que les enfants viennent de familles qui sont dans une telle détresse matérielle qu'elles ont souvent du mal à les éduquer, d'autre part parce que l'indiscipline est pour certains enfants – sans qu'ils en soient conscients – un moyen de se venger de l'humiliation qu'ils ressentent. Et à ce niveau, malheureusement, une émulation peut s'installer : « Je ne peux pas être le meilleur, alors je vais être celui qui met le plus la pagaille. » Et tout cela, bien sûr, rend la tâche des enseignants très difficile...

Pourquoi est-ce si difficile, à votre avis, d'arriver à la mixité sociale ?

D'une part parce que, pour l'essentiel, l'absence de mixité sociale à l'école est liée à l'absence de mixité dans la société : dans les « quartiers ghettos », il y a les « écoles ghettos ». Et d'autre part parce que les parents de milieux plus favorisés qui habitent ces quartiers ou alentour vivent aujourd'hui, du fait de la crise économique, dans une angoisse de plus en plus grande, pour eux, mais aussi et surtout pour l'avenir de leurs enfants. Et ont de ce fait peur que le choix d'une école dont on leur dit que le niveau n'est pas bon n'hypothèque cet avenir... Et, comme la mixité sociale est nécessaire pour que le niveau de ces écoles remonte, un cercle vicieux s'est mis en place qu'il faut arriver à combattre. Mais c'est très difficile.

LES ATTENTATS DU 13 NOVEMBRE

Les attentats commis à Paris le 13 novembre contre le Bataclan, le Stade de France et plusieurs terrasses de café, qui ont causé la mort de 130 personnes et fait des centaines de blessés, ont été suivis en direct par de nombreuses chaînes de télévision et de radio, et continuent bien sûr de faire la une de l'actualité. Les enfants ont vu des images de ces attaques meurtrières, et certaines de ces images sont terribles. Quel genre de problèmes cela peut-il leur poser ?

Les enfants ont effectivement vu beaucoup d'images violentes, et les conséquences qu'elles peuvent avoir sur eux sont plus nombreuses, et surtout plus complexes, qu'on ne pourrait le croire.

Je suppose que la première conséquence est la peur ?

Il y a de la peur, et même de la terreur, surtout pour les enfants petits. Les scènes photographiées sont très dures, et les photos elles-mêmes sont très crues. Il y a donc un effet de choc pour l'enfant, comme il y en a un pour l'adulte. Mais les images font, chez les enfants, plus de dégâts encore que chez les adultes. Parce que l'adulte a des connaissances qui lui permettent de réintégrer les images dans un contexte, de leur donner du sens, et donc de prendre un peu de recul.

Vous voulez dire que l'enfant ne comprend pas ces images ?

S'il n'est pas accompagné, il a beaucoup de mal à les comprendre. D'abord parce que ces images ressemblent à des images de fiction, alors qu'elles sont réelles, et c'est très perturbant. Et surtout parce que l'enfant ne voit pas les images comme les adultes. Elles le fascinent complètement, et il les imagine en même temps qu'il les voit. Et la façon – toujours très particulière – dont il les imagine peut l'éloigner totalement de la réalité.

Est-ce qu'il y a pour les enfants d'autres conséquences que la peur ?

Oui. Il y a un danger dont on se rend compte en parlant, en ce moment, avec les parents. C'est que les enfants (pas les petits, mais à partir de 8, 10 ans) installent souvent un jeu avec ces photos. Ils se les montrent entre eux, sur les portables et les tablettes, en faisant de la surenchère. Et cela devient le concours de l'image la plus « trash », comme ils disent.

Que doivent faire les parents ?

Dans ce cas précis, il faut qu'ils interviennent très vigoureusement. Ces images montrent des criminels en train de tuer et des humains blessés ou morts. On ne s'amuse pas avec les agissements des criminels, et, pour ce qui est des blessés et des morts, on les respecte. Il s'agit de la réalité, pas d'un jeu vidéo. Et puis, de façon générale, il faut que les parents discutent des images avec les adolescents, mais en préservent autant qu'ils le peuvent les enfants plus jeunes en leur expliquant pourquoi. Autrement dit, dans tous les cas, il faut parler. Parce que la meilleure protection pour un enfant est toujours la parole de ses parents.

HOMMAGE NATIONAL AUX VICTIMES
DES ATTENTATS DU 13 NOVEMBRE

En ce 27 novembre, un hommage national est rendu aux Invalides, en présence de François Hollande et du gouvernement, aux 130 personnes tuées lors des attentats du 13 novembre à Paris. Est-ce qu'une cérémonie comme celle-ci peut être, pour nous tous, un soutien psychologique ?

C'est un soutien très important. Et, pour le comprendre, il faut en revenir à ce qui se passe, depuis les attentats, dans la tête de beaucoup de gens, à cause de la particularité de ces attentats. Parce qu'il ne s'est pas agi de bombes qui auraient tué des groupes entiers de gens. Il s'est agi de personnes qui ont été abattues méthodiquement, l'une après l'autre, comme si l'on avait voulu non seulement les tuer, mais signifier à chacune d'elles : « Tu n'es rien. Moins que rien. Tu n'es que de la chair à abattre. » Et nous qui sommes encore en vie aujourd'hui, nous pouvons, sans le savoir, nous identifier à cette vision des humains qui nous a été donnée, et éprouver de ce fait, outre la peur, un sentiment profond de dévalorisation (la même dévalorisation que celle dont les nazis voulaient persuader leurs victimes). Une dévalorisation qui risque de nous retirer encore des forces et de nous empêcher de résister.

Et vous pensez que cet hommage peut redonner aux gens le sentiment de leur valeur ?

Bien sûr. Organiser un hommage aux victimes, et qui plus est aux Invalides, qui est le lieu où la nation célèbre ceux qu'elle distingue particulièrement, c'est poser non seulement que ces victimes ne sont pas les sous-êtres que pensaient abattre les terroristes, mais qu'elles sont des personnes particulièrement dignes de respect. Cet hommage rend aux victimes leur dignité et redonne du même coup à chacun d'entre nous la conscience de sa propre dignité, de sa propre valeur, et la force qui va avec.

Le fait que ce soit un hommage national est-il important ?

C'est essentiel. Parce que cette dimension « nationale » donnée à l'hommage nous rassemble tous. Et nous donne la conscience que nous pouvons faire corps ensemble face au terrorisme. Et, de plus, il ne s'agit pas cette fois de faire corps contre d'autres : les musulmans contre ceux qui ne le sont pas, comme le voudraient les terroristes par exemple, ou les Français de souche contre les immigrés, comme le prône le Front national. Il s'agit d'être tous ensemble contre personne et pour des valeurs : la valeur de la vie humaine, mais aussi celle de la démocratie et de la liberté de vivre comme on l'entend. Et le fait que ce soit le chef de l'État et le gouvernement qui aient organisé cet hommage en demandant à tous d'y participer, c'est fondamental.

Pourquoi ?

Parce que cela veut dire non seulement que nous sommes, face au terrorisme, un groupe et, de ce fait, une force. Mais que nous sommes un groupe organisé qui s'est donné des structures et des gouvernants. Et cette idée d'un monde structuré et organisé est un point d'appui particulièrement important dans ce moment où l'angoisse peut tout désorganiser en nous et, qui plus est, nous faire douter de tout.

COMMENT PARLER D'ÉCOLOGIE
AUX ENFANTS

À l'occasion de la COP 21, qui se tient à Paris en décembre, de nombreux messages, tous alarmants, sont transmis à propos des dangers que court notre planète : qualité de l'air, montée des océans, disparition de villages, etc. Comment les enfants reçoivent-ils ce type de messages ?

Il faut faire la différence entre les adolescents, qui ont en général des connaissances qui leur permettent de comprendre ces messages, et les enfants plus petits (ceux de maternelle et de primaire), que ces messages frappent de plein fouet et qui ont souvent le plus grand mal à les comprendre.

Pour quelles raisons ?

Le problème est toujours le même : il faudrait que les adultes acceptent de se mettre « à hauteur d'enfant » et réalisent que, à cette hauteur-là, le message n'est jamais décrypté comme à l'étage des adultes. Il y a des choses que les enfants, si on les leur explique en famille, et surtout à l'école, comprennent très bien : on ne jette pas n'importe quoi n'importe où, parce qu'il faut préserver la nature ; on ne gaspille pas l'eau ; on recycle pour ne pas gâcher, etc. Ils comprennent cela, parce que c'est concret et qu'il s'agit de choses sur lesquelles ils peuvent avoir une prise. Ils peuvent par exemple ne pas laisser l'eau couler inutilement, et même l'enseigner à leurs parents. Ils se sentent donc, quand ils le font, reconnus et responsables, et, très souvent, cela les enthousiasme.

Et les problèmes comme la qualité de l'air, par exemple ?

C'est un problème très abstrait et qui n'est vraiment compréhensible pour un enfant que si on lui donne des explications. Parce que la compréhension de ce problème suppose, par exemple, qu'il sache d'abord ce qu'est la respiration, comment ça se passe, à quoi ça sert (ce qui n'est pas simple, car il s'agit d'une partie importante du fonctionnement du corps humain). Et qu'il ait en outre une idée de la composition de l'air que nous respirons. Cela fait beaucoup de connaissances à acquérir !

Donc, si l'on n'explique pas cela, l'enfant ne comprend pas ?

Il ne comprend pas ce que les adultes voudraient qu'il comprenne. Et c'est souvent même pire que cela. Parce que, s'il est intelligent et s'il n'a pas les informations dont il aurait besoin, il se fabrique une compréhension à lui qui peut être très fantaisiste, et même angoissante. Apprendre que l'air est mauvais, que les océans montent, etc., peut lui donner une idée très angoissante de fin du monde imminente.

Cela veut dire qu'il ne faudrait pas parler de cela aux enfants ?

Au contraire, il faut leur en parler, parce qu'ils sont les citoyens de demain. Mais il faudrait leur donner sur l'écologie un véritable enseignement qui réunirait l'histoire, la géographie, les sciences de la vie et aussi les règles du vivre-ensemble. Ce serait un véritable enseignement citoyen. Et il leur serait très utile. Parce que comprendre où il est et dans quel monde il vit ne peut qu'aider un enfant à savoir qui il est.

PARLER DE POLITIQUE AUX ENFANTS

Les élections régionales se déroulent ce week-end en France. Nombreux sont évidemment ceux qui en parlent. On peut imaginer que cela ne pose pas de problèmes aux adolescents, mais est-ce une bonne chose de parler de politique devant des enfants plus jeunes ?

Je crois que le travail des parents n'est pas d'isoler leurs enfants du monde. C'est bien sûr de les protéger de ce qui, dans ce monde, est trop violent. Mais c'est surtout de leur apporter ce dont ils ont besoin pour comprendre le fonctionnement de ce monde. Aujourd'hui, par exemple, les enfants entendent parler des élections partout : dans la rue, dans les transports, dans les magasins, etc. Il faut donc leur expliquer suffisamment de choses pour qu'ils puissent comprendre ce dont il s'agit. Et pourquoi cela agite autant les grandes personnes.

Mais comment ? On ne peut quand même pas expliquer à un enfant de CE2 le programme de chaque parti...

Non, parce que ça le ferait sûrement mourir d'ennui... Mais on peut lui expliquer que chaque parti défend un certain nombre d'opinions, et surtout de valeurs, qui concernent tout le monde. Si l'on prend un problème comme celui des immigrés, par exemple (dont l'enfant a aussi entendu parler), on peut lui expliquer que certaines personnes pensent qu'il faut les accueillir et que d'autres pensent qu'il ne le faut pas, en lui indiquant les raisons des uns et des autres. Si on explique cela à un enfant avec des mots simples, il va très bien le comprendre.

Et si l'on a soi-même une opinion, ce n'est pas gênant qu'il la connaisse ?

Non. À condition bien sûr qu'on ne la lui impose pas comme étant la seule vérité possible. C'est au contraire constructif pour lui, car il apprend ainsi que ses parents sont des individus responsables, qui se sentent concernés par les problèmes de leur pays. Et cela lui enseigne donc, dès son plus jeune âge, l'intérêt qu'il y a à aller voter, ce qui, par les temps qui courent, est loin d'être inutile.

Mais est-ce qu'on ne va pas l'influencer ?

Les parents influencent toujours leurs enfants. À propos de tout, et pas seulement de la politique. Mais c'est une influence provisoire, que l'enfant remettra en cause à l'adolescence pour trouver sa propre voie. Et il la remettra d'autant plus en cause qu'il aura pu apprendre, dans son enfance, à réfléchir. L'éducation de ses parents sert à l'enfant à devenir un être civilisé. Mais elle lui sert aussi à devenir un citoyen informé et responsable. Et c'est quelque chose que l'on a trop souvent tendance à oublier...

UN INSTITUTEUR INVENTE
UNE AGRESSION DJIHADISTE

Lundi dernier[1], un instituteur de maternelle en Seine-Saint-Denis a affirmé avoir été agressé au cutter dans sa classe – les élèves n'étaient pas encore présents – par un homme qui se réclamait de l'organisation État islamique. Il a reconnu ensuite qu'il avait entièrement inventé cette agression. Mais cet événement, un mois après les attentats de Paris, a provoqué un début de psychose. Comment peut-on expliquer ce type de mensonge ?

Je ne peux pas parler d'une personne que je n'ai pas écoutée, je vais donc vous répondre de façon très générale. En posant d'abord que l'on ne peut pas, dans ce genre de cas, parler d'emblée de mensonge. Parce que mentir consiste à affirmer des choses fausses avec la volonté tout à fait consciente de tromper les autres. Or cet instituteur a raconté des choses qui n'étaient pas vraies, c'est un fait. Mais rien ne dit qu'il voulait tromper qui que ce soit.

Pourquoi, alors, l'aurait-il fait ?

Pour être capable de répondre à cette question, il faudrait qu'un professionnel de la « psy » puisse écouter cet homme. C'est-à-dire, bien sûr, écouter ce qu'il dit des faits, mais l'écouter aussi bien au-delà des faits. Parce que l'expertise d'une personne doit (ou en tout cas devrait) permettre de comprendre qui est cette personne et ce qu'elle a vécu depuis sa naissance, qui l'a conduite à être ce qu'elle est. Un acte

---

1. Les faits se sont déroulés le 14 décembre 2015. Le 12 février 2016, l'enseignant a été relaxé par le tribunal correctionnel de Bobigny en raison de vices de procédure.

comme celui de cet instituteur renvoie forcément à une histoire particulière.

Que voulez-vous dire ?

Le dérapage de cet instituteur est grave. Parce que, en racontant une agression qui n'avait pas eu lieu, c'est un peu comme s'il avait confondu son imagination et la réalité. Et on ne sait pas jusqu'à quel point il les a confondues. Parce qu'il a pu imaginer l'agression comme un enfant qui joue « pour de faux » aux terroristes, et ensuite déraper et la raconter comme si elle avait eu lieu « pour de vrai ». Mais il a pu aussi perdre pendant un moment tous ses repères et avoir l'impression qu'il la vivait vraiment (on sait qu'il s'est réellement mutilé lui-même, par exemple). Et on voit bien que, dans les deux cas, on a affaire à une rupture de l'équilibre psychologique qui peut évoquer une fragilité de longue date.

C'est étonnant, parce qu'on dit que cet homme n'avait jamais eu de problèmes.

Bien sûr. Et, sans les attentats, il n'en aurait peut-être jamais eu. Nous avons tous en nous des zones de fragilité psychique que nous ignorons et qui viennent soit de ce que nous avons vécu, soit de ce qu'ont vécu nos ascendants et dont nous héritons inconsciemment. Si ces zones sont importantes, et si quelque chose de grave vient les frapper dans notre vie adulte, nous pouvons déraper. Or il y a eu la violence insensée des attentats, et il y a eu les menaces de mort proférées contre les enseignants. C'est déjà atroce et terrifiant en soi, mais cela peut, en outre, faire résonner chez certaines personnes des blessures anciennes. Cet instituteur va sûrement être jugé. Mais je pense qu'il est avant tout une victime collatérale des attentats. Et, à ce titre, il mérite tout autant notre compassion que notre respect.

NOËL : UNE PARENTHÈSE ENCHANTÉE ?

Six semaines après les attentats qui ont endeuillé la France, bon nombre d'entre nous ont encore du mal à retrouver joie et insouciance. Nous aurions pourtant tous besoin de nous ressourcer. Pensez-vous qu'il soit possible de faire de la période de Noël une parenthèse enchantée dans nos vies ?

La période est évidemment plus difficile que jamais. Parce que la crise économique empêchait déjà beaucoup de familles de faire la fête. Et il y a maintenant, en plus, la peur des attentats. Et pourtant, dans un tel contexte, le désir que nous aurions tous de souffler un peu est plus que légitime.

Oui, mais est-ce possible ?

C'est sûrement difficilement possible pour les familles qui ont été directement touchées par les attentats, parce que les fêtes vont sans doute leur faire ressentir plus cruellement encore l'absence de ceux qu'elles ont perdus. Et je crois qu'il est important de dire à toutes ces familles touchées par les attentats, comme à toutes celles qui sont touchées par la précarité, que nous pensons à elles.

Et pour les autres familles ?

Pour les autres familles, ce ne sera forcément pas aussi facile que cela aurait pu l'être s'il n'y avait pas eu les attentats, mais c'est important de le faire. D'abord pour montrer aux terroristes qu'ils ne peuvent pas tuer la vie. Mais surtout parce que, lorsqu'on est frappé dans son existence, il faut à la fois être conscient de ce que l'on a subi, ne pas se le cacher, et faire l'effort de continuer à vivre en ne renonçant pas au plaisir. Parce que éprouver du plaisir en de telles circonstances revient à retrouver une capacité que l'on avait avant l'épisode douloureux, et donc à se retrouver soi-même. Et cela permet aussi de nourrir la vie en soi, et donc de développer du même coup sa capacité de résistance. Quand des déportés, dans un camp, réussissaient à monter une pièce de théâtre et à la jouer (Charlotte Delbo, par exemple, le raconte admirablement), ils signifiaient à leurs bourreaux que ces derniers ne pouvaient pas leur prendre leur capacité de jouer, de chanter et de rire. C'était une forme de résistance.

Certaines personnes peuvent penser que c'est indécent de faire la fête dans un moment pareil.

D'abord, faire la fête ne veut pas dire que l'on oublie ceux qui souffrent. Et puis il faut toujours se méfier de ceux qui présentent le malheur comme une vertu. Certaines personnes racontent ainsi sur le divan de leur psychanalyste qu'elles ont dû passer tous les dimanches de leur enfance au cimetière, sur la tombe d'un enfant qui était mort quinze ans avant leur naissance. Le prétexte avancé était qu'il ne fallait pas oublier cet enfant. Mais, en fait, leurs parents se complaisaient dans le malheur, et condamnaient du même coup leurs enfants au malheur. Donc, vive la fête !

2016

MANIFESTATION EN CORSE
CONTRE LES MUSULMANS

Dans la nuit de Noël, deux pompiers et un policier ont été blessés lors d'échauffourées dans une cité d'Ajaccio, en Corse. Le lendemain, des manifestations ont eu lieu, toujours à Ajaccio, dont certaines ont viré à l'expédition punitive contre des musulmans. On en a beaucoup parlé, mais personne n'a évoqué ce que de telles manifestations pouvaient représenter pour des enfants. Peuvent-elles avoir une influence sur eux ?

Elles ont une très grande influence (comme tout ce qui se passe dans la société, d'ailleurs), parce qu'elles sont porteuses de conceptions de la vie qui, même si l'enfant n'en est pas conscient, vont, si l'on peut dire, l'« imprégner ». Et l'« imprégner » d'autant plus qu'elles « imprègnent » déjà ses parents, qui sont les personnes au travers desquelles il perçoit le monde.

Vous voulez parler, je suppose, des enfants de confession musulmane ?

Pas seulement. Ces manifestations affectent aussi les enfants des manifestants (et tous les autres, d'ailleurs). Pour les enfants musulmans, on peut facilement comprendre ce qui se passe si l'on accepte de se mettre trente secondes à leur place. Ils sont nés dans une famille, ils vivent avec leurs parents, et tout à coup ils voient débarquer des gens qui accusent ces parents non pas de ce qu'ils font (l'écrasante majorité n'a rien fait, et les enfants le savent), mais de ce qu'ils sont. Et ces gens qui les accusent sont violents : ils cassent, ils brûlent. C'est aussi terrible qu'incompréhensible.

Et cela provoque quoi chez ces enfants ?

Cela peut provoquer de la peur (et même de la terreur). Une peur qui n'a pas de limites, parce que les parents, qui, forcément, ont peur aussi, ne peuvent pas, même s'ils essaient, les rassurer vraiment. Une peur qui va s'inscrire en eux, qui pourra y rester leur vie entière et même se transmettre aux générations suivantes, on le sait. Mais cela peut provoquer aussi de la violence. Parce que ces manifestations sont un exemple de violence auquel l'enfant peut adhérer.

Et les enfants des manifestants ?

Il faut se mettre, là aussi, à leur place : ce sont des enfants qui ont, toute l'année, des parents « normaux » (si l'on peut dire), lesquels essaient de les éduquer, etc. Et ils les voient tout à coup se transformer. D'abord parce que, devenus manifestants, ils sont en proie à la « haine de l'autre ». Et que la « haine de l'autre », contrairement à ce que l'on nous raconte, ce n'est pas une opinion, parce que la haine est – comme l'amour – un état passionnel qui peut faire perdre à quelqu'un tous ses repères. Ensuite parce que, en voulant faire justice eux-mêmes, ces manifestants mettent en cause les fondements mêmes de la vie civilisée : si la police et la justice existent, en effet, c'est pour que les différends entre les citoyens ne se terminent pas dans une lutte à mort. On l'apprend aux enfants... Et enfin parce que ces manifestants sont en proie à une jouissance de la destruction. Parce que, quelles que soient les raisons rationnelles que l'on se donne pour participer à ce genre de manifestation, cette participation est très souvent sous-tendue – inconsciemment – par la jouissance de s'autoriser à insulter et à détruire, c'est-à-dire par la jouissance de faire ce qui est, le reste du temps, interdit. Donc, comme nous sommes aujourd'hui le 1ᵉʳ janvier, si j'ai un vœu à formuler pour tous les enfants comme pour tous les adultes, c'est que ce genre de manifestation ne se reproduise plus. Et que l'on en reste, pour régler les problèmes, à la parole, c'est-à-dire au débat démocratique.

COMMÉMORATION DE L'ATTENTAT DE JANVIER 2015 UN AN APRÈS

Le 10 janvier vont avoir lieu les commémorations du premier anniversaire des attentats contre *Charlie Hebdo*, une policière à Montrouge et l'Hyper Cacher de Vincennes. On sait que les commémorations sont utiles socialement. Ont-elles aussi une utilité psychologique pour chacun d'entre nous ?

Elles ont une très grande utilité. Pour les familles des victimes, évidemment, parce qu'elles leur montrent que l'on n'oublie pas leurs proches. Mais elles sont essentielles aussi pour tous ceux d'entre nous qui n'ont pas été directement touchés. Parce que l'une des dimensions les plus destructrices, psychologiquement, de ces attentats de janvier (et des suivants), c'est l'idée que des êtres humains peuvent être abattus, comme à la chasse, par des tueurs pour lesquels la vie humaine n'a aucune valeur.

Pourquoi cette idée est-elle destructrice ?

Parce qu'elle peut donner à chacun le sentiment qu'il n'est rien. Et donc entraîner inconsciemment chez lui un sentiment de dévalorisation très important qui peut faire vaciller très profondément l'image et la conscience qu'il a de lui. On retrouve d'ailleurs ce type de sentiment chez des adultes qui ont été torturés ou chez des enfants victimes d'abus sexuels. Parce qu'ils ont fait cette expérience extrême de n'être, pour un autre, qu'un objet sans valeur et sans réelle identité. Donc, ces commémorations, en rappelant la dignité des victimes, rendent à chacun d'entre nous sa propre dignité. Et, du même coup, sa capacité à vivre et à résister.

Mais n'y a-t-il pas le risque de ressasser, de rester dans le malheur ? Est-ce qu'il ne vaudrait pas mieux essayer d'oublier ?

Quand une chose trop douloureuse nous arrive, nous aurions tous envie d'oublier. Et ce que nous souhaiterions dans ces moments-là, c'est une forme d'oubli presque magique qui effacerait la situation : elle n'aurait pas eu lieu. Et, d'ailleurs, Freud souligne que, au début d'un deuil par exemple, il y a toujours une phase (tout à fait normale) de cet ordre : on refuse d'accepter que l'être cher ne soit plus là. Et cela peut aller jusqu'à nous faire halluciner sa présence (on va le voir passer dans le couloir, par exemple). Cette forme d'oubli-là, il faut y renoncer, parce qu'elle est une façon de nier la réalité et donc ne permet pas d'avancer.

Est-ce qu'il existe une autre forme d'oubli ?

Oui. Et c'est un oubli qui, lui, aide à vivre : on accepte que l'événement dramatique ait eu lieu, qu'il soit inscrit en nous et ineffaçable. Et cette acceptation permet que, peu à peu, la blessure se cicatrise : c'est-à-dire que la douleur de la perte, tout en restant ineffaçable, n'empêche plus de vivre et d'avancer. Et les commémorations, paradoxalement, favorisent ce type d'oubli. Parce qu'elles nous empêchent d'effacer l'événement, mais nous permettent, en même temps, de le penser autrement, c'est-à-dire de prendre, peu à peu, de la distance avec ce que nous avons éprouvé dans un premier temps. Et d'intégrer en nous le souvenir de l'événement d'une façon qui soit supportable et compatible avec la vie.

ADOLESCENT AGRESSEUR

Un lycéen d'origine turque, scolarisé en classe de seconde, a agressé avec une machette un enseignant juif à Marseille. Il dit être un partisan de l'organisation État islamique et être fier de son acte. Comment expliquer qu'un adolescent, bon élève sans histoires, puisse accomplir un tel acte ?

Je crois que la façon dont les choses sont racontées dans les médias – un garçon sans histoires qui, parce qu'il rencontre l'endoctrinement de Daech, descend un beau matin dans la rue pour décapiter quelqu'un – n'est pas possible.

Pourquoi ? On sait que les adolescents sont fragiles.

C'est vrai, l'adolescence est un moment de très grande fragilité. Parce que c'est le moment où l'enfance se désagrège pour donner naissance à ce que sera l'âge adulte. Donc, tout vacille pour l'adolescent, y compris la conscience de son identité : il n'est plus l'enfant qu'il était, il ne sait pas ce qu'il va devenir, il ne sait plus qui il est. Et cela génère une angoisse profonde qui peut le conduire à perdre ses repères et à faire ce que l'on appelle vulgairement des « conneries ». Ou à coller, pour se rassurer, à des groupes ou à des idéologies. Mais tous les adolescents, même en crise, ne peuvent pas (et heureusement) tuer quelqu'un.

Pour quelles raisons ?

Tout le monde peut imaginer tuer, mais tout le monde ne peut pas le faire. À cause de barrières construites en nous depuis l'enfance qui nous en empêchent. Et la preuve, c'est que même des soldats qui doivent, lors d'une guerre, tuer des hommes au combat peuvent ne jamais s'en remettre. Pour être capable de tuer, surtout avec cette sauvagerie, il faut avoir en soi des fêlures, et même des fractures très profondes, qui viennent soit de ce que l'on a vécu, soit de ce qu'ont vécu les générations qui nous ont précédé, dont nous portons la mémoire inconsciente. Et ces fractures peuvent très bien, pendant tout un temps, ne pas apparaître de façon claire et se révéler dans un moment de fragilité. Donc, ce garçon est sans nul doute un criminel, mais il est aussi un malade.

Est-ce que cela veut dire qu'il faut minimiser l'influence de l'endoctrinement de Daech ?

Absolument pas. Au contraire. Il faut considérer cet endoctrinement comme étant aujourd'hui un risque majeur, aussi grave que la drogue, pour des adolescents et des adultes fragiles. C'est extrêmement dangereux pour eux. D'abord parce que cet « enseignement » de Daech se présente comme une idéologie qui peut leur permettre de justifier – éventuellement jusqu'au délire – une révolte intérieure. Mais, de plus, il ne s'agit pas d'une idéologie qui leur propose de militer pour changer le monde. Il s'agit d'une véritable incitation au meurtre qui fournit, même par le biais de vidéos (de décapitation, par exemple), le mode d'emploi de ce meurtre. Un mode d'emploi qui peut fasciner une personne fragile et mobiliser toutes ses pulsions de destruction. Et qui, de toute façon, banalise et légitime la mise à mort de l'autre. Il faudrait donc d'une part écouter les adolescents beaucoup plus qu'on ne le fait. Et d'autre part trouver le moyen d'empêcher la diffusion de ces appels au meurtre.

LE STRESS DES ADOLESCENTS

Selon une enquête IPSOS pour la Fondation Pfizer pour la santé de l'enfant et de l'adolescent, les jeunes de 15 à 18 ans n'ont jamais été aussi stressés : 47 % des adolescents disent « se sentir souvent sous pression », alors qu'ils n'étaient que 35 % en 2005. Comment peut-on l'expliquer ?

Je crois que les adolescents se sentent sous pression, de la même façon que leurs parents et tous les adultes, non pas à cause de problèmes personnels (même s'il y en a toujours...), mais à cause de ce que la société leur fait vivre ainsi qu'à leurs familles. C'est-à-dire, bien sûr, la violence actuelle du monde (les attentats, etc.), mais surtout la violence de la crise économique. Tous les salariés aujourd'hui ont peur pour leur emploi ou pour leur niveau de vie, et tous ont les plus grandes craintes quant à l'avenir de leurs enfants. Les adolescents ressentent ces craintes. Elles s'ajoutent à ce qu'ils savent de la réalité – leurs copains plus âgés, par exemple, qui ne trouvent pas de travail –, et l'ensemble fait qu'ils s'angoissent – l'étude IPSOS le dit – par rapport à leurs cours, à leur travail, à leur avenir, etc.

Les adolescents disent aussi dans cette étude qu'ils sont stressés à l'idée de ne pas avoir assez d'amis sur les réseaux sociaux.

Oui, mais c'est un stress qui découle de ces angoisses liées à la situation économique. Parce que le grand problème avec les souffrances qui viennent de la vie sociale, c'est que ceux qui les éprouvent, au lieu d'accuser la société (qui en est la seule responsable), s'accusent eux-mêmes de ce qu'il leur arrive Un chômeur qui ne retrouve pas de travail, par exemple, finit toujours par se dire que c'est parce qu'il n'est pas assez compétent. C'est bien sûr tout à fait faux, mais cela entraîne chez lui un processus de dévalorisation qui est très grave. Et les adolescents, quand ils craignent pour leur avenir, s'accusent de la même façon, par avance, de ce qui pourrait leur arriver. Ils se disent qu'ils ne sont peut-être pas assez « bons » pour réussir. Et ils se le disent d'autant plus que leurs parents, qui sont à juste titre très inquiets, leur « mettent la pression », comme l'on dit, par rapport aux études. Donc, c'est avec ces doutes sur eux-mêmes qu'ils abordent les réseaux sociaux, et du coup ces réseaux sociaux deviennent pour eux des sortes de baromètres imaginaires supposés leur indiquer s'ils sont intéressants ou non…

30 % d'entre eux se disent « mal dans leur peau » (contre 17 % en 2005). Comment pourrait-on les aider ?

Je crois qu'il faudrait que les « psys », au lieu de ne parler que de la vie privée, prennent en compte ces souffrances qui viennent de la vie sociale et en parlent publiquement pour donner à ces adolescents et à leurs parents des armes pour résister. Et puis je crois qu'il faudrait que les parents et les enseignants expliquent à ces jeunes que, si l'accès à l'emploi fonctionnait autrefois sur le même mode que les examens – on avait un bon niveau, on pouvait avoir un travail –, il fonctionne aujourd'hui sur le mode des concours – il n'y a que 20 emplois pour 2 000 candidats et plus… On peut donc échouer même si l'on est très, très « bon ». Cette explication n'empêcherait pas les jeunes de souffrir de leur échec, mais elle leur éviterait de se dévaloriser, et cela leur permettrait de ne pas se décourager et de garder des forces pour la suite du combat.

ADOLESCENTS ET INFORMATION

De plus en plus d'adolescents, aujourd'hui, ne vont chercher l'information que sur Internet. Comment peut-on l'expliquer ?

Je crois que, avant d'essayer de l'expliquer, il faut se rendre compte de ce que cette tendance implique. Et ce que l'on peut d'abord remarquer, c'est que, étant donné les sites sur lesquels ils vont la chercher, les adolescents n'accèdent à cette information que par le biais de détails. Et, comme ces sites ne leur donnent aucun moyen de resituer ces détails dans une vision globale de l'événement, ils n'ont aucun moyen d'évaluer leur sens et leur importance. Ils peuvent donc par exemple se focaliser sur le fait qu'un homme ait pu louer, à Saint-Denis, un appartement à des terroristes et en rire pendant des semaines. Ce qui leur permet certainement de conjurer leur angoisse, mais en même temps les éloigne de l'essentiel.

Comment expliquer ce fonctionnement ?

L'expliquer vraiment supposerait de faire un travail de recherche long, approfondi et surtout pluridisciplinaire. Ce que je peux en dire aujourd'hui, de ma place de psychanalyste, c'est d'abord que le rapport de ces adolescents à l'information prouve qu'on ne leur a pas vraiment appris à penser. Parce que penser, réfléchir, est une chose qui s'apprend. Dans la famille et à l'école. Et l'école ne doit pas être seulement un lieu où l'on acquiert des connaissances, mais un lieu où l'on apprend, à partir de ces connaissances, à réfléchir. C'est-à-dire à prendre du recul pour ne pas accepter aveuglément n'importe quoi.

Vous voulez dire que les adolescents qui croient à la théorie du complot, par exemple, n'ont pas appris à réfléchir ?

Ils n'ont certainement pas appris à réfléchir. Parce que réfléchir suppose d'être capable de mettre en doute ce qui est dit, de se poser des questions, ce qu'ils ne font pas. Mais ils sont aussi en manque de connaissances. Parce que savoir, par exemple, que les théories du complot ne sont pas une nouveauté et qu'il y en a eu beaucoup dans l'Histoire aide à se montrer prudent, à se méfier. Et ils sont aussi d'autant plus prêts à croire à ces théories proposées par Internet que notre société leur donne, tous les jours, par le biais des hommes politiques ou des entreprises, des exemples de fraude, de mensonge et de manipulation. Donc, quand on leur dit qu'ils sont manipulés, ils le croient. Et ils croient du même coup avoir trouvé ainsi une explication à un monde qui leur paraît trop souvent dépourvu de sens. Et, paradoxalement, cela les rassure.

Est-ce qu'il y a aussi des facteurs personnels qui entrent en jeu ?

Oui, parce que apprendre est un processus complexe. Pour pouvoir apprendre, il faut d'abord accepter que l'on ne sait pas, c'est-à dire accepter de se confronter à un manque en soi. Et certains enfants ne le supportent pas. Soit parce que, faute d'explications, ils trouvent cela humiliant. Soit parce qu'ils sont traités dans leurs familles comme des petits rois et ne veulent pas descendre de leur piédestal. Ensuite, pour apprendre, il faut accepter de travailler. Parce que réfléchir est un travail, alors que « gober » des théories farfelues sans réfléchir ne demande aucun effort. Et comme en plus on peut ensuite colporter ces théories en ayant l'impression d'avoir tout compris, on peut se sentir tout-puissant à peu de frais. Je pense donc qu'il est plus que jamais nécessaire de transmettre aux enfants le goût de l'exigence intellectuelle et de la réflexion. Et beaucoup d'enseignants, d'ailleurs, à l'heure actuelle, s'y emploient.

TABLE DES MATIÈRES

Remerciements 6
Préface 7

Crise d'adolescence 33
Comment réinsérer des jeunes ? 35
Mères seules 37
Après le séisme :
   adoptions massives d'enfants haïtiens 39
Enfant sans limites, adulte sans limites 41
Enfant violent et thérapie inefficace 43
Influence de la violence familiale sur les enfants ... 45
Suicide à 9 ans 47
« TOCs » ? 49
Faire ses devoirs seule 51
Reproduire les erreurs de ses parents 53
Enfant auteur d'agressions sexuelles 55
Enfant déprimé 57
Annonce du décès du grand-père 59
Je déteste mon gendre 61
Tsunami au Japon 63
Un enfant qui mord 65
J'ai 40 ans et des parents possessifs et étouffants ... 67
Un enfant adopté, en thérapie 69
Justice : la valeur de la parole de l'enfant 71
Mon fils refuse de réviser son bac 73
Vendeur trop gentil 75
Un fils rejette sa mère avec la complicité de son père ... 77
Colonie de vacances 79
Mes enfants peuvent-ils devenir des gosses de riches ? ... 81
Vacances dans les pays pauvres 83
Mort du père adoptif 85

Un étudiant sans histoire...	87
Absence de père	89
Respecter les règles	91
Séparer les jumeaux ?	93
Amie toxique ?	95
Une punition disproportionnée	97
Quitter sa mère	99
Cantine et parents chômeurs	101
Refus de l'enfant d'embrasser les adultes	103
Mon ami est devenu mon chef	105
L'arrivée du deuxième enfant	107
Évaluation des enfants en maternelle	109
Lire la correspondance de ses parents ?	111
Arbitrer les disputes d'enfants ?	113
Ignorer qui est son père	115
Agnès, 13 ans, assassinée	117
Expliquer la différence des sexes à sa fille	119
Rejetée par ses grands-parents	121
Pas de Noël pour certains	123
Pourquoi dire « bonne année » ?	125
Une petite fille est tombée	129
Tricher	131
Ne parler aux enfants que de ce qui les concerne	133
Oser parler	135
Enfants témoins d'une scène traumatisante	137
Secret autour d'une naissance	139
Orientation professionnelle et réalité	141
Bloquée dans ses désirs et son évolution	143
Œil pour œil, dent pour dent ?	145
Parler à un bébé de son opération à venir	147
Mon enfant pique des crises	149
Jalousie à la naissance d'une petite sœur	151
Relations incestueuses dans la fratrie	153
Passage à la vie professionnelle	155
« Où j'étais avant ma naissance ? »	157
Parler de sexe à table	159
Enfant agité et désobéissant	161
Dépression héréditaire ?	163
Troubles du langage	165
Mère maltraitante	167
Baiser sur le sexe	169

Je ne peux pas offrir à mes enfants les mêmes vacances que leur père	171
Sacrifier sa vie à ses parents ?	173
Premières vacances en famille recomposée	175
Ne pas voir assez ses enfants pendant les vacances	177
Annonce du divorce	179
Énurésie nocturne à 7 ans	181
Chacun sa rentrée	183
Enfant sans repères	185
Mon fils a peur d'être seul	187
Lâcher son enfant, même à 33 ans	189
Difficultés à quitter sa grand-mère	191
Peur des sols brillants	193
Comment devient-on imposteur ?	195
Comment un enfant devient-il agressif ?	197
Aller sur les tombes	199
Comment vaincre sa phobie sociale ?	201
Mon divorce peut-il détruire mon enfant ?	203
On nous a jeté des pierres	205
Jeux sexuels entre enfants	207
Grands-parents maltraitants	209
Filiation compliquée	211
École et diversité	213
Réveillon en temps de crise	215
Je ne veux pas aller chez mon père	219
Nudité en famille	221
Mon fils fait pipi assis	223
Avoir enfin une place	225
Enfant lent	227
Son fils a tous les droits	229
Garçon manqué	231
Provocation d'élève	233
Je ne supporte pas qu'on me parle de mon nom	235
Mère morte à sa naissance	237
Mères : toujours coupables ?	239
Pères divorcés et droit de visite	241
Racisme	243
Honte	245
Conflit père-fils	247
Harcèlement sur Internet	249
Mère psychotique	251
Troubles alimentaires	253

Enfant adopté	255
Rendre visite à sa grand-mère Alzheimer	257
Parents divorcés et toujours ensemble	259
Grosses colères à 4 ans	261
Famille toxique	263
Ma fille pleure quand je suis à mon travail	265
Père consommateur de cannabis	267
Un doudou à 9 ans	269
Règles plus souples en vacances	271
Se retrouver ensemble en vacances	273
Devoirs de vacances	275
Vacances séparées	277
Elle veut dormir avec son copain à la maison	279
Travailler pendant ses vacances	281
Fessée	283
Enfant colérique et violent	285
Aller seul à l'école	287
« Phobie scolaire »	289
Dormir dans le lit de ses parents	291
Accepter la frustration	293
Grand-mère nocive	295
Enfant de 2 ans agité	297
3 ans et peur d'être abandonnée	299
Les écrans qui empêchent de lire	301
Phobie passagère	303
Mon fils a des tics	305
Harcèlement au travail	307
Dormir avec son enfant	309
Enfant noyé par sa mère à Berck	311
Secret médical et travail	313
Pas de cadeaux à Noël	315
Ma mère m'oblige à passer le réveillon avec elle	317
Ma fille de 18 mois se voit sur un film	319
Porter plainte contre sa fille	323
Quand un enfant mange difficilement	325
Attentat contre *Charlie Hebdo*	327
Savoir qui est son père	329
Surveiller ses enfants à distance	331
Refuser la minute de silence	333
Enfants harceleurs	335
Oublier la langue de son père	337
Un pistolet comme jouet ?	339

Enfant né par don d'ovocyte	341
Enfant martyrisé par un autre	343
Accepter le vieillissement	345
Harcèlement : le rôle de l'école	347
Prêter, c'est pas donner	349
Adopter son beau-fils ?	351
Expliquer à son enfant qu'on peut l'enlever	353
Sexualité et pornographie	355
Vivre en colocation	357
Beau-père kleptomane ?	359
Dire la vérité sur un père pédophile	361
Nos enfants ont peur de tout	363
Toutes les photos de mon enfant sont sur Facebook	365
Parler à son enfant à la troisième personne	367
Ne pas accepter le compagnon de sa tante	369
Mon fils a des problèmes pour se coucher	371
Quand les parents divorcent	373
Différence de religion	375
Un père a tué son enfant	377
Aylan, 3 ans, syrien, mort sur une plage	379
Sauter une classe ?	381
Lutter contre le harcèlement scolaire	383
Mixité sociale à l'école	385
Les attentats du 13 novembre	387
Hommage national aux victimes des attentats du 13 novembre	389
Comment parler d'écologie aux enfants	391
Parler de politique aux enfants	393
Un instituteur invente une agression djihadiste	395
Noël : une parenthèse enchantée ?	397
Manifestation en Corse contre les musulmans	401
Commémoration de l'attentat de janvier 2015 un an après	403
Adolescent agresseur	405
Le stress des adolescents	407
Adolescents et information	409

Photocomposition Nord Compo
Villeneuve-d'Ascq

Fayard s'engage pour
l'environnement en réduisant
l'empreinte carbone de ses livres.
Celle de cet exemplaire est de :
1,400 kg éq. CO$_2$
Rendez-vous sur
www.fayard-durable.fr

PAPIER À BASE DE
FIBRES CERTIFIÉES

Cet ouvrage a été imprimé en France par
CPI Bussière
à Saint-Amand-Montrond (Cher)
en avril 2016

68-9471-6/01

Dépôt légal : avril 2016
N° d'impression : 2022464

Pour l'éditeur, le principe est d'utiliser des papiers composés de fibres naturelles, renouvelables, recyclables et fabriquées à partir de bois issu de forêts qui adoptent un système d'aménagement durable.
En outre, l'éditeur attend de ses fournisseurs de papier qu'ils s'inscrivent dans une démarche de certification environnementale reconnue.